"十四五"国家重点出版物出版规划项目

辉煌交通

丛书主编◎欧国立

建党百年

看中国交通运输发展

铁路篇

欧国立 主 编
李红昌 等编写

中国财经出版传媒集团
经济科学出版社
Economic Science Press

图书在版编目（CIP）数据

建党百年看中国交通运输发展．铁路篇/欧国立等主编；李红昌等编写．—北京：经济科学出版社，2021.5（2022.1 重印）
（辉煌交通）
ISBN 978－7－5218－0302－0

Ⅰ.①建…　Ⅱ.①欧…　Ⅲ.①铁路运输－交通运输史－中国　Ⅳ.①F512.9

中国版本图书馆 CIP 数据核字（2021）第 096738 号

责任编辑：杨　洋　卢玥丞
责任校对：李　建
版式设计：陈宇琰
责任印制：范　艳　张佳裕

辉煌交通
建党百年看中国交通运输发展
铁路篇
欧国立　主　编
李红昌　等编写
经济科学出版社出版、发行　新华书店经销
社址：北京市海淀区阜成路甲 28 号　邮编：100142
总编部电话：010－88191217　发行部电话：010－88191522
网址：www.esp.com.cn
电子邮箱：esp@esp.com.cn
天猫网店：经济科学出版社旗舰店
网址：http://jjkxcbs.tmall.com
北京季蜂印刷有限公司印装
710×1000　16 开　18 印张　240000 字
2021 年 8 月第 1 版　2022 年 1 月第 3 次印刷
ISBN 978－7－5218－0302－0　定价：85.00 元

辉煌交通
建党百年看中国交通运输发展丛书编委会

铁路篇

主　　编： 欧国立

参与编写人员： 李红昌　吴　昊　王　超　焦敬娟

王　妍　崔　璇　马文军

总序

2017 年 10 月 31 日，习近平总书记带领中共中央政治局常委专程赴浙江嘉兴瞻仰南湖红船。抚今追昔，习近平总书记感慨："小小红船承载千钧，播下了中国革命的火种，开启了中国共产党的跨世纪航程。"① 中国共产党，就是从这小小交通工具出发，驶过百年光辉征程，阔步走向中华民族伟大复兴的。从建党开始，交通就与党和国家的命运紧紧联系在了一起。百年来，中国共产党始终围绕中华民族复兴和中国人民幸福发展交通运输事业，实现了中国交通运输的历史性跨越，有力支撑了中华民族从站起来、富起来向强起来的伟大飞跃。

一、新民主主义革命时期：从不自主到自主——中国共产党领导人民夺回交通权，实现人民交通为人民

2019 年 1 月 17 日，习近平总书记在天津港码头考察时强调，经济要发展，国家要强大，交通特别是海运首先要强起来②。这一重要论断思想深刻、内涵丰富，是对交通与强国关系的历史性总结和规律性认识。交通是强国之基、兴国之要。近代，中华民族的耻辱始于海上，海上交通权的丧失加快了清政府丧权辱国的速度。晚清的政界、学界已普遍认识到，"凡一国之盛衰，在于制海权之得失""能主管海上贸易，即能主管世界之富源"。自第一次鸦片战争始，西方列强凭借坚船利炮，从海上打开了中国国门，强迫签署了一

① 《习近平：铭记党的奋斗历程时刻不忘初心　担当党的崇高使命矢志永远奋斗》，人民网，2017 年 11 月 1 日。

② 《习近平：稳扎稳打勇于担当敢于创新善作善成　推动京津冀协同发展取得新的更大进展》，人民网，2019 年 1 月 19 日。

系列不平等条约，我国的重要港口经营权、江海运输权、铁路修筑权悉被列强所扼，以图疯狂掠夺。1842 年中英《南京条约》约定了五口通商；1858 年《天津条约》约定增开十处通商口岸，外国商船和军舰可以在长江口岸自由航行。1885 年《中法新约》明确中国以后修铁路要找法国人商办。清政府虽开展洋务运动兴办轮船招商局、铁路等实业，然其腐朽至极，已无法阻止国势日衰。1910 年爆发的保路运动，导火索就是反对清政府将川汉、粤汉铁路名为收归“国有”、实则拱手让与列强的卖国行径，由此也成为辛亥革命的前奏。民国时期，当选大总统的袁世凯在 1912 年宣布“统一路政”，把各省已经建成和正在兴建的铁路全部收归国有，用以抵借外债，形成了帝国主义掠夺中国铁路路权的第二次高潮，4 年间列强夺得路权多达 13000 多公里。彼时的交通实质已是列强之交通、权贵之交通，而非中华之交通、人民之交通。

交通是一面镜子，能够折射出一个深刻道理：封建主义、资本主义救不了中国。要解决中国发展进步问题，必须找到能够指导中国人民进行反帝反封建革命的先进理论，必须找到能够领导中国社会变革的先进力量。1921 年 7 月，中国工人阶级先锋队——中国共产党的诞生，是开天辟地的大事，深刻改变了近代以来中华民族发展的方向和进程，深刻改变了中国人民和中华民族的前途和命运，深刻改变了世界发展的趋势和格局。从交通领域来看，在革命战争的洪流中，中国共产党组织领导广大海员和铁路、港口工人，先后参加香港中国海员大罢工、京汉铁路工人大罢工、省港大罢工等一系列重要工人运动，给盘踞在中国大地上的帝国主义和封建主义以沉痛打击。在全民族抗日的浪潮中，中国共产党把交通线作为抗战的生命线，粤汉铁路、长江航运、滇缅公路、驼峰航线、中印输油管道等重要交通线路堪称抗日战争不同时期的“生命通道”，“铁道游击战”“水上游击战”等多种经典战法痛击了日寇。在建设无产阶级革命政权的探索中，中国共产党高度重视交通运输，在中央苏区、抗日根据地、中央解放区建立后，先后成立专门的交通运输管理机构，发动民众修桥铺路、运送物资、支援前线。随着解放战争节节胜利，铁路、公路、水路、航空、邮政也逐步回到人民手中。

这一时期，中国交通最大的变化是从“不自主”走向“自主”。在中国共产党领导下，恢复了国家主权，使中国交通开始走向自主、自足、自强的道路。

二、社会主义革命和建设时期：从自主到自立——交通逐步发展，有力支撑了中华民族“站起来”

新中国成立之初，山河重整、百废待兴，中国交通虽走上自主发展之路，但还远远不能自立。现代意义的交通设施、设备几乎无法国产，铁路仅有 2.18 万公里，公路仅有 8.07 万公里，内河航道处于自然状态，民航只有 7 条国内航线，不少地区的邮政还靠马运人扛，交通运输基础十分薄弱，远不能满足恢复生产和社会主义建设的需要。

以毛泽东同志为主要代表的中国共产党人十分重视交通运输事业发展。早在 1948 年人民解放战争即将胜利之时，毛泽东就指出：“而恢复和发展工业生产和农业生产则需要有较好的组织工作……首先是解决交通运输和修理铁路、公路、河道的问题。”① 1954 年 9 月，周恩来根据党中央和毛泽东的指示，在第一届全国人民代表大会一次会议《政府工作报告》中提出：“如果我们不建设起强大的现代化的工业、现代化的农业、现代化的交通运输业和现代化的国防，我们就不能摆脱落后和贫困，我们的革命就不能达到目的。”这是我们党第一次提出“四个现代化”，其中就包括了“现代化的交通运输业”。为适应经济发展需求，1973 年周恩来总理发出了“三年改变港口面貌”的号召，国务院成立了以粟裕为组长、谷牧为副组长的港口建设领导小组，极大地推进了港口建设进程。在中国共产党的领导下，“一五”

① 《毛泽东选集》第四卷，人民出版社 1991 年版，第 1348 页。

期间，中国交通开创了若干自主创新“第一次”。1952 年新中国第一台蒸汽机车“解放型”机车出厂，1954 年第一架国产初教 -5 型教练机首飞成功，1956 年第一辆“解放”牌汽车试制成功，1958 年第一艘万吨远洋货轮下水。随着国家投资向交通运输不断倾斜，交通基建和运输规模不断扩大。到 1978 年，铁路营业总里程达到 4.6 万公里，公路达到 78.36 万公里，全国主要港口泊位数达到 735 个，民航国际航线达到 8 条，国内航线也增加到 123 条，国家交通大动脉逐步打通，有力支撑了社会主义建设。

这一时期，中国交通最大的变化是从“自主”走向“自立”。在中国共产党的领导下，推进了我国现代交通运输业的发展，有力支撑了中华民族“站起来”。

三、改革开放和社会主义现代化建设新时期：从自立到自足——基本建成交通大国，有力支撑中华民族“富起来”

改革开放初期，随着经济社会快速发展，交通运输供给短缺问题开始凸显，买票难、乘车难、运输难，压港压货成为常态，交通运输严重滞后于经济社会发展，形成瓶颈制约。

以邓小平同志为主要代表的中国共产党人，推动交通运输解放思想、放开搞活。邓小平同志提出“先把交通、通信搞起来，这是经济发展的起点”“我赞成加强基础工业和农业。基础工业，无非是原材料工业、交通、能源等，要加强这方面的投资，要坚持十到二十年，宁肯欠债，也要加强。这也是开放，在这方面，胆子要大一些，不会有大的失误。多搞一点电，多搞一点铁路、公路、航运，能办很多事情。”① 在党的领导下，交通运输行业率先放开搞活。1979 年 1 月 31 日，中央批复同意了由广东省、交通部联合报送的《关于我驻香港招商局在广东宝安建立工业区的报告》，同年 7 月蛇口工

① 《邓小平文选》第三卷，人民出版社 1993 年版。

业区成立，打响了改革开放的开山第一炮。在党的领导下，“有水大家行船，有路大家走车”“贷款修路、收费还贷”“以港养港，以收抵支”等创新政策陆续推出，交通运输市场化进程明显加快，供给不足问题得到初步缓解。

以江泽民同志为主要代表的中国共产党人，推动交通运输抓住机遇、加快发展。江泽民同志在党的十五大报告中提出：“特别要改善居住、卫生、交通和通信条件，扩大服务性消费。”在党的十六大报告中提出：“继续加强基础设施建设”“走新型工业化道路”“实施西部大开发战略”。在党的领导下，铁路开展建设大会战，1997 年起 5 年间实现四次铁路大面积提速。应对 1998 年亚洲金融危机，国家实施扩大内需战略，推动交通基础设施加快发展，交通基础设施瓶颈制约得到明显改善。

以胡锦涛同志为主要代表的中国共产党人，推动交通运输与时俱进、科学发展。胡锦涛同志在党的十七大报告中提出：“加强基础产业基础设施建设，加快发展现代能源产业和综合运输体系。”在党的领导下，伴随着中国加入 WTO，交通“大部制”改革深入推进，综合交通运输发展驶入快车道。至 2012 年底，我国高铁营业里程达 0.94 万公里，居世界第一；高速公路通车里程达 9.6 万公里，超越了美国，居世界第一；初步形成干支衔接的水运网，民用机场体系基本成型，乡设所、村通邮总体实现，交通运输对国民经济的瓶颈制约得到总体缓解。

这一时期，中国交通最大的变化是从“自立”走向“自足”。在中国共产党的领导下，我国交通运输实现了从“瓶颈制约”到“初步缓解”再到“总体缓解”的历史性突破，有效解决了交通运输“够不够”的问题，基本建成了交通大国，有力支撑了中华民族“富起来”。

四、中国特色社会主义新时代：从自足向自强——聚焦解决交通运输“好不好”的问题，加快建设交通强国，奋力支撑中华民族“强起来”

党的十八大以来，中国特色社会主义进入新时代，社会主要矛盾发生变化，交通运输发展重心从解决“有没有”“够不够”的问题，转向解决“好不好”的问题，需要在交通大国的基础上加快建设交通强国。

以习近平同志为核心的党中央高度重视交通运输发展，习近平总书记多次对交通运输工作作出重要论述，强调“加快建设交通强国”“建好、管好、护好、运营好农村公路”，等等，这为交通运输的发展提供了科学指引，推动新时代交通运输发展取得了历史性成就。截至2020年底，全国铁路营业总里程达14.6万公里，是新中国成立初期的6.7倍，其中高铁3.8万公里，居世界第一。全国公路通车里程520万公里，是新中国成立初期的63.3倍，其中高速公路16.1万公里，居世界第一。铁路、高速公路对城区常住人口20万以上城市的覆盖率均超过95%。全国内河航道通航里程12.8万公里，居世界第一，其中高等级航道1.6万公里；城市轨道交通运营里程7354.7公里，居世界第一。港口货物吞吐量世界排名前10的港口中，中国占7席；旅客吞吐量世界排名前10的机场中，中国占7席，境内民用颁证通航机场340个，民航运输机场已覆盖92%的地级市；邮政实现乡乡有网点、村村直通邮，我国综合立体交通基础设施网络初步形成。更令我们自豪的是，港珠澳大桥、北京大兴国际机场等一批超级工程震撼世界，“复兴号”动车组、C919大飞机等大国重器闪耀全球，网约车、共享单车、网络货运等新业态蓬勃发展，中国路、中国桥、中国港、中国高铁成为亮丽的“中国名片”。正如习近平总书记在庆祝改革开放40周年大会上所讲，“公路成网，铁路密布，高坝矗立，西气东输，高铁飞驰，巨轮远航，飞机翱翔，天堑变通途”。

这一时期，中国交通最大的变化是从“自足”迈向“自强”。在以习近平同志为核心的党中央坚强领导下，我国交通运输在“基本适应”的基础上向“适度超前”迈进了一大步，并开启了加快建设交通强国的新征程，有力支撑了实现党的第一个百年奋斗目标，正为实现党的第二个百年奋斗目标不懈奋斗。

栉风沐雨、薪火相传。站在建党百年的历史新起点上，回看这一波澜壮阔的发展历程，中华大地改天换日，中国交通沧桑巨变，孙中山先生在《建国方略》中提出的“10万英里的铁路和100万英里的公路，疏浚现有运河和开挖新的运河……开辟全新的北方、东方、南方三大商用港口，从这些港口出发的铁路将远抵西藏、新疆、蒙古和满洲”的宏伟设想，在中国共产党的领导下变为了现实。我们用70年特别是改革开放40多年的时间，建立了现代综合交通运输体系，对比发达国家已经实现了局部赶超，成功走出了一条具有中国特色的交通运输发展道路。我们还将继续努力，实现到2035年基本建成交通强国、到21世纪末全面建成人民满意、保障有力、世界前列的交通强国目标。

在中国共产党一百周年华诞之际，我们谨以此套丛书展现我国百年交通发展奋斗历程及深刻启示，诠释在中国共产党领导下中国交通运输事业所发生的翻天覆地的变化。丛书分为七册，分别为：综合交通运输篇、铁路篇、公路篇、水运篇、民航篇、城市交通篇、邮政篇。丛书由国家信息中心、国家发展改革委综合运输研究所、交通运输部科学研究院、北京交通大学、长安大学、上海海事大学、大连海事大学、中国民航大学、中国民航管理干部学院、山东财经大学、华北水利水电大学、内蒙古财经大学、国家邮政局发展研究中心、中国铁路经济规划研究院有限公司等单位专家学者共同编写。丛书编纂过程中，有幸得到“老交通”智库老部长顾问团的指导，在此表示深深的感谢！

《辉煌交通·建党百年看中国交通运输发展》
丛书编委会
2021年5月

前言

2021 年是中国共产党成立 100 周年，也是建设交通强国的起始之年，站在新时代的坐标点，我们不忘初心，牢记使命。百年来，中国共产党始终围绕中华民族复兴和中国人民幸福来谋划交通运输发展，交通运输事业取得了辉煌成就，有力支撑了中华民族从站起来、富起来向强起来的伟大飞跃。

拥有现代铁路运输体系是中国几代人的梦想，孙中山先生在《建国方略》中就提出了建设 10 万英里铁路的构想。在中国共产党的领导下，中国铁路实现了伟大发展，取得了辉煌成就。今天，中国铁路营业里程已达 14.63 万公里，其中高铁营业里程 3.8 万公里，居世界第一，“复兴号”创造出了世界高铁最高运营时速；“四纵四横”高铁网提前建成，“八纵八横”高铁网加密成型；党的十八大以来，中国铁路深入实施客运提质计划、货运增量行动和复兴号品牌战略三大举措，全面推进铁路高质量发展，服务品质与综合效益日益提升，“丝路快车”“熊猫专列”等特色旅游列车蓬勃发展，81 对公益慢火车助力偏远贫困地区脱贫攻坚，中欧班列内外联通成为“一带一路”建设的标志性成果，集装箱多式联运开启绿色物流新通道，“复兴号”成为中国铁路“走出去”的靓丽名片，高速铁路助力经济社会发展实现全新的转型升级。这一切辉煌成就，来自中国共产党的坚强领导，来自广大铁路人的共同努力，更来自中国人民对铁路事业的支持。百年征程波澜壮阔，红色初心历久弥坚。从战火纷飞的艰苦岁月到走向复兴的高铁时代，中国铁路在党的领导下砥砺奋进，传承着“始终听党话、永远跟党走”的红色基因，践行着“人民铁路为人民”的历史使命。

本书作为《辉煌交通·建党百年看中国交通运输发展》丛书之一，踏寻历史轨迹，阐释中国铁路的变迁与发展。全书以时间为线条，严谨性与通俗性并重，重要事件节点与逻辑线条分明，力求展现中国共产党成立以来铁路发展的历史脉络，感悟中国铁路的红色初心，叩问新时代中国特色社会主义建设使命，践行党领导下“交通强国，铁路先行”。

全书共五章，按照时间顺序编撰成册。

第一章为新中国成立前的中国铁路。回溯中国铁路诞生时期的历史背景，记述铁路发展早期在救亡图存中做出的贡献，从党领导的铁路工人运动中，从长辛店铁路机厂见证的历史中，从“毛泽东号”机车报效祖国的时代变迁中，为中国铁路的红色基因溯源。

第二章为新中国成立后的铁路发展（1949 ~ 1978 年）。追忆新中国诞生到改革开放前夕的铁路发展历史，在物质贫乏、百废待兴的历史条件下，中国铁路在党的领导下投身于国家发展浪潮，进行铁路运输抢修恢复，建成铁路网络基本骨架，探索改革与发展的希望之火，完成了中国铁路修旧建新的开创性壮举。

第三章为改革开放后的铁路崛起（1978 ~ 2012 年）。对改革开放至十八大期间的奋进之路进行记述，这一时期，随着改革开放一声春雷，中国铁路进入改革与发展的一个全新的历史阶段，运营模式和管理理念不断革新，线路质量与移动设备现代化水平不断提升，路网规模与运输成绩不断取得新的突破。

第四章为新时代铁路的辉煌成就（2012 年至今）。回顾党的十八大至今中国铁路的发展进程，新时代凯歌高奏，中国铁路在建设、运输和改革领域都取得了不俗成就，高速铁路里程世界第一，高速铁路装备制造成为中国高铁“走出去”的靓丽名片，铁路行业技术取得重要进展，高速铁路与经济社会发展深度融合，在新时代中国特色社会主义建设道路中做出了自己的独特贡献。

第五章为实现高质量发展，助力交通强国建设——面向 2035 年和 21 世纪中叶。百年华诞共襄盛举，复兴之志历久弥新。2021 年，是中国共产党成立一百周年，是中国“十四五”的开局之年，是全面建设社会主义现代化国家新征程的开启之年，站在党和国家发展的重要历史节点，从交通强国建设、综合立体交通网络建设、新型基础设施建设、中国铁路“走出去”四方面，畅想中国铁路的未来。

本书由北京交通大学欧国立教授担任主编，主要编写成员有北京交通大学李红昌、吴昊、王超、焦敬娟、崔璇，中国铁路经济规划研究院有限公司王妍。本书专栏中的内容均为编写者们根据历史资料整理归纳而成。本书在编写过程中得到了来自同行专家学者以及相关单位的大力支持和帮助，值此付梓之际，谨向所有关心支持本书编写工作的同仁表示衷心感谢，向中国共产党百年华诞表示衷心的祝贺！

由于笔者水平有限，书中难免有疏漏和错误之处，恳请各位专家同行与广大读者不吝斧正。

目录

Contents

第一章

新中国成立前的中国铁路

雄关漫道，历历征途。与中国共产党成立之初的际遇相似，中国铁路在早期诞生阶段面临着内忧外患，在无数的打压声与质疑声中艰难起步，砥砺前行、顽强生长。作为本书的开篇，第一章将追本溯源，在简述中国铁路早期诞生背景的基础之上，对早期铁路在国民经济社会中发挥的作用、中国共产党领导铁路运动的历程进行介绍。

第一节　浪漫情怀下的中国铁路蓝图

一、历史先声：造外邦之火轮车

在近代中国，最早提出修筑铁路的，是太平天国时期的“干王”洪仁玕。洪仁玕于1843年加入拜上帝教，在广东远清发展教徒，1852年由于遭到清政府的迫害而逃往香港，对西方资产阶级的科学文化研究颇深，洪秀全破格提拔其为“开朝精忠军师顶天扶朝纲干王”，总理朝政。针对当时太平天国存在的突出问题，洪仁玕向洪秀全提出了一系列的改革措施，1859年刊行太平天国的政治纲领——《资政新篇》（见图1-1），这是一套统筹全局的革新方案，主张效仿西方资本主义、改革以求发展。在交通运输方面，他主张“先于二十一省，通二十一条大路，以为全国之脉络”，在修筑铁路方面提出“兴车马之利，以利便轻捷为妙。倘有能造如外邦火轮车，一日夜能行七八千里者，准其自专其利，限满准他人仿造。”天王洪秀全对上述内容十分赞赏，亲笔批示“此策是也”①。

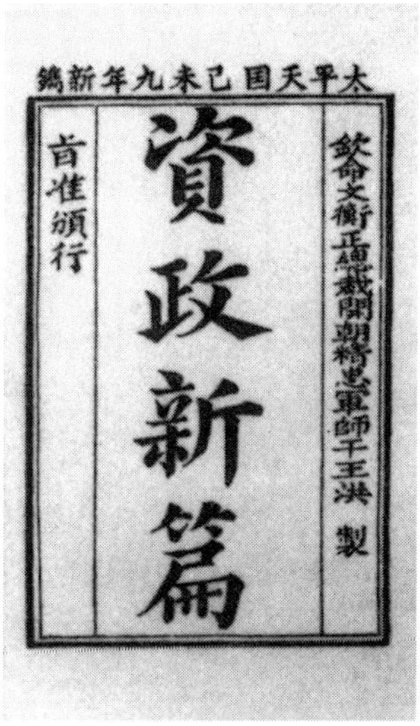

图 1－1 《资政新篇》书影

这份带有鲜明资本主义色彩的历史先声，是中国最早的铁路规划蓝图，集中反映了当时思想先进的中国人向西方探寻救国救民真理的迫切愿望。然而，这宏伟的历史先声却无从落地。1852 年太平天国内部爆发了“杨韦内讧”，整个太平天国元气大伤，运势由盛转衰，直至 1864 年 7 月天京沦陷，太平天国宣告失败，同年 11 月，在中国修建铁路的最早提出者——洪仁玕，也死于清政府的屠刀之下，这些修筑铁路的计划未能付诸实施，中国人修筑铁路的历史被推迟了二十余年②。

---

① 1859 年太平天国（1851～1864 年）干王洪仁玕（1822～1864 年，广东花县人）编撰的施政纲领《资政新篇》。现为馆藏国家一级文物，收藏于中国共产党第一次全国代表大会会址纪念馆。

② 纪丽君、亢宾：《图说中国铁路史话—图说晚清铁路》，中国铁道出版社 2011 年版。

二、真知灼见：非铁道无以立国

在近代中国早期，对铁路运输的重视程度最高、对铁路计划的研究最为详尽的伟人非孙中山先生莫属。早在1894年，孙中山先生在考察西方国家经济发展过程中，就认识到了铁路在整个国民经济社会中的重要意义："故凡有铁路之邦，则全国四通八达，流行无滞；无铁路之国，动辄掣肘，比之痈痪不仁。地球各邦今已视铁路为命脉矣"①。1912年6月26日，孙中山先生在上海与《民立报》的记者谈话时也曾指出，"交通为实业之母，铁道又为交通之母"。世界列强之所以经济富强，在于交通便利，交通之便利，在于铁路的通达，"今日之世界，非铁道无以立国"②。

1912年9月9日，袁世凯发布临时大总统命令，授命孙中山先生全权筹划全国铁路的建设事宜。历经长期的跟踪研究，截至1919年8月，孙中山先生发表了《实业计划》，这是一套以交通发展带动工业进步的国家工业化和现代化解决方案，其中对铁路计划的论述最为宏伟也最为详尽。该文六大计划中的三大计划关系到铁路，有：第一计划，开发北部资源计划，造西北铁路系统；第三计划，开发南部资源计划，造西南铁路系统；第四计划，铁路建设计划，造中央、东南、东北、扩张西北、高原五大铁路系统，并建立车辆制造厂。按照孙中山先生的规划，全国铁路干线分为三路：其一是南路——起点由广州南海，经广西、贵州，走云南、四川进入西藏，绕至天山之南；其二是中路——由上海经江苏、安徽、河南、陕

① 孙中山：《上李傅相书》，载《万国公报》1894年第69期和第70期（上）。

② 孙中山：《在上海与〈民立报〉记者的谈话》，载《民立报》1912年6月25日；宓汝成：《中华民国铁路史资料（1912–1949）》，社会科学文献出版社2002年版。

西、甘肃、新疆到伊犁；其三是北路——由秦皇岛绕辽东进入蒙古，直穿外蒙到达乌梁海①。希望能够通过铁路的发展，来助力中国在最短的时间内摆脱落后挨打的状态，使中国能够屹立于现代强国之林。

按照《实业计划》，全国铁路建设要遵循四大原则。第一，在平等互利原则的基础上鼓励吸引外资修路——“必选最有利之途吸收外资”；第二，规划建设分轻重缓急——“必应国民之所最需要”；第三，注重建设条件与生产条件之间的协调性——“必期抵抗之至少”，以最大限度发挥铁路行业的经济社会效益；第四，从长远角度出发进行项目建设——“必择地位之适宜”，注重干线铁路对内与经济、政治、军事布局的协调性，对外同欧亚铁路干线的衔接性②。与以往从各自利益角度出发、缺乏通盘性和完整性的铁路修建不同，孙中山先生的铁路计划，是中国资产阶级革命家首次从国家、从世界的角度擘画中国铁路的总体布局。这份铁路计划覆盖全国，五大系统自成一体，每个系统对内同其他子系统相互联络，对外同国外铁路系统相互贯通，四通八达的铁路网计划反映了“开放主义”的要义，正如规划的作者所言：“欲使外国之资本主义，以造成中国之社会主义”③。

“非铁道无以立国”的真知灼见，同富有浪漫主义色彩的《实业计划》，作为中国资产阶级民主革命的产物，伴随着近代产业革命浪潮而出现，反映着民族资产阶级的最高心愿，同样也随着资产阶级民主革命的失败而流产。孙中山先生所设想的10年之内修筑16万公里的铁路计划，只能作为一份珍贵的思想遗产，启迪着后人。

---

①②③ 孙中山：《实业计划》，外语教学与研究出版社2011年版。

☞ 专栏1－1 《中国铁路全图》

孙中山先生在撰写《实业计划》期间，整合其历年铁路研究心得，在1921年绘制了《中国铁路全图》，作为《实业计划》（*The International Development of China*）的附图，在1922年正式印刷发表。该图是在1922年出版的地图的基础上的放大版，孙中山先生对滇、桂、粤、蜀、黔五省铁路线路做了进一步规划。目前该图收藏于上海孙中山故居纪念馆内。

☞ 专栏1－2 《实业计划》中的五大铁路系统①

孙中山先生的《实业计划》中的第一、第三两项计划对西南铁路系统和西北铁路系统的规划有较为详细的介绍，第四计划则对其希望构建的全国“五大铁路系统”进行了详尽介绍，希望能够以铁路系统贯通全国、联通内外，实现祖国资源的开发与民族的振兴。表专1－1为“五大铁路系统”的具体设计情况。

表专1－1 五大铁路系统

名称	简要介绍	具体线路
中央铁路系统	中央铁路系统主要位于长江以北地区，以东方大港为核心，连接中国北方的大城市，是整个铁路系统中最重要的一环	计划包括24条线路：东方大港塔城线、东方大港库伦线、东方大港乌里雅苏台线、南京洛阳线、南京汉口线、西安大同线、西安宁夏线、西安汉口线、西安重庆线、兰州重庆线、安西于阗线、婼羌库尔勒线、北方大港哈密线、北方大港西安线、北方大港汉口线、黄河港汉口线、芝罘汉口线、海州济南线、海州汉口线、海州南京线、新洋港南京线、吕四港南京线、海岸线、霍山嘉兴线

① 孙中山：《实业计划》，外语教学与研究出版社2011年版。

续表

名称	简要介绍	具体线路
东南铁路系统	东南铁路系统位于人口稠密、煤铁资源丰富的东南地区，修建铁路有利于发掘地区经济潜力	计划包括 13 条线路：东方大港重庆线、东方大港广州线、福州镇江线、福州武昌线、福州桂林线、温州辰州线、厦门建昌线、厦门广州线、汕头常德线、南京韶州线、南京嘉应线、东方南方两大港间海岸线、建昌沅州线
东北铁路系统	东北铁路系统分布于农业资源和矿产资源丰富的满洲、蒙古一带及河北部分地区	计划包括 19 条线路：东镇葫芦岛、东镇北方大港线、东镇多伦线、东镇克鲁伦线、东镇漠河线、东镇科尔芬线、东镇饶河线、东镇延吉线、东镇长白线、葫芦岛热河北京线、葫芦克鲁伦线、葫芦岛呼伦线、葫芦岛安东线、漠河绥远线、呼玛室韦线、乌苏里图们鸭绿沿海线临江多伦线、节克多博依兰线、依兰吉林线、吉林多伦线
扩张西北铁路系统	扩张西北铁路系统位于中国的西北地区，用以开发蒙古、新疆、甘肃等地的资源，并将西北地区与北方大港连接起来	计划包括 18 条线路：多伦怡克图线、张家口库伦乌梁海线、绥远乌里雅苏台科布多线、靖边乌梁海线、肃州科布多线、西北边界线、迪化乌兰固穆线、戛什温乌梁海线、乌里雅苏台恰克图线、镇西库伦线、肃州库伦线、沙漠联站克鲁伦线、格合克鲁伦节克多博线、五原洮南线、五原多伦线、焉耆伊犁线、伊犁和阗线、镇西喀什噶尔线
高原铁路系统	高原铁路系统主要分布于青藏高原地区和西南地区，以开发青藏高原的矿产资源和牧场资源	计划包括 15 条线路：拉萨兰州线、拉萨成都线、拉萨大理车里线、拉萨提郎宗线、拉萨亚东线、拉萨来吉雅令及其支线、拉萨诺和线、拉萨于阗线、兰州婼羌线、成都宗扎萨克线、宁远车城线、成都门公线、成都沅江线、叙府大理线、叙府孟定线、于阗噶尔渡线

第二节　风雨飘摇中诞生的中国铁路

面临着列强的虎视眈眈、清政府的打压和民众的不解，中国铁路在风雨飘摇的时代里诞生，肩负着国家振兴与民族统一的历史使命。19 世纪六七十年代，以“自强”“求富”为口号的洋务派开始提议修筑铁路。李鸿章曾指出："中国积弱，由于患贫。西洋方圆千里，数百里之国，岁人财赋动以万万计，无非取资于煤铁五金之矿、铁路、电报信局、丁口等税。酌度时势，若不早图变计，择其至要者逐一仿行，以贫交富，以弱敌强，未有不终受其敝者"①，驻英大使郭嵩焘也曾在向李鸿章致函时指出"赶办铁路、电报，二者实可以立国千万不敝"②。修建铁路、兴国强民，中国铁路自此发端。

一、苦难中来：清末铁路的缩影

（一）中国大地上的第一条铁路

直到19世纪60年代，广袤的中华大地上尚不存在一寸铁路。届时，西方列强为加速打开中国市场，不断提出在中国兴建铁路，都被清政府一一否决。按照当时清朝官员的观点来看，反对修建铁路的原因主要有三：一曰"资敌"，即铁路的修建将为列强快速进犯提供通道；二曰"病民"，即认为铁路建设将大量占用民田、拆迁民宅坟墓，有违风水之说；三曰"失业"，即认为铁路的修建将导致沿线舟车挑夫和行栈铺房无以为生，聚为流寇。屡次提议的失败使列强认识到，想从清政府处得到正式的许可是不现实的，为今之计，只有先购地私建铁路来打出实体广告，期许将来建成后清政府能够容忍乃至接受，为更多铁路线路的建设提供范例。

①② 贾本义：《中国早期铁路的那些人和事》，中国铁道出版社2014年版。

1865 年，北京城的宣武门外出现了一条长仅 0.5 千米的展览铁路——德小铁路，这条铁路是由英国商人杜兰德沿着城墙和护城河之间的官荒地修建的，其目的在于令清政府和清朝百姓认识铁路、了解铁路运输的便利性，以此打开中国修建铁路的接受度。但是，火车试行期间的轰鸣声与汽笛声却不仅被百姓视为“怪物”，更是令维护京城治安的步兵衙门大惊失色，以担心引起骚乱为由，将这段短途又短命的小铁路线路拆除了。

然而，初试牛刀的失败并没有阻断帝国列强占领中国铁路市场的决心。19 世纪 70 年代的上海在经历了开港近 30 年的发展后，已经成为中国当时最大的对外贸易港口，吞吐量日渐增大，修建铁路的需求也随之而来。英国怡和洋行出面组织了一家英美合资的公司取名为“吴淞道路公司”（Woosung Road Co.），并以建筑“一条寻常马路”为由向上海地方当局申请购买从上海到吴淞之间长 9.25 英里（14.88 公里）、宽约 15 码（13.7 米）的地皮①，1874～1875 年，随着路基工程的开工建成，以及机车、车辆、路轨等筑路器材不断自英国运至上海，以“寻常马路”为名修建的吴淞铁路逐渐浮出水面。

1876 年，中国大地上第一条真正进入运营阶段的铁路——吴淞铁路开工运营。这条铁路由英国怡和洋行采用欺骗手段修建，自苏州河北岸的上海站起向北，折而东行，经老靶子场，北过天通庵至江湾，再向北经张华浜，到蕴藻滨南岸的吴淞，全长 14.530 公里②。线路于 1876 年 1 月开工，当年 7 月上海段至江湾段（8 公里）便建成正式投入运营，到当年 12 月全线贯通（见图 1－2）。

①② 贾本义：《中国早期铁路的那些人和事》，中国铁道出版社 2014 年版。

图 1－2 吴淞铁路

资料来源：贾本义：《中国早期铁路的那些人和事》，中国铁道出版社 2014 年版。

吴淞铁路轨距为 0.762 米，轨重为 13 千克/米。前期使用“先锋号”（Pioneer）蒸汽机车作为牵引动力，这是中国铁路第一次用蒸汽机车运行。列车每日往返 6 次，运行速度 24 公里/小时，全程 30 分钟。火车票价也不菲，分上中下三个等级座席，票价分别为 730 文、360 文、200 文①，按照当时猪肉每斤 50 文的均价，坐火车从吴淞到上海，不到 15 公里的距离至少要花费 5 斤猪肉的价格②。

与 11 年前北京民众初见铁路时的“惊恐万状”不同，此时的民众显然能够以一种新鲜视角来看待铁路。据 1876 年 7 月 10 日《申报》中一篇《民乐火车开行》的报道：“或有老妇扶杖而张口廷望者，或有少年荷锄而痴立者，或有弱女子观之而喜笑者，至于小孩或惧怯而依于长老前者，仅见数处则或牵牛惊看似作逃避之状者，然究未有一人不面带喜色也”“车

① 清代的一文钱：1 两黄金 = 10 两白银 = 10000 文钱 = 10 贯（吊）钱。

② 上海市地方志办公室主办，《第一节吴淞铁路》，上海地方志办公室网站，2001 年 12 月 17 日。

辆往返每日六次，而客车皆拥挤无空处，即城内终年几不出门外半步者，闻有此事亦必携家眷一游”。民众接纳程度的提高带来的是源源不断的客流，在 1876 年 7 月至 1877 年 8 月这段运营时间里，共运送乘客 16 万人次，带来了巨大的效益。据推算，吴淞铁路不到 15 公里的营业里程每年能够获得上万磅利润，相应的利润率与英国国内铁路相当①。

1876 年 8 月 3 日，火车运行一个月后，在江湾镇以北的行驶途中轧死了一名行人，消息一经传出，民愤四起，反对声潮也随之汹涌而来。新任上海道台冯焌光找到当时的英领事麦华陀，要求司机以命偿命，而英方却根据不平等条约中的“领事裁判权”宣布司机无罪释放，民愤更加激化。为了避免冲突的进一步加剧，英使威妥玛下令英商于 8 月 20 日停驶火车并暂停铁路续建工程，中英双方围绕路权展开谈判。中方以英商欺骗筑路在前，要收回铁路，英国则考虑到本国收益，拒绝交回路权。经过多轮协商，双方于 10 月 24 日在南京签订《收买吴淞铁路条款》，中国以 28.5 万两白银买断吴淞铁路，分三期付清，在款项付清之前的一年之内允许吴淞铁路继续运营客运，但不许办理货运。一年后，吴淞铁路被正式购回，清政府不顾英美反对，毅然下令拆除铁路，拆下来的车厢、机车、铁轨等被运往台湾拟用于铺设台北铁路，后由于无力筹款被长期搁置，直至最后日久锈烂，形同废铁，不堪再用。

尽管吴淞铁路命运短暂，其修建的初始目的和手段卑劣，透露着帝国列强对中华大地的觊觎，也因此不可能成为中国认可并修建铁路的发端。但是，吴淞铁路以新式运输工具的形象给国人留下了深刻印象，让中国认识到了铁路的作用。

---

① 金士宣、徐文述：《中国铁路发展史（1876－1949）》，中国铁道出版社 1986 年版。

（二）中国人自建的第一条铁路

清朝光绪年间，清政府的洋务大臣在唐山市大城山南侧的乔屯镇开办开平矿务局，开采烟煤矿产。为将产煤从矿区运送至最近的北塘海口装船运出，解决煤炭运销的问题，开平矿务局于1879年请求修建一条从唐山到北塘的铁路，由矿务局出资，后因廷臣谏阻，奉旨收回成命；1880年10月，唐廷枢再次呈禀，提出兴建“煤河”，长约7.5公里的单轨轻便铁路，考虑到朝议禁驶机车，声明以驴马拖拉，以免震动东陵，得到清政府批准。

唐胥铁路（见图1－3）由时任开平矿务局总工程师克劳德·威廉·金达（Claude William Kinder）于1881年6月主持动工开建，并于当年11月举行通车典礼。唐胥铁路轨重15千克/米，采用国际通用的标准轨距（4.85英尺，即1.435米）[①]，这是中国最早的标准轨铁路，为日后京奉铁路的全线贯通奠定了技术基础。

通车伊始，清政府以机车行驶震及皇帝陵园为由，只准许以骡、马曳引车辆。随着开平产煤量大增，煤炭运输单靠骡马之车运输依然不能满足需求，1882年，金达利用开矿机器的废旧锅炉改造了一辆小型机车，长5.693米，造价520银元，时速30千米，牵引能力100吨[②]。薄内氏之妻仿照英国第一台机车之名火箭（rocket）将该车命名为“中国火箭”（rocket of china）。后来，参与组装的中国工人希望这台机车的名字蕴含更多中国味道，便将其两侧各镶嵌了一条龙饰，称之为“龙号”机车（见图1－4）。

① 贯本义：《中国早期铁路的那些人和事》，中国铁道出版社2014年版。

② 纪丽君、亢宾：《图说中国铁路史话—图说晚清铁路》，中国铁道出版社2011年版。

图 1－3　唐胥铁路

资料来源：《火车老站见证交通发展的奇迹》，人民铁道网，2012 年 1 月 12 日。

图 1－4　唐胥铁路机车

资料来源：贾本义：《中国早期铁路的那些人和事》，中国铁道出版社 2014 年版。

1886 年，开平铁路公司成立，这是中国自行商办的第一家铁路公司，以 25 万元收买了唐胥铁路，独立经营铁路业务，年均收入约为 5.5 万两①。

① 贾本义：《中国早期铁路的那些人和事》，中国铁道出版社 2014 年版。

1887年，唐胥铁路展修到芦台，称“唐芦铁路”，全长44.8千米；1888年，唐芦铁路继续展修至天津，称“唐津铁路”，分唐胥、胥芦、芦津三段共130千米；直至1890年天津至古冶全长154.6千米的铁路建成①，开平铁路公司资本告罄。官办铁路自此发端，1891~1911年，由清政府拨官款收归官办，唐津铁路又逐渐展修至北京到沈阳之间，定名为“京奉铁路”，全长862千米，是日后重要的铁路动脉——京哈铁路的重要组成部分。

从1881年开工建设至1911年京奉铁路全线通车，这条铁路的修建耗费了30年之久，中间历经商办、官办、官督商办、官商合办、收归官办、借外款修建，到外国攫夺、收归国有的演变过程。从骡马拉车到锅炉改造机车、再到先进机车车辆的使用，从民间招股到官款划拨、再到举借外债修建，诚如唐山机务段火车头纪念碑所书：“中华铁路，师夷之技，源唐胥始，于龙号起，几多艰难，历经风雨。”② 京奉铁路历经30年筚路蓝缕、栉风沐雨，虽有诸多现实与无奈，却仍不失自强的初心与志向。

（三）中国人自主设计建造的第一条铁路

20世纪初，随着更多铁路线路在中国大地上建成，发挥了良好的示范效应，当时已经建成的许多线路在每年扣除营业开支、工程改进支出和贷款还本付息之后仍可做到获利颇丰，前述的京奉铁路每年的盈余都有数百万两。清政府逐渐认识到了修建铁路对于富国强民、维护清朝统治阶级利益的重要价值，开始鼓励修建铁路。中国人自主设计建造的第一条铁路——京张铁路（见图1-5），就是在这样的背景下开始建设的。

---

①② 贾本义：《中国早期铁路的那些人和事》，中国铁道出版社2014年版。

图 1-5 “人”字形铁路

资料来源：孙晓远：《京张高铁，中国之路》，中国铁路公众号，2021 年 1 月 21 日。

明清期间的张家口地区商贸兴盛，被誉为“百货之所灌输，商旅之所归途”，山道蜿蜒的北京居庸关到张家口之间，日日驼队铃响，商旅人士往来期间，修建铁路的需求也与日俱增，自然也成了西方列强争夺路权的重要对象。

1905 年 5 月，清朝设立京张铁路局，任命陈昭常为总办，詹天佑任会办兼总工程师。第二年，陈昭常调离，詹天佑升为总办，主持全路修建事宜。京张铁路由北京西直门经沙河、南口、居庸关、八达岭、怀来、鸡鸣驿、宣化至张家口，一路上崇山峻岭，尽为险坡，修建难度可想而知。面对西方列强“中国能修京张铁路的工程师还没出生”的嘲讽，一代“中国铁路之父”詹天佑并没有退缩：“窃谓我国地大物博，而于一路之工，必须借重外人，引以为耻"①，他创造性地设计出"人"字形铁路，通过延长距离，顺利解决了关沟段坡度大、修路难的问题，他还首次使用炸药开采隧道，开创了至今仍在沿用的竖井施工法。1909年9月，京张铁路全线完工，比预计时间提前了两年。

京张铁路改写了中国人不能自建铁路的历史，面临着极强的建造难度与列强的嘲讽，詹天佑亲自设计、主持修建铁路，于崇山峻岭之间书写了大大的"人"字，写出了中国人的骨气与智慧，也成就了"中国铁路之父"的美名。历经百余年的碎石轨枕，钢筋铁轨述说着中国早期铁路建设之掠影；时隔110年，京张高铁在2019年12月30日建成通车，新老京张铁路历史交汇，见证着大国速度的崛起（见图1－6）。

图1－6　京张高铁

资料来源：《震撼！这不是科幻大片，这是正在建设中的智能京张高铁！》，央视网，2018年4月24日。

① 中华工程师学会：《京张铁路工程纪略》，文华详印务局，中华民国四年十二月。

二、争我利权：保路运动的意义

（一）修建铁路

铁路作为19世纪出现的先进运输形式，体现着工业文明的重要成果，是商品销售和资源控制的重要工具，成为列强各国争相攫取的重要产业。中国的铁路修建历史比其他发达国家晚了近半个世纪的时间，晚清时期，广袤的中华大地亟待开发，在中国修建铁路成为列强们发掘商机的重要窗口。国弱民穷、财力有限，动辄上百万至数亿元的铁路修建费用，是积贫积弱的清末朝廷和百姓难以负担的。私建、合建、借款获取路权，各国列强通过各种方式不断侵蚀着在中华大地上修建铁路所带来的权益。自1876年上海吴淞铁路修建起至1911年清政府灭亡，清政府时期建成的中国铁路网约9900余公里（见图1－7），修建方式大致可归为三类：清政府自建、借外款修建、列强承建（见表1－1）。

事实上，借债筑路并非中国独有，苏全有在《清末邮传部研究》中论述："我们放眼世界，则可发现借债筑路具有相当之普遍性，世界国债增长很快。与世界其他国家相比，我国的外债并不高……如果我们考虑到外债的利率比内债的利率要低这一因素，以及收支盈余的京汉路这一范例，则借债筑路似应是不争的必然"①。然而，问题在于，借债筑路虽然促成了铁路的快速兴建，但却造成了国家利权的大量丧失②。主要体现在：其一，借款回扣，即借款额多按照借款面额加以一定折扣实付；其二，筑路材料

---

① 苏全有：《中华文史新刊：清末邮传部研究》，中华书局出版社2005年版。

② 寇兴军：《中国近代铁路体制演变史（1835—1949）》，中华书局出版社2016年版。

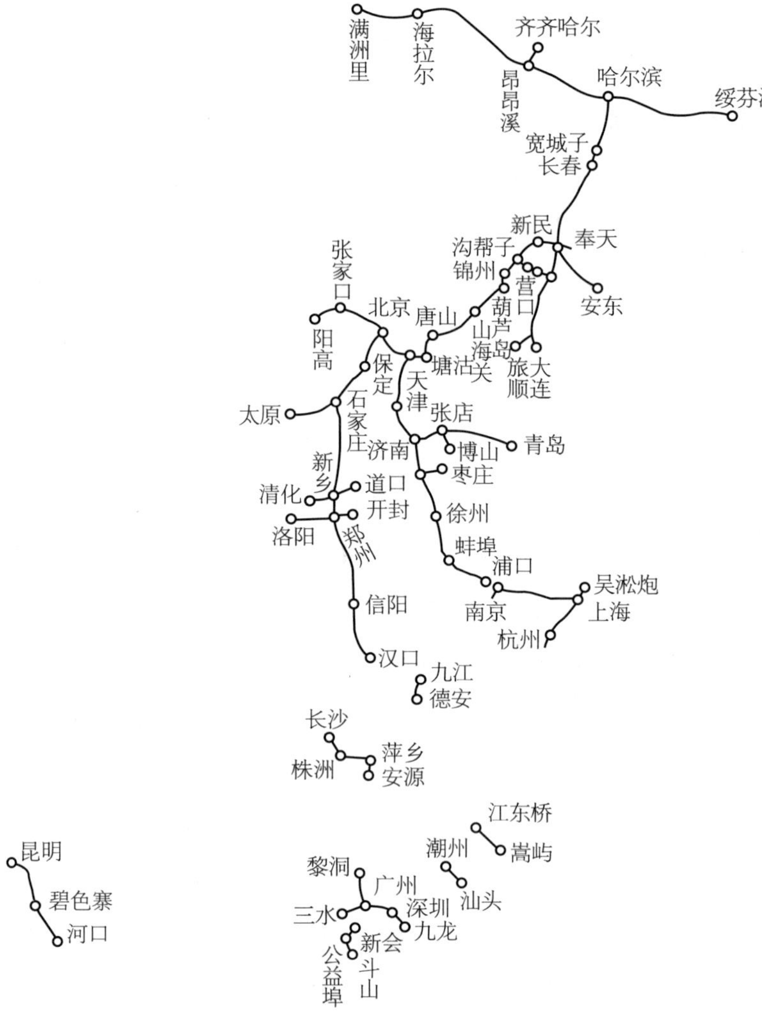

图 1－7　晚清通车示意

资料来源：贾本义：《中国早期铁路的那些人和事》，中国铁路出版社 2014 年版。

表 1－1　　　　　　　　　　晚清铁路修建概况

线路名称	修建方式	里程（千米）	简介
德小铁路 （1865 年）	列强修建	0.5（约）	和平门—宣武门，中国境内修建的第一条铁路
吴淞铁路 （1876 年）	列强修建	14.5	上海—吴淞，中国的第一条营运铁路
唐胥铁路 （1881 年）	清朝自建	7.5（约）	唐山—胥各庄，中国自建的第一条标准轨运货铁路
唐阎铁路 （1886 年）	清朝自建	30（约）	唐胥铁路延展，胥各庄—阎庄
唐芦铁路 （1887 年）	清朝自建	44.8	唐胥铁路延展，芦台—胥各庄
台湾铁路 （1887 年）	清朝自建	99（约）	基隆—台北—新竹
津唐铁路 （1888 年）	清朝自建	130	唐胥铁路延展，唐山—天津
紫光阁铁路 （1888 年）	清朝自建	1.5	皇家专用铁路，中海—北海
京奉铁路 （1891 年）	借外款修建	862（约）	唐胥铁路延展，北京—沈阳
东清铁路西部线 （1901 年）	列强修建	934.8	哈尔滨—满洲里，是中东铁路的西部干线
东清铁路东部线 （1901 年）	列强修建	495	哈尔滨—绥芬河，是中东铁路的西部干线
东清铁路 （1903 年）	列强修建	2437	干线西至满洲里，东至绥芬河，支线南至旅顺，呈“丁”字形
粤汉铁路省佛支路 （1902 年）	借外款修建	16.5	石围塘—佛山
粤汉铁路省三支路 （1903 年）	借外款修建	32.36	佛山—三水

续表

线路名称	修建方式	里程（千米）	简介
粤汉铁路广韶段（1916 年）	清朝自建	224.2	广州黄沙码头（今广州南站）—韶关
粤汉铁路湘鄂段（1918 年）	清朝自建	365	湖南长沙—武昌徐家棚
胶济铁路（1904 年）	列强修建	394	青岛—济南，是横贯山东的运输大动脉
南满铁路（1905 年）	列强修建	703.7	长春—旅顺，中东铁路的南支线的一段
安奉铁路（1905 年）	列强修建	261	奉天（今沈阳）—安东（今丹东），是日本在中国修建的第一条铁路
株萍铁路（1905 年）	清朝自建	89.3	萍乡—株洲，是江南第一条铁路
卢汉铁路（1906 年）	借外款修建	1214	北京卢沟桥—汉口，是甲午中日战争后中国清政府准备自己修筑的第一条铁路
潮汕铁路（1906 年）	借外款修建	39	汕头—潮安，是中国近代史上第一条由华侨投资兴办的纯商办铁路
京苑铁路（1907 年）	清朝自建	8（约）	永定门—南苑，清末为守卫和运输军需物资而建
道清铁路（1907 年）	借外款修建	150	道口—清化
正太铁路（1907 年）	借外款修筑	243	振头（今石家庄）—太原
同蒲铁路（1939 年）	清朝自建	854	平旺—风陵渡口
京张铁路（1909 年）	清朝自建	201	丰台—张家口
沪宁铁路（1908 年）	借外款修筑	311	上海—南京，北伐战争后改名京沪铁路

续表

线路名称	修建方式	里程（千米）	简介
宁省铁路（1909年）	清朝自建	7.3（约）	连接沪宁铁路和南京市区，是中国最早的城市轨道交通
齐昂铁路（1909年）	清朝自建	27	齐齐哈尔—昂昂溪，黑龙江自办地方铁路
川汉铁路（1909年）	清朝自建	2000（约）	湖北广水（后改汉口埠）—四川成都
滇越铁路（1910年）	清朝自建	858.8	分越、滇两段，越段自海防—老开（今老街），滇段自老开—昆明
漳厦铁路（1910年）	清朝自建	28	嵩屿—江东桥
津浦铁路（1911年）	借外款修筑	1010（约）	天津—南京浦口，是清朝借款修筑最长的铁路
九广铁路（1911年）	借外款修筑	178.6	广州—九龙海港，分华英两段
台枣铁路（1912年）	清朝自建	43	台儿庄—枣庄，是中国历史上第一条商办铁路
新宁铁路（1913年）	清朝自建	104.4	斗山—北街，支路一条自宁城—白沙，称西南支路
沪杭甬铁路（1937年）	借外款修筑	332	沪杭段自上海—杭州，杭甬段自宁波—肖山
南浔铁路（1916年）	清朝自建	128	九江—南昌，为赣北地区第一条铁路
京绥铁路（1916年）	清朝自建	818	北京—包头，是通向中国西北地区的铁路干线

资料来源：贾本义：《中国早期铁路的那些人和事》，中国铁道出版社2014年版；中华全国铁路总工会（编）：《中国铁路工人运动史大事记（1881—1949）》，中华全国铁路总工会1988年版。

的手续费，由于筑路材料多需向债权国购买，中间经由出面借款的公司一手包办并收取相应手续费；其三，铁路总工程师及总会计师必由借款公司推荐外籍人员担任，一切施工用料均由此二人担任，中国委派的督办或局长并无实权；其四，在一些借款合同中还规定了路成之后若干年之内的管理运用权归借款公司，在代办行车期内，铁路收入除各项经费及摊还借款本息外，还要将剩余部分提取一定比例作为酬劳付给借款公司。除此之外，借债给中国的列强无一不通过各种机会在铁路修建的过程中攫取利益，各自为政的铁路线路也桎梏了铁路发挥其大运量长距离运输优势。

（二）收回路权

以甲午中日战争为契机，各国列强利用战后清政府财政拮据和外交困难的处境，胁迫清政府接受财政贷款，以借款方式获取铁路经营等各项特权，不断加深和扩大侵略范围，清政府在列强的打击威吓下无能为力。随着中国新兴资产阶级的壮大和民族意识的觉醒，民族资产阶级、广大工人农民及其他阶层成员逐渐形成统一战线，开始对列强的各种掠夺行为进行反抗。

1905 年，美国合兴公司因违反筑路合约而被收回了粤汉铁路的筑路权，经多次协商，粤汉铁路最终在广东省真正实现了商办，约定自 1906 年起粤汉铁路广州段总长 328 千米的铁路全部由商办包揽，建立广东粤汉铁路有限总公司，集资售股以筹款赎路并修建铁路。虽然商办模式存在着一些固有弊端，但这种国人自建铁路的模式促进了民族资本主义的发展，也极大地鼓舞了其他各省人民收回路权的信心，各省绅商倡导自办铁路“开富源”“通商务”“弥衅端”“固边防”，自此之后，一场“收回路权、自办铁路”的商办铁路运动在全国范围内轰轰烈烈地展开了。截至 1910 年，全国 14 个省份相继成立了 16 家商办铁路公司。

商办铁路是中国民族资产阶级在半殖民地半封建的社会中对抗列强侵略的一场伟大斗争，商办铁路的大规模发展意味着资产阶级对封建清政府的认知逐渐清醒，不再抱有任何幻想，集资兴建铁路的过程为建立反帝反封建的统一战线设立奠定了组织基础。同时，不可否认的是，作为民族资本的萌芽，清末时期的商办铁路也存在着一些先天不足。铁路建设项目的周期一般较长、涉及面广、投资额度大，运营起来还要涉及各方各面。商办铁路的修建各划省界，各举其路，地方割据封闭式管理模式不仅不能分别轻重缓急进行修建铁路，反而人为地设置借债、运价、经营等环节的障碍，过多的公司和环节导致交易费用大增，盈余利润自然所剩无几。除此之外，由于资本主义的阶段不成熟、制度不健全等问题带来的腐败流弊泛滥、强征滥摊转嫁资金负担、资本严重不足、缺乏企业家精神等问题都注定着中国商办铁路的局限性。

☞ 专栏 1－3　詹天佑倡议收回路权[①]

詹天佑，12 岁留学美国，1878 年考入耶鲁大学土木工程系，主修铁路工程。作为中国首位铁路总工程师，詹天佑素有“中国铁路之父”“中国近代工程之父”的美誉。他曾经发表过许多文章倡议收回路权，认为中国工程师应当有一席之位来为自己的祖国做出贡献——“我国地大物博，而于一路之工，必须借助外人，引以为耻”，号召海内外学子“各出所学，各尽所知，使国家富强，不受外侮，足以自立于地球之上。”“工学之前途，发达可期，实业之振兴，翘首以俟，将不让欧美以前驱，岂仅偕扶桑而并骑。”

---

① 詹同济：《詹天佑日记书信文章选》，北京燕山出版社 1989 年版。

（三）保路运动

中国人收回利权的决心与帝国列强争夺修筑权的野心不断在 19 世纪末的诸多铁路线路上演。粤汉、川汉铁路作为沟通南北和深入内地的两条重要干线，其修筑问题便成了众矢之的。按照当时的情况来看，清政府是有能力自行修建这两条铁路线路的，但帝国主义为获取这两条铁路的修筑权，便利用清政府财政困难的短板迫使其签订了铁路借款合同，并宣布铁路干线“国有”政策。按照借款合同来看，英国、美国、法国、德国等帝国主义不但掌握了铁路权，而且还要以湖南、湖北两省的盐税厘金①作为抵押，所谓的“国有”不过是将川汉和粤汉铁路完全拍卖给了帝国列强。

1911 年 5 月 4 日，清政府给事中石长信上奏称“应即责成度支部筹集款项，并令邮传部，将全国关系重要之区定为干线，悉归国有；其余枝路，准由各省绅商集股办理”。5 天后上谕批准宣布：“干路均归国有，定为政策。所有宣统三年以前各省分设公司集股商办之干路，应即由国家收回，赶紧兴筑，除支路仍准商民量力酌行外，其从前批准干路各案，一律取消，至于如何收回之详细办法，着度支部、邮传部，凛遵此次谕旨，悉心筹划，迅速请旨办理。”②

按照上谕，度支部与邮传部商定出所谓收回之法。第一，湖南、湖北两省人民所缴的股金，十足发还。第二，广东人民移到了五月二十一日所缴的股金，只发六成。第三，四川人民所缴的股金，分成两部分，第一部分，已经在宜昌被用作川汉铁路工钱与材料钱的，换给“保利股票”；第

① 厘金是 19 世纪中叶至 20 世纪 30 年代中国国内贸易征税制度之一。

② 宓汝成：《中华民国铁路史资料》，社会科学文献出版社 2002 年版。

二部分，现存七百余万两，“或仍入股，或兴实业，悉听其便。”此法一出，便意味着四川商民所交股金化为泡影，列强的压迫和利益的剥夺最终招致四川各社会阶层人民的反对。

1911 年 6 月 17 日，四川成立保路同志会，不到半个月的时间就发展到 10 万余会员。保路同志会利用铁路局经费出版报刊，散发印刷品，向全省各地派出讲演员，还派人到外省和进京进行联络请愿。然而，清政府却采取了强烈镇压的态度，四川都督赵尔丰不仅诱捕了 9 名保路会的同志，而且还对前来成都情愿的群众进行开枪，枪杀手无寸铁群众达 30 余人。成都惨案从西南地区传至全国，起义军四起，各商办铁路公司与举国民众也都纷纷声援四川。

为镇压起义军，湖北、湖南、云南、贵州、陕西等省份的军队皆被调援四川，造成调离省份兵力空虚。1911 年 10 月 10 日，武昌新军中的革命党人发动起义，一夜占领了总督衙门，并于次日成立了湖北军政府，宣布废除“宣统”年号，改国号为中华民国。1912 年 1 月 1 日，孙中山先生在南京宣誓就任临时大总统，中华民国成立，宣告着在中国存在两千多年的封建帝制就此退出历史舞台。

中国民主革命的伟大先驱孙中山先生曾指出：“若没有四川保路同志会的起义，武昌革命或者要迟一年半载的。”① 轰轰烈烈的保路运动使广大国民深刻认识到列强各国的侵略阴谋和清政府的媚外政策，为武昌起义创造了宝贵时机，并成为辛亥革命的直接导火索。可以说，中国人在铁路的修建之路中构建了一条爱国统一战线的铜墙铁壁，发出了救亡图存之先声，顽强反抗着清政府腐朽统治和列强剥削，作为艰苦奋斗的爱国精神一直流传至今。

---

① 陈月清：《近代中国》，中国青年出版社 1990 年版。

第三节　中国共产党领导的铁路运动

早在“五四运动”前后，中国共产党的早期革命先驱们便意识到了铁路工人这一团结队伍对于革命胜利的重要意义，从长辛店铁路机厂创办第一所向工人们传播马克思主义的学校后，便在中国铁路播种了自强与斗争的星星火种。毛泽东这样评价：“中国工人运动还是从长辛店铁路工厂开始的。”① 1921 年 7 月，中国共产党成立之后，将开展工人运动作为中心任务，深入铁路一线、团结带领铁路工人争取权益，并多次开展铁路工人运动，有力促进了革命的前进与胜利，更为中国铁路埋下了难以磨灭的红色基因。

一、革命火种：长辛店铁路机厂

在京西的卢沟桥畔，坐落着一座被誉为“北方的红星”的历史古镇——长辛店。早在 100 多年前工业落后的时代，这里已经是中国北方最大的工厂区之一和重要的铁路工人集聚区。1920 年的京汉铁路长辛店机厂已有工人 2500 余人，这就为马克思主义走进中国工人阶级创造了良好的先决条件。

1918 年秋，一代教育家蔡元培、李石曾、吴玉章曾在这里创办北京华法教育会下设留法勤工俭学预备班，青年学生在这里学习先进知识的同时

① 乔东：《我党早期领导建立的第一个产业工会》，载《北京日报》2020 年 7 月 20 日。

接受劳动锻炼，工人阶级与知识分子开展交流，很多人从此走上革命救国之路。

1920 年冬，为向工人们宣传马克思主义，唤醒工人阶级的共产主义觉悟，中国共产党早期创始人之一李大钊委派张国焘、罗章龙、邓中夏等人到长辛店筹办劳动补习学校，北京大学学生会将长辛店大街祠堂口 1 号的三合院租为校址，1921 年 1 月初学校正式成立。学校以增进劳动者和劳动者子弟的完全知识、养成劳动者和劳动子弟高尚品格为办学宗旨。其章程规定，学校专为劳动者及劳动者的子弟增进知识而设立，无论年龄大小、识字与否均可入学，概不收学费。补习学校教授的知识令长期苦于压榨的劳工阶级耳目一新，阶级觉悟与革命热情日渐高涨，为马克思运动与中国工人运动的结合提供了良好的典范。1921 年下半年，史文彬、王俊、杨宝昆、康景星等入党，成为长辛店第一批工人党员，后来在开展工人运动过程中成长为重要骨干。

在劳动补习学校的基础上，1921 年 5 月，长辛店进一步成立了“京汉铁路长辛店铁路工人会”，1922 年 4 月改组为“长辛店工人俱乐部”。作为我国现代产业工会的雏形，长辛店铁路工人会一经开办即成为样板，各地工人纷纷前往参观并先后组建了自己的工会组织，这些组织在随后的工人运动中产生了非常大的影响（见图 1 – 8）。

在中国第一次工人运动的高潮中，长辛店工人运动是马克思主义和中国工人阶级相结合的开端与典范，长辛店也成为了中国北方工人运动的重要摇篮。毛泽东曾于 1918 年和 1919 年先后两次到长辛店铁路机厂点燃革命火种，一方面是探望留法勤工俭学的湖南籍学员，另一方面也通过走访长辛店铁路工人的状况开展调研。后来在 1956 年 3 月 6 日听取时任铁道部部长滕代远汇报铁路工作时，毛泽东还赞誉：“中国工人运动还是从长辛店铁路工厂开始的。”

图 1－8　长辛店铁路工人旧址

资料来源：王妍，2020 年拍摄于长辛店劳动补习学校旧址。

二、流血斗争：粤汉铁路大罢工

铁路作为劳工聚集的重要产业，长期以来的监工虐待和工资拖欠本就令铁路工人民愤四起，1922 年 8 月底，粤汉铁路监工张恩荣诬陷和殴打工人，并无理没收工人买的米，彻底激起了粤汉铁路工人奋起反抗的决心。

1922 年 9 月 8 日，粤汉铁路工人俱乐部联合会宣布罢工，反对厂方无故开除和欺压工人。毛泽东作为当时中国劳动组合书记部湖南分部负责人，直接领导了粤汉铁路的工人运动，到新河、长沙两车站指导工作，并委派郭亮同志担任粤汉铁路岳州工人俱乐部秘书，提出提高薪资、解除压迫、改良待遇、提高人格、惩办凶手等八项要求。然而，俱乐部的罢工宣言不仅没得到湘粤段铁路局当局的认可，反而命令军警枪杀罢工工人。军阀肖耀南派军镇压罢工并强迫工人开车复工，徐家棚和岳州两站工人集体卧轨抗议惨遭军警镇压，俱乐部6名工人死亡，60多人受伤，郭亮等37人被捕。①

在毛泽东的指示下，俱乐部工人一致决议，坚持到底，不达目的誓不罢休，并通电全国，要求声援。1922年9月22日，京汉铁路长辛店、郑州、信阳和陇海洛阳等地工人纷纷致电粤汉铁路局，要求撤退军警、撤办王世育、接受粤汉铁路工人要求，否则实行总同盟罢工；27日，京汉、粤汉铁路全体工人致电吴佩孚要求48小时内圆满答复罢工工人要求，否则立即举行两路全体罢工；京奉铁路山海关工友俱乐部发布宣言："不能坐视自己兄弟濒死而不救"②。在党组织的正确领导下，在各地工人的援助下，工人们英勇斗争。在罢工坚持了近二十天后，吴佩孚电令粤汉铁路局答应罢工工人所提要求，并释放被捕工人。

1922年11月1日，徐家棚、新河、岳州、株洲四地铁路工人俱乐部联合，正式成立了粤汉铁路总工会。这是全国成立最早的铁路工会。毛泽东亲自主持成立大会。当月，湖南全省工团联合会成立，成为中共领导的全国两大地方工会组织之一，毛泽东当选为总干事，郭亮为副总干事。会议在总结粤汉铁路工人罢工时称："这次粤汉同盟罢工，演着流血的武剧，也可算是中国工人破天荒的奋斗。"事实证明："只有工人能帮助工人，也只有工人可帮工人，才能取得胜利。"③

---

①② 贾本义：《中国早期铁路的那些人和事》，中国铁道出版社2014年版。

③ 郑刚：《红色纪要》上卷，西苑出版社2000年版。

粤汉工人俱乐部联合会：《粤汉工人俱乐部联合会启》，载《民国日报》1922年10月3日。

三、奋起反抗：京汉铁路大罢工

1921 年 8 月 11 日，中国共产党在上海成立了领导工人运动的总机关——中国劳动组合书记部，以贯彻中共一大会议上提出的“加强工人运动的领导”精神。自 1922 年 1 月起至 1923 年 2 月止，中国劳动组合书记部共组织成立了诸多以“工人俱乐部”命名的工会组织，领导了全国大小罢工事件 100 余次，参加人数达 30 万人以上，京汉铁路大罢工是其中最为壮烈的一次，使中国共产党领导的第一次工人运动高潮达到顶点。

1922 年 4 月，长辛店工人俱乐部发起成立京汉铁路总工会的筹备会，同年 8 月，在郑州召开第二次会议，正式成立了京汉铁路总工会筹备委员会。1923 年 1 月 5 日，京汉铁路总工会第三次筹备会议在郑州召开，决定于 1923 年 2 月 1 日在郑州召开京汉铁路总工会成立大会。作为吴佩孚军费的重要来源之一和物资运输的重要动脉，京汉铁路紧密关系着国民军阀的经济利益与政治利益，这使得军阀组织对铁路工人的工会组织活动恨之入骨。1923 年 1 月底，郑州警察局长到总工会筹备处宣布吴佩孚电令，称禁止铁路工人在 2 月 1 日举行大会，铁路工会活动受到驻军的密切监视。面对军阀镇压，京汉铁路工人运动的领导者们没有退缩，希望能够面见吴佩孚说明京汉铁路总工会成立大会召开的合法性。然而，反动军阀却欲置之死地而后快，诬蔑工人的行动“实属妨害治安”，责令各段铁路当局“设法取缔，严行禁止”，勒令“取消”俱乐部，指使军警准备使用武力镇压，这就直接导致了京汉铁路工人运动的爆发①。

① 贾本义：《中国早期铁路的那些人和事》，中国铁道出版社 2014 年版。

1923年2月2日，京汉铁路总工会发表大罢工宣言，郑重宣布2月4日正午起，京汉路全体一律罢工，并提出复工的5条最低条件：（1）要求由交通部撤革京汉路局长赵继贤和南段段长冯澐；要求吴、靳及豫省当局撤革查办黄殿臣。（2）要求路局赔偿开成立大会之损失6000元。（3）所有当日在郑州被军警拘留的一切牌额礼物均要求郑州地方长官用军乐奏乐送还总工会郑州会所，所有占领分会的军队立即撤退，郑州分会匾额重新挂起，一切会中损失均由郑州分会开单索赔，并由郑州地方官到郑会道歉。（4）要求每星期休息，并照发工资。（5）要求阴历年放假一星期，也照发工资。1923年2月4日，按照总工会的布置，郑州、江岸、长辛店分别于9点、10点、11点宣布罢工，正午12时，全路客车、货车、军车全部停驶，车站、桥梁、道棚、工厂一律停工。3个小时内长达1200余公里的京汉铁路在3万名铁路工人的团结协作下实现了全路总同盟罢工①，充分体现了中国铁路工人高度的组织性和纪律性，这份爱国统一精神同顽强拼搏的战斗精神至今都保存着铁路人的红色基因。

罢工开始后，军阀企图通过武力手段强迫工人们复工，帝国列强也反复怂恿，北京政府立即强烈镇压罢工行为。在帝国主义的强迫与怂恿下，1923年2月7日，军警以谈判为名派出全副武装的军队包围了总工会，并开枪屠杀，鲜血染红了工会门前的场地。这场英勇的斗争中共牺牲英烈52人，另有60余人被捕，300余人受伤，还有1000多名工人被工厂开除，被迫流亡②。残酷的镇压并没有吓倒尚处于年幼时代的中国共产党，“二七惨案”发生后，中国共产党立即发出《为吴佩孚惨杀京汉路工告工人阶级与国民书》，中国劳动组合书记部发表了《告全国工人书》《警告国民书》，揭露吴佩孚一伙的反动面目，号召全国工人和民众联合起来，打倒军阀。

---

①② 中国国家铁路集团有限公司党组宣传部：《铁路红色基因》，中国铁道出版社2021年版。

京汉铁路大罢工虽然失败了，但却充分显示了中国工人阶级奋勇反抗的斗争精神和团结统一的牺牲精神。在这次罢工过程中，铁路工人抛头颅洒热血，进一步令国民认清了帝国主义和封建军阀的真实面目，坚定了为自由和解放而斗争的决心。

1924 年 2 月 7 日——“二七惨案”周年纪念日上，中国铁路总工会在共产党的密切关怀下秘密成立，工会的宗旨是“改良生活，增高地位，谋全体铁路工人之福利；帮助各路工人组织工会，并与全国各业工人和全世界工人建立密切联系”，工会作为全国铁路工人统一组织与团结的中心，为国内革命和革命战争提供了有利的组织条件。

☞ 专栏 1－4　二七纪念塔①

在河南地标性建筑——郑州二七广场，一座塔身 11 层的双塔，飞檐的挑角、覆顶的绿色琉璃瓦在阳光的照射下折射出七彩的光芒。这就是全国有名的二七纪念塔，也是“二七”先烈汪胜友、司文德就义之地。多年来，全国各地群众纷纷来到这里，重温那段悲壮的历史，在缅怀先烈中汲取前行的力量（见图专 1－1）。二七纪念塔是 1971 年郑州市人民政府在原有的六角形木塔的基础上建造的，塔顶建有六面直径 2.7 米的钟楼，钟楼顶端矗立 9 米旗杆，上置红色五角星。2006 年，二七纪念塔被列为全国重点文物保护单位，作为中国最年轻的全国重点文物保护单位，二七纪念塔是对京汉铁路工人革命斗争精神最好的继承与发扬方式，如今已经成为开展爱国主义教育的重要基地。

① 肖培清：《这座城市地标，见证铁路工人力量!》，载《人民铁道》2021 年 2 月 8 日。

图专 1 – 1　　二七纪念塔

资料来源：许伟、张聪奕、石少华：《这座城市地标，见证铁路工人力量!》，载《人民铁道》2021 年 2 月 8 日。

☞ 专栏 1 – 5　其他主要的早期铁路工人运动①

在半殖民地半封建社会中成长起来的中国铁路工人深受帝国主义、封建主义、官僚资本主义的残酷剥削与压迫，在长期的斗争实践中培养了坚强不屈的革命精神与优良传统。中共早期先驱李大钊先生曾在《每周评论》中发文称："劳工阶级要联合他们全世界的同胞，作为一个合理的生产者的结合，去打破国界，打倒全世界的资本主义。总同盟罢工，就是他们的武器。"事实上，除粤汉铁路大罢工、京汉铁路大罢工以外，中国铁路工人在早期还进行了许多工人运动（见表专 1 – 2），在争取自身合理权益与保卫国家主权的过程中做出了诸多贡献。

① 中华全国铁路总工会（编）：《中国铁路工人运动史大事记（1881 – 1949）》，中华全国铁路总工会 1988 年版。

表专 1－2　　其他主要的早期铁路工人运动

时间	工人运动	内容
1907 年	哈尔滨铁路总工厂工人罢工	哈尔滨铁路总工厂的中国工人同俄国工人一道为释放被捕工人举行罢工
1911 年	粤汉铁路工人抗议	反对清政府将粤汉铁路强行收归国有
1912 年	清杨铁路工人罢工	清杨铁路工人为防被裁减，全员罢工
1917 年 6 月	中东铁路华工罢工	要求加薪，与俄工同工同酬
1918 年 1 月	哈尔滨铁路工人罢工	反对铁路当局霍尔瓦特支持沙俄残余势力对抗苏维埃政权，并要求增加工资
1918 年 9 月	东省铁路大罢工	提出释放工人代表等五条要求
1918 年 10 月	大连沙河口铁路工厂罢工	要求与日籍员工同工同酬
1919 年 5 月	满铁沙河口工厂工人罢工	中日工人联合罢工要求提高工资
1919 年 5 月	五月罢工	哈尔滨总工厂中国工人提出拒绝以高尔察克纸币发放工资等五项要求
1919 年 5 月	四方机厂工人罢工	反对日本侵略者以工人破坏产品为借口停发工资
1919 年 7 月	广三、广九、粤汉铁路工人罢工	要求军政府声讨卖国贼，废除一切中日密约
1919 年 7 月	哈尔滨总工厂工人罢工	提出拒收西伯利亚纸币等八项要求，中东铁路全线瘫痪，给沙俄残余势力以沉重打击
1920 年 3 月	中俄工人共同行动联合会	中俄工人共同罢工以推翻霍尔瓦特
1920 年 5 月	大连满铁沙河口工厂工人罢工	为提高工资和改善设备举行罢工
1920 年 7 月	吴淞机厂工人罢工	要求增加工资
1920 年	粤汉铁路工人罢工	不愿为桂系军阀运输军队举行罢工
1921 年 5 月	广三、广九、粤汉铁路南段工人罢工	为增加工资、减少工作时长罢工
1921 年 6 月	京绥铁路工人罢工	罢工要求增加工资

续表

时间	工人运动	内容
1921 年 11 月	陇海铁路大罢工	反对法国总管虐待华工，发表宣言，一致罢工
1922 年 10 月	京奉铁路山海关工厂铁路工人罢工	反对厂方破坏工友俱乐部，无理开除工人代表，并要求增加工资，举行罢工
1922 年 10 月	京绥铁路车务工人罢工	为增加工资提出十七项要求，举行罢工
1923 年 2 月	道清铁路工人罢工	为援助京汉铁路工人罢工，举行同情罢工

资料来源：中华全国铁路总工会（编）：《中国铁路工人运动史大事记（1881－1949）》，载《编者刊》1988 年。

第二章

新中国成立后的铁路发展
（1949～1978年）

第一节　新中国成立后的中国铁路规划

一、铁路运输抢修恢复

1949年10月1日中华人民共和国成立后，当年共抢修恢复了8278公里铁路。到1949年底，全国铁路营业里程共达21810公里，客货换算周转量314.01亿吨公里。1952年6月18日，满洲里至广州开通了第一列直达列车，全程4600多公里畅通无阻。到1952年底，全国铁路营业里程增加到22876公里，客货换算周转量达802.24亿吨公里。

1950年初，新中国政府决定填补西部地区的铁路空白，开始建设成都到重庆的成渝铁路。该铁路于1950年6月开工建设，1952年6月通车，成为新中国成立后修建的第一条铁路。

（一）统一指挥全国铁路修复

成立于1949年1月的中国人民革命军事委员会铁道部（以下简称“军委铁道部”），创建伊始就通过部长腾代远主持召开的铁路工作会议突出强调：统一铁路的组织领导，以适应战争和生产的需要；统一材料的调配和使用，以加快铁路修建的进度；统一铁路管理的主要规章制度和铁路修建的规格标准，以实现铁路安全高、速度快、成本低的原则①。并以“解放

① 1949年1月28日在石家庄召开的铁路工作会议上，发表文件《滕代远部长在石家庄全解放区铁道工作会议的讲话》。

军打到哪里，铁路就修道哪里”作为响亮的行动口号，号召广大铁路职工大力支援人民解放战争。为了响应军委铁道部的号召和实现军委铁道部的要求，铁路部门和各地的铁路管理局相继提出了自己的工作部署。在1949年7月1日北平召开的全国铁路职工临时代表大会上，腾代远部长在题为《目前形势和铁路工作方针、任务》的报告中，还明确提出了当前人民铁路的办路方针是，“依靠工人阶级，团结一切愿为人民服务的铁路从业人员，恢复与建设人民铁路的铁路网，为最后消灭反动残余力量，加强中国工业化而斗争”。同时，还提出要以建设一个“准确、迅速、安全、经济、效率高、成本低”的新型人民铁路为奋斗目标。

1949年10月至1949年底，铁道部召开工程会议，部署新的抢修任务，重点是接通全国各主要干线，全面恢复大陆上的铁路交通。1950年1月，铁道部召开全路工程计划联席会议，在总结1949年铁路工程工作的同时，研究制订1950年铁路工程任务的分配与实施计划，会议确定当年的主要任务首先是桥梁永久性复旧工程，其次是线路永久性复旧工程。重点是先京汉、粤汉铁路，后陇海铁路。

（二）建立统一的规章制度

1950年6月公布实行的《铁路技术管理规定》，明确规定了铁路运输的基本组织原则、工作方法和作业程序，运输设备在设计、建造、验收、保养维修和使用管理上的基本要求，铁路工作人员的主要职责和必须具备的基本条件，使中国铁路管理第一次有了统一遵循的基本法规。

1950年11月1日，滕代远部长在全路第二次财务会议上提出，铁路财务工作的中心环节是实行经济核算制①。1951年1月底至2月初召开的

---

① 1950年11月1日，在铁道部全路第二次财务会议上提出。

铁路局长会议，确定以推行经济核算制作为全路的中心任务，要求在两年内全面实行。这年 7 月，铁道部按照中央人民政府财经委员会的部署，在全路开展了清查固定资产和流动资产，核定流动资金的工作。

铁道部于 1951 年 7 月做出《关于加强今后铁路新线建设的决定》①，要求提高对新线建设的管理水平，重视设计工作，严格执行“先设计后施工”的原则；要求工程局以自办工程为主，主要依靠自己的施工力量，并有计划有步骤地接收私营包商的劳动力，壮大自办工程队伍，逐步走向经营管理企业化。

1951 年 11 月，中共中央在领导全国人民开展抗美援朝、土地改革和镇压反革命运动取得重大胜利的基础上，发出《关于清理厂矿交通等企业中的反革命分子和在这些企业中开展民主改革的指示》。该指示在总结老解放区铁路初步民主改革经验的同时，分析当时全国铁路的情况，要求全路按照中共中央提出的方针、政策和方法、步骤，把民主改革作为一项重要的政治任务来完成。

（三）面向国际的铁路

毛泽东率领中共党政代表团访问苏联期间，于 1950 年 2 月 14 日签订《中苏友好同盟互助条约》及《中苏关于中国长春铁路、旅顺口及大连的协定》。协定规定，苏联政府不迟于 1952 年末将中长铁路的一切权力以及属于该路的全部财产无偿移交至中国政府；在移交以前，两国继续对该路实行共管，在公管期间，双方代表所担任的职务（如公司理事会主席、管理局长等）改为轮换制，体现出公平、平等的原则。

1951 年 1 月，在东北区召开的志愿军第一届后勤会议上，提出要在朝

① 档案史志中心：《新中国铁路 50 年》，中国铁道出版社 1999 年版。

鲜战场上“建设铁路、公路、水路相结合，火车、汽车、手推车相结合，抢运、抢修和防空相结合，纵贯道路和横贯道路相结合的打不断、炸不烂的钢铁运输线”①。

二、铁路骨架基本形成

从 1953 年实施第一个五年建设计划开始，新中国的铁路事业进入了有计划的大规模建设时期。

一方面，在第一个五年建设计划时期，全路广大职工一方面积极推广中长铁路经验和开展“满载、超轴、五百公里”运动，使运输生产“更上一层楼”；另一方面与中国人民解放军铁道兵指战员一起，积极响应毛泽东关于“庆贺成渝铁路通车，继续努力修筑天成路”“庆贺天兰路通车，继续努力修筑兰新路”的伟大号召②，在先后建成成渝铁路、陇海铁路天兰段和湘桂铁路来睦段之后，又在广大的西南、西北地区展开了大规模的筑路活动。

自 1952 年建成其第一条铁路——成渝铁路算起，至 1957 年第一个五年建设计划完成为止，新中国先后建成干支线 6100 公里，新增的营业里程占全部营业里程的 18% 以上。新建的宝成、兰新两大干线以及黎湛、蓝烟、鹰厦、萧穿等线加强了西北、西南与全国的联系，改变了一些海防重镇和海运港口不能以铁路与内地沟通的状况；新建的集二铁路和湘桂铁路来睦段，为加强中蒙、中越之间的国际往来创造了有利条件。

---

① 周恩来总理在东北军区召开的第一届后勤会议上提出。

② 1952 年 7 月 1 日，成渝铁路通车，毛泽东题词：“庆贺成渝铁路通车，继续努力修筑天成路”；1952 年 9 月 29 日，天兰铁路通车，毛泽东题词：“庆贺天兰路通车，继续努力修筑兰新路”。

（一）第一个五年计划

根据全国第一个五年计划草案对铁路发展的要求，1952 年 12 月 30 日铁道部、铁道政治部发出《关于加强基本建设工作的指示》[①]，强调为适应执行第一个五年计划的新情况，必须把基本建设提到铁路工作的首要地位，要求全路所有部门和单位都面向基本建设，号召职工奔赴新线建设的第一线，促进新线建设力量发展壮大。在此基础上，铁道部及时做出调整铁路组织机构的决定，在部机关设立基本建设局、设计局、新线施工局，形成三方分工负责，既相互协作又相互制约的管理体制。为使新线建设健康发展，铁道部还从 1953 年开始先后制定了《铁路新线施工暂行办法（草案）》《铁路基本建设工程发包暂行办法》《铁路基本建设工程技术监察暂行办法》《铁路基本建设工程竣工验收交接暂行办法》和《标准轨距铁路设计技术规范》等一系列文件，为新线建设从各个方面提供技术标准与办理规程，以加强对这一中心工作的技术管理。武汉长江大桥，是中国第一个五年计划中的重点项目，于 1957 年建成通车，并震惊世界。

第一个五年计划（截至 1957 年底），全国铁路通车里程达到 29862 公里，比 1952 年增加 22%。五年内新建铁路 33 条，恢复铁路 3 条，新建、修复铁路干线、复线、支线共约一万公里。宝成铁路、鹰厦铁路、武汉长江大桥先后建成[②]。

（二）“满超五”运动

铁道部、铁道政治部、铁路工会全国委员会和青年团全国铁道工作委员会总结几年来开展生产劳动竞赛的情况，经过认真的分析研究，于 1952

①② 档案史志中心：《新中国铁路 50 年》，中国铁道出版社 1999 年版。

年“五一”国际劳动节联合发出《关于开展满载、超轴、五百公里运动的决定》，在广大职工的热烈响应下，一个以满载、超轴、五百公里为中心内容的群众运动，随即在全路开展起来。“满超五”运动初期也曾出现过一些偏差，铁道部发现这些问题后及时组织有关部门制定相关文件，并于1952年6月5日发布实施。同年6月中旬至下旬召开的全国铁路计划会议，在强调开展“满超五”运动的重大意义同时，要求全路在指导思想上采取“平衡发展，稳步前进”的方针，认真贯彻上述规定。铁道部经过一段时间的调查研究，综合各个方面的意见，于1954年6月19日发出《关于继续开展满载，超轴、五百公里运动的技术组织措施要点》。要点提出要按“有条件、有准备、分线分段逐步推行，逐步提高，稳步前进”的方针。

（三）树典型赶先进

1953年6月，在铁道部召开的全路工作会议上，时任政务院副总理邓小平依据毛泽东在年初发出的“要在全国范围内掀起学习苏联的高潮”的号召①，提出在铁路上学习苏联。

1954年3月，铁道部、铁道政治部、中国铁路工会全国委员会联合作出《关于进一步学习和推广中长铁路经验的决定》，决定在分析前一段学习情况后，进一步提出部、局两级领导干部要全面掌握中长铁路一整套经营管理的知识和方法。

1957年2月20日至3月18日，中共铁道部党组召开全路各局（公司、院）党委（党组）书记会议，会议根据中共第八次全国代表大会的精

① 1953年2月，毛泽东在全国政协一届四次会议上做出了“在全国范围内掀起学习苏联的高潮”的决定。

神，对学习苏联和推广中长铁路的经验既肯定了成绩，又指出了存在的问题，决定以后不再将学习和推广中长铁路经验作为全国铁路的工作方针。

铁道部党委提出："要把铁路职工建设成为一支具有高度觉悟、严格纪律、现代技术、全心全意为人民服务的解放军式的铁路大军，把铁路建设成为受广大群众拥护的，高质量高效率地保证国民经济发展和国防需要的人民铁路。"① 为此，铁道部在组织全国铁路学习解放军的同时，下力量深入调查，总结经验，树立本部门的典型，用榜样的示范作用，加快铁路队伍的建设。为此，铁道部在全国铁路大张旗鼓地树立了孙家养路工区、新民车站、"毛泽东号"机车组三个典型。1963 年 10 月，铁道部党委做出了《关于全路学习孙家养路工区的决定》②，并在彰武召开了现场会议，铁道部授予孙家工区"大郑线上好工区"的锦旗，高标准严要求成为全路职工特别是养路职工的行动指南。1964 年 6 月 16 日，铁道部党委做出了《关于全路学习新民站的决定》，6 月 18 日铁道部在辽宁省新民县召开大会，授予新民站"人民的好车站"的锦旗，号召全路职工认真学习新民车站职工全心全意为人民服务的精神，使铁路更好地为工农业生产、为国防建设、为人民的需要服务。1964 年 7 月，铁道部党委做出《关于在全路进一步推广"毛泽东"号机车包乘组先进经验的决定》③，并授予"毛泽东"号机车包乘组"坚持不断革命，勇担开路先锋"的锦旗。

（四）西南"三线"大会战

1964 年夏，中共中央根据当时的国际形势，把经济工作中的备战问题摆到重要议事日程上，大规模的战略后方建设开始布局。毛泽东提出了

①②③　档案史志中心：《新中国铁路 50 年》，中国铁道出版社 1999 年版。

"备战、备荒、为人民"的号召[1]，一个深挖防空洞、训练基干民兵、筹备战备物质的战备运动在各地兴起。中央决定对一线、二线建设采取"停"（停建一切新开工项目）、"缩"（压缩正在建设的项目）、"搬"（将部分企事业单位全部搬迁到三线）、"分"（把一些企事业单位一分为二，分出部分迁往三线）、"帮"（从技术力量和设备等方面对三线企业实行对口帮助）的方针。铁路上的西南"三线"，是这场大规模战略后方建设的一部分。这三条铁路，一是成昆铁路，北起成都与宝成、成渝两线连接，南止于昆明，与贵昆、坤河两线相连；二是川黔铁路，从成渝线上的小南海站至贵阳站，其北端入重庆枢纽与成渝计划中的襄渝铁路衔接，南端入贵阳枢纽与贵昆、湘黔铁路相连；三是贵昆铁路，自贵阳南站至昆明西站，贵阳端与湘黔、黔桂、川黔线相接，昆明端与成昆、昆河线相接。这三条铁路都是西南铁路网中的主要干线。

1964 年 8 月，中共中央决定加快西南后方建设的重点项目是"两基"一线。"两基"是以重庆为中心的常规兵器工业基地和以攀枝花为中心的钢铁工业基地，"一线"是修建成昆铁路。同年 9 月 12 日，铁道部发出《关于加速修建西南铁路动员全路支援勘测设计和施工力量及有关问题的指示》，指示要求全国铁路各单位全力支援，在 10 月底以前抽调工程技术干部和工人赶往工地以会同铁道兵部队完成修建任务。西南铁路建设在中共中央的直接领导下，得到各方面的大力支援，从部队到地方、从中央各部委到铁路各单位，都把支援三线建设作为迫切的政治任务，要人给人、要物给物，决心大、行动快。为了保证三线建设财力、物资的需要，铁道部于 1965 年 4 月颁布了《关于严格控制铁路基本建设的决定》[2]，规定除

① 1966 年 3 月 12 日，毛泽东在给刘少奇关于农业机械化问题的复信中指出。

② 档案史志中心：《新中国铁路 50 年》，中国铁道出版社 1999 年版。

三线建设项目外，其他基建项目一律不再增加，这就使得三线建设得以集中财力、物力，较快地摆开战场，并很快见成效。

三、曲折探索中前进的铁路

新中国铁路的发展历程并非自始至终都是这样一帆风顺的，其中既有缺乏经验所致的失误和曲折，又有自然灾害和人为灾难的破坏。始于1958年的“大跃进”，本意是力图探索以最短的时间、最快的速度建设社会主义道路，历史却证明这个努力是不成功的。全国是这样，铁路部门也是如此；由于处于“先行官”的地位，铁路所受的影响还非同一般。

当时，各行各业都在“大跃进”、放“卫星”，铁路部门为保证国民经济实现高指标，不得不脱离实际地提出“多修路，多造车，多拉快跑”的可望而不可即的高要求。急剧增长的运量，要求机车、车辆的生产制造在短时期内翻几番，要求本就已经十分紧张的运输还要集中运力放日装5万辆的“卫星”。放了“卫星”之后，运输秩序紊乱，多日调整不过来，日装车又随之回落到3万辆。

为了多拉快跑，不顾技术设备的实际水平，未经认真试验，京广、津浦、京山、沈山、哈大、沪宁六大干线的货物列车牵引定数从2700吨一再提高到3600吨①。本就力所不及，偏要拼命去干，结果导致一系列列车运缓、退坡的问题出现，压断车辆弹簧、损坏车辆轴梁的现象出现了，更严重的是“白水表”（烧干机车锅炉）行车致使机车锅炉损坏或爆炸。问题反映到运输秩序上，行车事故成倍激增，列车正点率明显下降。

为保钢铁“元帅”升帐，铁路运输量急剧增长，不合理运输也随之增

① 张苗凤：《中国铁路百年发展史》，观察者网，2013年2月28日。

多。运输距离延长，空车走行公里加大，更加深了运能与运量之间的矛盾。片面侧重运输矿石、煤炭等物资，挤掉了农业和轻工业产品的运输，加剧了国民经济发展比例的严重失调。机车车辆修理工厂被不适当地由修转造，导致修与造的比例失调。全民大修铁路的热潮掀起，钢材、水泥、木材供应不上，不少线路修了路基铺不上钢轨，铺了钢轨又配不齐设备，有路也不能通车。

为了纠正“大跃进”带来的严重负面影响，铁路部门从1961年开始贯彻执行“调整、巩固、充实、提高”的方针，纠正管理上和生产中的“左”的做法，经过整顿、调整的铁路事业又出现稳步发展的大好势头。1965年，全路货运量达到4.8亿多吨，比1962年增长39%，平均每年增长11%。1964年和1965年连续两年创出列车安全、正点的好成绩。1964年每百万机车总走行公里平均重大、大事故件数降到0.19件，旅客列车的出发、运行正点率接近100%，货物列车的出发、运行正点率95%。由于劳动生产率提高，运输生产成本下降，1965年每万元运输收入产生利润4650元，创出历史最高水平①。

令人遗憾的是，刚刚重新走上稳步发展的铁路事业，又遇到了“文化大革命”。铁路受冲击，几处大动脉患上“血栓”病，严重危及整个铁路运输的畅通。为了保障铁路运输畅通，中共中央和国务院于1967年5月31日决定对铁道部实行军事管制，6月12日国务院和中央军委又决定对全国铁路实行全面军事管制。这虽然从组织上初步稳定了动荡不安的铁路形势，但随着“文化大革命”的不断推进，军管并未能挡住“文化大革命”灾难对铁路的危害。

由于“文化大革命”的破坏，1967年和1968年铁路运输状况急转直

① 张苗凤：《中国铁路百年发展史》，观察者网，2013年2月28日。

下。一些线路区段堵塞，煤炭等重点物资运输上不去，城市的发电用煤和生活用煤十分吃紧。行车事故急剧增加，1967 年比 1966 年猛升 25%，1968 年又比 1967 年上升 20%①。各项质量指标和数量指标明显下降。经营管理水平大大倒退。1968 年末，铁路运输生产跌至低谷。各级铁路军管会和广大铁路职工按照中共中央和国务院的指示力挽狂澜，在一定程度上减少了动乱对铁路运输的破坏，但直到 1970 年 7 月铁道部、交通部和邮电部邮政部分合并成立新的交通部时，铁路部门仍依然面对严峻的形势和困难的局面。

（一）“大跃进”中的铁路

“大跃进”开始后，国民经济各部门不顾实际可能，竞相追求高速度，各项工业指标都要翻番。盲目追求高速度成为“大跃进”的基本特征，铁道部门面对突然剧增的运量和各行各业的高指标、大计划，也脱离实际地提出多修路、多造车、多拉快跑的各种高指标。1957 年全国货运量只有 2. 74 亿吨，却计划 1959 年运货 8 亿吨，到 1972 年运货达 30 亿吨。因而要求运输效率和机车车辆生产在很短时间内翻几番，15 年内修建 12 万公里新铁路②。这种根本不可能实现的高指标还陆续加码。1958 年 9 月 16 日，铁道部号召全路职工，从即日起装车由 2. 9 万车增加到 3. 2 万车，10 月起每天装 3. 5 万车③。1958 年 9 月 23 日，中共中央发出《关于加强当前运输工作的指示》，要求在运输紧张地区成立运输委员会或运输指挥部，负责统一调配各种运输工具和装卸力量。1958 年 9 月 25 日，铁道部召开全路领导干部会议，号召把运输效率翻一番。铁路赶不上形势，1959 年铁路运

---

①② 张苗凤：《中国铁路百年发展史》，观察者网，2013 年 2 月 28 日。

③ 档案史志中心：《新中国铁路 50 年》，中国铁道出版社 1999 年版。

输计划先后变动7次。1960年又搞起了新的“跃进”。铁道部提出1960年要实现“八八二一四”（即完成8亿吨货运量、修建8000公里铁路、修建2万公里“土铁路”、新造1000台机车、新造4万辆货车）[①]，提出了“县县通火车，社社有铁路的口号”。实践无情地证明了这是根本不可能完成的。

（二）“文化大革命”中的铁路

为了维持铁路运输生产，在周恩来主持下，中共中央、国务院于1966年9月2日就铁路企业开展“文化大革命”的运动和整顿站车秩序发出通知。规定：（1）全国铁路单位要有领导、有计划、分期分批地进行“文化大革命”；（2）各铁路管理机关开展运动期间要组织专门领导班子，负责运输生产工作，分局和分局以下单位暂缓开展运动；（3）铁路工厂的运动应分期分批进行，以保证完成今年机车车辆修造任务和冬运防寒工作；（4）整顿车站和列车秩序。1974年9月14日，中共中央又发出《关于抓革命促生产的通知》，铁道部随即在全路传达贯彻中共中央、国务院通知，要求铁路职工坚守生产岗位，不得停产闹革命，运动要按规定分期分批进行，各单位要加强生产业务指挥，运动中坚持党的政策，坚持国家利益。铁道部还对当时的运输、基建、工业的生产做了安排，要求保证国家计划的完成。

1967年10月铁道部召开全路运输工作会议，这是“文化大革命”以来全国铁路的第一次工作会议。会议强调要把铁路运输搞上去，保畅通，当前最重要的问题是实现各单位各派组织的大联合。1969年，铁路各单位普遍实现“大联合”后，铁路局势稳定，铁道部军管会及时总结经验，加

---

① 档案史志中心：《新中国铁路50年》，中国铁道出版社1999年版。

强对运输的集中统一指挥，坚持“一卸二排三装”的方针，切实改进运输工作。为了适应动乱中铁路干线时有中断，局部地区时有堵塞的情况，在运输工作上按照“区别对待，灵活安排”的原则，采取哪里运输畅通就多运，哪里不畅通或堵塞就少运或不运的办法。在基本建设中，铁道部着力抓重点工程，南京长江大桥施工队伍克服动乱，于1968年12月29日全部建成。1969年8月，在周恩来代表中共中央、国务院发出“一定要在1970年7月1日修通成昆铁路”的号召后，数万名职工积极返回工地，9月1日恢复施工①。

（三）曲折中的探索

1.“八字方针的实施”

1961年初，中共中央提出“调整，巩固，充实，提高”的八字方针，铁路部门立即行动。时任中共中央总书记邓小平亲自抓铁路，经过全面整顿铁路工作出现勃勃生机。1961年1月26日，中共中央在铁道部党组《关于在铁路系统及建立政治工作部门和改进铁路管理体制的报告》上批示：“铁路是国民经济大动脉，是高度集中的企业，带有半军事性，必须把一切权力集中在铁道部。在运输生产指挥、物资资金分配、设备调动、干部安排和职工调动等方面，完全由铁道部负责处理。”铁道部于1961年1月27日召开全路领导干部会议，邓小平接见了部分会议代表并讲话，他指出：现在铁路运行秩序不好，主要原因是把原有的规章制度破了，但没有建立新的规章制度。铁道部党委强调负责制、验收制、经济核算制三大

---

① 1969年8月，在珍宝岛之战后紧迫的国际形势和“大三线建设”的需求下，周恩来提出此号召。

制度是铁路的根本制度，《铁路技术管理规程》是铁路技术方面的根本大法[①]，全路职工必须认真严格执行。会议确定，铁路调整的总任务是：加强集中统一领导，协调铁路内部的比例和外部协作关系，缩短基建规模，机车、车辆先修后造，加强设备检修，精减劳力，整顿秩序和管理。1961年3月23日，铁道部党委发布《关于改进铁路管理体制的若干规定》[②]，对企事业单位的计划、运输组织、人事、财务、材料、机构设置等方面的管理体制，做了相应规定，收回了过去下放过头的权限。

2. 贯彻支援农业

调整时期，国家确定了发展国民经济“以农业为基础，以工业为主导”的总方针，调整了农、轻、重的顺序和比例关系，坚决把工业部门的工作转移到以农业为基础的轨道上。

1962年12月，铁道部做出《支援农业、支援人民公社集体经济的决定》，确定了“面向农村、支援农业，促进工业，保证物资交流，保证国防需要，城市乡村兼顾，客运货运兼顾，整车零担并重，长途短途并重”为铁路工作的方针，把铁路工作的指导思想转移到以农业为基础的轨道上，把支援农业运输放在首位。这是运输政策的重大变化，为了支援农业，铁道部拟定了《铁路支援农业三十条措施》[③]，贯彻执行较好。

3. 实行全面军事管制

1967年5月31日，中共中央、国务院发出《关于对铁道部实行军事管制的决定（试行草案）》，决定即日起对铁道部实行军事管制，成立铁道部军事管制委员会，自此，铁路进入了新中国成立后第二个军管时期。在

---

① 铁道部于1961年1月27日召开全路领导干部会议，邓小平接见了部分会议代表并发表了讲话。

②③ 档案史志中心：《新中国铁路50年》，中国铁道出版社1999年版。

铁路进行军事管制的同时，中共中央发出《关于坚持维护铁路、交通运输革命秩序的命令》（以下简称《命令》），力求稳定铁路局势。《命令》要求切实保证运输畅通，向一切消极怠工、影响运输秩序甚至中断交通运输的行为做坚决斗争，严禁破坏铁路、交通设施和其他国家财产。1967 年 8 月 10 日，中共中央、国务院、中央军委、中央文革小组发出《关于派国防军维护铁路交通的命令》后，国防军进驻铁路地区，铁路局势才开始趋向稳定，但仍有部分地区发生盗窃、抢夺等不法行为。1968 年初，中共中央、国务院发出《坚决打击破坏铁路运输的反革命分子的命令》[①] 强调对反革命分子必须采取专政措施，坚决镇压。经过各省、市、自治区和铁路部门一年多的努力，中共中央、国务院颁发的命令、通知逐步得到贯彻，“文化大革命”对于铁路的破坏才逐渐缓解，铁路局势才慢慢趋向稳定。

4. 合并组建交通部

1970 年 7 月 1 日，根据中共中央、国务院的决定，铁道、交通和邮电（邮政部分）三部分合并组建交通部，这标志着铁路军事管制的结束。交通部组建后，其用主要精力整顿企业管理，以提高运输效率，改善运输生产的安全和质量，压缩过于膨胀的铁路新线建设，调整铁路内部发展比例失调的问题。1971 年 6 月，交通部召开运输安全会议，以《中共中央关于加强安全生产的通知》为指针，检查交通部门的运输安全工作。会议强调，“极左思潮”和无政府主义倾向是安全生产的大敌，各级干部必须克服“怕”字当头不敢管，“难”字当头不认真管的现象，把安全生产切实落实到每个班组、每个职工。会议围绕保证安全生产，还部署了加强运输集中统一指挥，加强设备维修，健全班组管理等工作。1972 年 3 月，交通

① 档案史志中心：《新中国铁路 50 年》，中国铁道出版社 1999 年版。

部召开全国交通工作会议，颁布了《关于交通企业实行经济核算制的意见》①，并制定了《铁路运输企业成本管理办法》和《铁路运输支出科目》② 等若干具体规程办法。

四、由整顿步入改革

全路广大职工在周恩来和李先念、余秋里、粟裕等中共中央和国务院领导人的指示下，在交通部的领导下，坚持批判极“左”思潮，批判空头政治，批判无政府主义，坚持落实各项政策，从增产节约、安全生产、整顿企业管理、提高设备质量等诸多方面不懈努力，保持了自1969年以来运输生产开始上升的好势头。1973年全路货运量首次突破8亿吨；从1972年起，行车事故连年递增的局面得到扭转，铁路工业总产值开始连年上升，新线建设中的重点工程得到人力和物力上的保证。

1975年1月召开全国人民代表大会四届一次会议后，邓小平主持中央日常工作。他从整顿铁路开始着手整顿全国各条战线。从这一年起，铁道、交通两部重新分立。在1975年2月15日至3月8日由中共中央召开的解决铁路问题的各省、自治区、直辖市主管工业的党委书记会议上，邓小平明确指出：要把国民经济搞上去，当前的薄弱环节是铁路，铁路运输问题不解决，生产部署统统被打乱，整个计划都要落空。邓小平提出：解决铁路运输问题的办法是，加强集中统一，建立必要的规章制度，增强组织性、纪律性③。之后，中共中央颁发了《关于加强铁路工作的决定》，即

①② 档案史志中心：《新中国铁路50年》，中国铁道出版社1999年版。

③ 1975年3月5日，邓小平在省、自治区、市党委主管工业的书记会议上发表《全党讲大局，把国民经济搞上去》的讲话。

令人难忘的“9 号文件”。文件规定了一系列切实可行的整顿和加强铁路的措施和办法。全路认真贯彻执行“9 号文件”，几个严重堵塞的铁路区段，特别是多次堵塞的徐州枢纽先后被疏通。1975 年 4 月，全路 20 个铁路局有 19 个完成装车计划，当月日均装车比 2 月增长上万辆，煤炭日均装车 58 个月来第一次完成月计划，卸车也 57 个月以来第一次完成月计划[①]。中共中央在“9 号文件”中提出的“四通八达，畅通无阻，安全正点，当好先行”的目标初步得到实现。

（一）压缩基本建设规模

国务院从 1972 年起，着手压缩过于膨胀的基本建设规模，铁路系统执行这一正确决策，开始解决铁路内部发展比例失调问题。1970 年交通部提出的四个五年计划期间（1971 ~ 1975 年）要建成新线 12000 公里，营业里程连同 1970 年，六年要增加 14000 公里。在这个庞大计划的指导下，1970 年下半年进行施工的铁路达 26 条，共设置了 37 个修路指挥部，动员民工 300 多万人，全年新线投资由年初安排的 17.7 亿元，增加到 33.8 亿元，实际完成 38.8 亿元，占全路基建投资的 76.7%[②]。1972 年起，铁路系统压缩新线建设规模，本着“建一条通一条，尽快形成能力”的原则，1972 年，新线建设的重点是续建开工的线路和已铺线路的收尾配套工程。1973 年，交通部根据国家第四个五年计划的安排，提出 1973 年铁路基本建设的重点是“在建设三线的同时，要加快沿海地区铁路的建设，特别是要迅速加强一线、二线地区的铁路通过能力，尽快缓和紧张局面”。这样，1973

① 张苗凤：《中国铁路百年发展史》，观察网，2013 年 2 月 28 日。

② 档案史志中心：《新中国铁路 50 年》，中国铁道出版社 1999 年版。

年，新线建设投资比重进一步下降为60.1%①。在这以后的几年中，新线建设投资比例逐年有所下降。新线投资减少了，就能给重点工程更多的财力物力保证，施工进程加快了，工程质量明显提高。同时，还有铁路技术改造投资比例逐年增加。这样，有线路运输繁忙区段和枢纽的改扩建工程得以进行，运输能力持续有所提高，很大程度上缓和了运输的紧张局面。扩大工业生产能力的投资也逐年增加，虽然幅度不大，但效果明显。

（二）全力整顿铁路

1975年，邓小平主持中央日常工作，对国民经济进行全面整顿，同年1月，全国人大四届一次会议决定铁道、交通分家，重设铁道部，任命万里为铁道部部长。全面整顿的突破口选在铁路，中共中央颁布了《关于加强铁路工作的决定》（以下简称“中央9号文件”），万里带领全路职工认真贯彻中央9号文件，全力进行整顿，铁路开始出现“畅通无阻、四通八达”的生动局面，铁路整顿战役告捷，激励并推动了全国各行各业的整顿工作。邓小平主持中央日常工作后，十分重视、关怀铁路工作，在1975年一二月间的20天内就两次召见刚刚就任铁道部部长的万里，反复强调要用最快的速度、最有力的措施，迅速改变铁路面貌。根据邓小平指示，万里组织人员代中央起草《关于加强铁路工作决定》的文稿，邓小平在审阅文稿时，在“所有铁路职工都要做好本职工作，个人服从组织，下级服从上级，一切行动听指挥，领导干部、共产党员和共青团员要成为遵守纪律的模范。对在抓革命、促生产中表现好的职工和单位要给予表扬，表现不好的要给予批评教育”之后，他亲笔加上这段话“对于少数资产阶级派性严

---

① 档案史志中心：《新中国铁路50年》，中国铁道出版社1999年版。

重，经过批评和教育仍不改正的领导干部和头头，应该及时调离，不宜拖延，妨害大局”①。

中共中央 9 号文件指出，铁路运输当前仍是国民经济中的一个突出的薄弱环节，既不能适应工农业生产发展的需要，也不能适应加强战备的需要，即“一个突出，两个不适应”。为了迅速改变这种状况，中央在文件中做出决定：全国所有铁路单位，都必须贯彻执行毛主席提出的“还是安定团结为好”的方针②，实行全国铁路以铁道部领导为主的管理体制。全国铁路必须由铁道部统一管理，铁路运输必须由铁道部集中指挥，铁路职工必须由铁道部统一调配，铁路的政治工作和运输指挥工作必须统一起来。

1975 年 4 月，经过两个多月坚决、有序地整顿，徐州铁路问题得到了较好解决，运输生产持续上升。1975 年 7 月铁道部再次召开全国铁路工作会议，检查贯彻中共中央 9 号文件情况。会议指出：贯彻中共中央 9 号文件的这场斗争还远远没有结束，要充分了认识斗争的尖锐性、复杂性和长期性。会议要求全路进一步深入贯彻中共中央 9 号文件，克服干扰和阻力，放手发动群众，继续同资产阶级派性斗，彻底清除其影响；继续同阶级敌人斗，把无产阶级专政的任务落实到每个基层；进一步加强领导班子建设，搞好运输生产工作，尽快实现“四通八达、畅通无阻，安全正点、当好先行”的目标，从根本上改变“一个突出，两个不适应”的局面。会议还就铁路整顿向纵深发展的有关工作做了部署。

---

① 1975 年 3 月 5 日，邓小平在审改《中共中央关于加强铁路工作的决定》文件中增写。

② 毛泽东在 1974 年下半年到 1975 年春季分别发表的三项指示：“学习理论反修防修”“还是安定团结为好”“把国民经济搞上去”。

（三）大力疏通运输堵塞

由于“江青集团”的干扰破坏，有些铁路干线长期不畅通，运输上不去，1976 年郑州铁路局发生 12 次全局性堵塞。要把铁路运输抓上去，首先必须解决堵塞问题，中共中央、国务院对此十分重视。1976 年 12 月，中央作出《关于加强郑州铁路局的领导尽快把革命和生产搞上去的决定》①，派去 3 名负责干部分别担任该局党委第一、第二、第三书记，并从铁道部调 400 名干部和一个营的指挥指战员前去帮助。与此同时，大力加强基础工作，整顿规章制度、开展设备检修，狠抓行车安全，很快使堵塞变畅通，运输生产得以迅速恢复。

1977 年 3 月，铁道部布置全路开展设备整修大会战。这次会战分为两个战役进行。第一个战役从 3 月下旬到 6 月底，奋战 100 天，力争各种主要设备的技术状态有一个较大的改善。主要目标是大修线路 1000 公里，中修线路 1000 公里；厂修蒸汽机 800 台、内燃机车 70 台，客车 53 辆、货车 12600 辆；段修机、客、货车和有关设备完成全年计划的一半；整修运用客车 10 万辆、敞车车体 11 万辆。第二个战役从 7 月到年底，大修线路 1500 公里，中修线路 2000 公里，大修电线路 1220 公里、电动道岔 1450 组②，使运输繁忙的主要干线的线路和通信、信号设备的面貌有显著改变；全面完成机、客、货车的厂修和段修任务，把失修的机车、车辆和有关机械动力设备整修好，并为防寒过冬做好充分准备。

（四）发挥运输能力

1977 年 2 月 2 日至 2 月 15 日，国务院在北京召开铁路全国铁路工作会

①② 档案史志中心：《新中国铁路 50 年》，中国铁道出版社 1999 年版。

议，研究如何搞好铁路运输出问题，参加会议的有国务院各部、委和各省、自治区、直辖市以及铁路局的负责干部。中共中央于2月2日转发了《全国铁路工作会议纪要》。会议接发批判了“江青集团”破坏铁路工作的罪行，确定了当时面临的运输任务，研究了铁路管理体制问题。会议肯定《中共中央关于加强铁路工作的决定》是一个很重要的文件、是一个好文件。会议提出了1977年铁路运输的奋斗目标：3、4月“大上”；5、6月客货列车正点率和平均日装车数达到历史最好水平；8月底以前，把煤矿积存的有运输条件的煤炭拉完。

1977年9月末至10月初，铁道部在北京召开全路领导干部会议，对1977年冬和1978年春的运输生产提早做了安排，提出了实现“二、三、六”的奋斗目标，即全路煤炭日装2.1万车，货车周转时间压缩到3天，日均装车总数尽快达到6万车①。

（五）深入学习“大庆精神”

1977年2月中共中央转发的《全国铁路工作会议纪要》中，要求深入开展“工业学大庆”的群众运动、苦战三五年，把铁路办成大庆式企业。这个口号对动员广大职工齐心协力，克服困难，恢复和发展运输生产起到推动作用。从20世纪60年代以来，大庆人艰苦创业、不怕困难的革命精神，“三老四严”（对待革命事业，要当老实人、说老实话、做老实事；对待在革命工作，要有严格的要求、严密的组织、严肃的态度、严明的纪律）、“四个一样”（对待革命工作，要做到黑夜和白天一个样、坏天气和好天气一个样、领导在场和领导不在场一个样、没有人检查和有人检查一个样）的优良作风，已在铁路职工心中深深扎了根。1977年4月下旬至5

① 档案史志中心：《新中国铁路50年》，中国铁道出版社1999年版。

月中旬，全国工业学大庆会议先在大庆后移至北京召开，再一次掀起了铁路各单位学大庆的热潮。

1978 年 5 月，国务院主要领导人指示，工交战线要在年内再建成十来个像鞍山钢铁公司那样的大庆式企业，国务院并要求铁道部在本年把郑州铁路局作为重点，建成大庆式企业，同时决定从大庆、鞍山、开滦等先进企业单位组织强大力量，和国家经委、铁道部一起，到该局进行检查帮助。

第二节　新中国成立后的中国铁路建设

一、百废待兴，开拓中积累经验

新中国的铁路是在中华人民共和国成立前以既有线路和技术设备等为物质基础创建起来的。中华人民共和国成立前，随着解放区的不断扩大，越来越多的铁路回到人民的手中，由人民政权接管、修复和改造。新中国浴火诞生、百废待兴，面对旧铁路的烂摊子和贫乏的物质条件，中国共产党领导广大人民艰苦奋斗，修旧建新，完成了中国铁路开创性的壮举，初步奠定了新中国铁路的基础。

（一）建设新型的人民铁路

1949 年 7 月，在全国铁路职工临时代表大会上，中国人民革命军事委员会铁道部（以下简称“军委铁道部”）的滕代远部长明确提出以“建设一个准确、迅速、安全、经济、效率高、成本低”的新型人民铁路为奋斗目标。中华人民共和国成立后，中央人民政府铁道部（以下简称“铁道部”）继续上述工作。

当时铁路受破坏严重，留存的铁路数量少、质量差，全国2万多公里铁路中仅存1万多公里能够通车，且大部分分布于东北及东部沿海，幅员辽阔的内地为数甚少，特别是偌大的西南、西北地区没有像样的干线与全路联网，铁路网几乎为空白，不适应国民经济发展和国家战略部署的需要。在中国共产党的坚强领导下，中国人民自力更生、锐意进取，快速抢修被战争破坏的铁路。到1949年底，共抢修恢复了8278公里铁路里程，可以通车的铁路达2.2万公里[①]，主要干线已基本连接成一个整体，铁道部也基本接管了中国大陆原有铁路，旧铁路半封建半殖民地的性质彻底改变了。

1950年，为巩固新生的人民政权，迅速恢复国民经济，国家开始进入三年经济恢复时期，到1952年的三年期间在全国进行了大规模的旧线修复和新线建设工程。复旧方面，主要对战时临时修复通车的线路、桥梁、隧道进行大规模再次修复；新线建设方面，从铁路及西南、西北地区的发展和战略考虑，三年间首先集中力量，有重点地修建铁路新线，一些主要干线和关键区段相继开工，并且部分竣工通车。

（二）新中国第一条铁路干线

为填补西南地区的铁路空白，新中国成立不久，便决定修建成渝铁路。成渝铁路于1950年6月15日开工，在物质条件十分匮乏、自然条件十分艰苦的情况下，于1952年7月1日建成通车，自此新中国成立后的第

---

① 耿苗：《新中国成立70周年铁路交通发展成就综述》，中国公路网，2019年10月10日。

一条铁路宣告建成，结束了中国西南地区没有铁路干线的历史。这条意义非凡的线路起自四川成都，中经简阳、资阳、资中、内江、隆昌、荣昌、永川、江津等市县到达重庆，全长505公里。

在此之前，这段铁路多次计划修建但一直未能实现。1903年清王朝时期就有修建川汉铁路的计划，按规划铁路连通成都、重庆、宜昌、汉口，成渝铁路属于其西段。1911年5月，清政府为向四国银行团借款用来镇压革命，以铁路国有为借口，出卖路权，激起四川人民轰轰烈烈的保路爱国斗争，在历史上留下了慷慨悲壮的一页。1936年，国民党政府在重庆成立成渝铁路工程局，开始修筑成渝铁路，然而十几年过去，直到1949年新中国成立仅完成全部工程量的14%，只进行了一些土石方和桥梁、隧道工程，而未铺一寸钢轨，四川人民朝夕渴望的铁路梦仍然只是图纸上的一条虚线。

1949年11月30日重庆解放后，中共中央西南局作出的第一项重大决策就是“以修建成渝铁路为先行，带动百业发展”，并向中共中央和政务院汇报了方案。1950年春，中央完全同意西南局的方案，指出这是新中国成立后决定的第一件巨大工程，一定要努力修好。尽管当时全国经济十分困难，中共中央书记处仍批准“先拨2亿斤大米作修路经费”。

1950年6月15日，成渝铁路正式开工。在技术人员、物资都十分匮乏的情况下，中央提出了“依靠地方，群策群力，就地取材，修好铁路”的方针。人民解放军西南军区抽调部队3万余人担任主力，四川10万民工闻风响应，加入如火如荼的修路战争中。原材料缺乏，就自力更生，就地取材，有60%的工程材料都是就地解决的：钢轨自己轧制，炸药用土法自制，铺铁路需要100多万根枕木，沿线群众热情高涨地掀起了献枕木运动，采伐木料送往工地，甚至不惜拿出了自己做家具、寿材的木料，尽全力支持铁道建设，共为铺路献枕木129万根。铁道选线专家蓝田为了精测线路，时年已过花甲的他从重庆沿长江徒步走到了朱杨溪，又从内江沿沱江走到金堂，提出的改线建议缩短线路 23.8 公里，为国家节约投资 150 万元和大量材料[①]。

筑路开始时几乎没有什么机械设备，施工条件非常落后。筑路大军不畏艰苦、排除万难，用灯笼火把照明，用锹镐挖土，用铁锤、钢钎开凿，靠龙骨车抽水，用扁担、竹筐运输。四川过去没有修建过铁路大桥，没有架桥机，工人就用自制的架桥设备架设钢梁，用钢轨做支架，加上滑轮，把钢梁一点一点地向前移动至相应位置。就这样，3 万多解放军和 10 万民工依靠人力和简陋工具硬生生开辟出一条铁路，全线修成隧道 43 座，桥梁 84 座[②]（见图 2－1）。

就是在这样艰苦的条件下，这支以农民为主体的施工队伍仅用两年时间便将全长 505 公里的成渝铁路建成。毛泽东题词："庆贺成渝铁路通车，继续努力修筑天成路"[③]，极大地鼓舞了筑路人员。这条铁路创造了新中国成立以前任何时代都不可想象的奇迹，改变了四川交通闭塞的历史，拉开了四川大力进行经济建设的序幕。成渝铁路是由我国自行设计施工、完全采用国产材料修建，是新中国铁路事业的开端，开创了新中国铁路建设史上的新时期。

---

① 内江运用车间：《成铁往事｜成渝铁路是怎样建成的》，搜狐网，2019 年 5 月 18 日；档案史志中心：《新中国铁路 50 年》，中国铁道出版社 1999 年版。

② 档案史志中心：《新中国铁路 50 年》，中国铁道出版社 1999 年版；中央电视台新闻中心新媒体官方账号：《钢轨自己轧、炸药土法造……数万军工战成渝，热血筑就第一路!》，央视新闻网，2019 年 7 月 5 日。

③ 档案史志中心：《新中国铁路 50 年》，中国铁道出版社 1999 年版。

图 2－1　1952 年，成渝铁路全线通车

资料来源：国家铁路局官网。

（三）打通西北咽喉要道

天兰铁路东起甘肃省天水市，西至甘肃省会兰州市，为陇海铁路的最西段，又称陇海铁路天兰段。陇海铁路是江苏连云港通往甘肃兰州的铁路干线，“陇”指甘肃，“海”为连云港海州，是贯穿我国东西的重要铁路干线。

陇海铁路的修建也同样经历了新旧两个时期。陇海铁路的设想始于洋务运动时期，于 1905 年开始正式动工修建，时局动荡加上清政府腐朽，修建时断时续，几十年间铁路只通到陕西境内。1946 年 5 月，由国民党政府开始修建陇海铁路天兰段，但不久内战全面爆发，直至中华人民共和国成立前，也仅完成一些土石方和隧道工程，占全部工程的 13%。

新中国成立后，天兰铁路于 1950 年 4 月 15 日复工续建，经国务院批准件组成西北铁路干线工程局（中铁一局前身），独立承担工程任务。在当时的条件下，修铁路面临巨大的挑战。线路蜿蜒于西秦岭的河谷地带，需要六次跨越渭河至陇西；陇西西部是广袤的黄土高原区和苦水区，不少工地在施工中缺少施工用水和生活用水；沿线地理条件复杂多变，运输能力不足，材料供应短缺。天兰铁路能够用短短两年时间修成，离不开广大解放军官兵和民工、铁路工人、技术人员等十余万军民的共同努力。70 年前（从 2017 年开始倒推），农民作家金吉泰还是榆中金崖镇年仅十几岁的小伙子，他亲眼目睹了天兰铁路的修建历程，龙儿沟大桥的修建让他印象深刻①。

龙儿沟是一条十几里长的大沟，横于敬家坪和龙儿沟两个自然村之间。沟内有多处泉眼，其中一处泉水是咸的，所以当地传说它通着大海，称其为海眼。龙儿沟要修桥，就需要在沟内挖掘桥墩大坑，结果地下水源源不断地涌出，尽管有三四台抽水机昼夜不歇地抽水，但工程仍无法继续。当时有乡亲说，“海眼”通海，大海的水怎么可能抽干净！看来大桥是修不成了。可是修桥工人并没有被困难吓倒，他们想了一个利用红松做隔水墙的办法，将东北运来的红松排列起来立在基桩坑的边上隔水，终于慢慢把桥墩修了起来，战胜了“海眼”，修成了大桥。

历经短短两年多的时间，到 1952 年 10 月 1 日，天兰铁路铺轨通车，全长 354 公里。天兰铁路是中国内地通往大西北的咽喉要道，其开通促进了各种工程材料的运输，可以说是西北工业化的开端。至此陇海铁路全线开通，标志着贯穿东西的干线陇海铁路全线运营，为西北的经济发展和国防建设创造了有利条件。

除了成渝铁路和天兰铁路，中国在三年经济恢复期间还基本完成了湘

---

① 王文元：《修建天兰铁路，兰州龙儿沟，遭遇龙王海眼，大桥竟然是这样修成的》，搜狐网，2017 年 3 月 6 日。

桂铁路来睦段的建设。作为湘桂铁路的最南段，来睦段由广西来宾，经黎塘、南宁、凭祥，连接着中越边境睦南关。国民党政府曾两次修建此铁路，过程中几经拆除、破坏。新中国成立后，1950 年 10 月起由衡阳铁路局动工修建这段道路，筑路人员克服万难，于 1951 年 10 月除凭祥至睦南关段外均建成通车，全长 402 公里①，为维护边境和平、增强中越交流打下了基础。修复的旧铁路中，主要为京汉、粤汉两大干线，加强了内地干线的通行和运输能力，支持国内经济建设。

至此，铁道建设领域的长征迈出了第一步，为新中国铁路建设积累了宝贵经验，也拉开了新中国大规模进行经济建设的序幕。中国共产党领导中国人民在如此艰难的条件下、如此短暂的时间内修复全国主要铁路线、还新建了重要铁路，表明中国人民只有当家作主，做自己的主人，才能作出中华人民共和国成立前无法想象的伟业。

二、稳扎稳打，有计划地建设铁路

经过三年经济恢复，我国开始有计划地发展社会主义经济。1953 年起，国民经济第一个五年计划（“一五”计划）开始实施，我国进入迈向工业化奠基的新阶段。作为发展工业和国防事业的基础，铁路方面继承和总结成渝、天兰、来睦三条线路的经验，开启了大规模、有计划建设铁路的新局面，取得了一系列丰富的成果，建设的一批西南、西北干线，出海通道，黄河长江大桥等成果均令世人瞩目。

① 档案史志中心：《新中国铁路 50 年》，中国铁道出版社 1999 年版。

（一）钢铁长龙深入西南西北

1. 宝成铁路：蜀道不再难

成渝铁路和陇海铁路建成通车后，需要有干线将两线连接，从而更大地发挥网络效用，促进西南与西北地区的联通，同时也能够让相对闭塞的大西南地区得以接入全国铁路系统，增强与广大内地的联系。宝成铁路就是这样一条入川铁路，北起自陕西省宝鸡，途经甘肃省，最后到达四川省成都市（见图 2 -2）。

图 2 -2　1955 年，宝成铁路工人在紧张地铺轨

资料来源：任妍、庄红韬：《宝成通途　蜀道不难》，人民网，2019 年 7 月 10 日。

早在 1913 年，曾就修建同（大同）成（成都）铁路进行过多次踏勘，但未动工兴建；在 1936 ~ 1948 年间又经过多次勘测比较，曾选定天水至成都方案，但也未动工兴建。中华人民共和国成立后，1950 年开始派专家对天水至略阳和宝鸡至略阳两段进行进一步勘测，最终选定宝鸡至成都的方案。成渝铁路建成通车后，宝成铁路随即在成都端开始动工修建，1954 年 1 月，宝鸡端也开始施工，历时 4 年多，于 1956 年 7 月 12 日两端于甘肃黄沙河接轨，接轨时间比设计文件规定的日期提前了十三个月以上。1958 年元旦，全线交付运营，四川终于有了第一条与外省相连的铁路线。

修建铁路需要跨越秦岭，面临的坡度大、弯道多，地质条件非常复杂，建设难度很大。自古以来“蜀道难，难于上青天”，四川盆地地带的对外交通一直是个难题，阻碍了西南地区的经济发展。但是为了实现铁路计划、联络全国铁路网，造福当地人民，千难万险也要上。杨家湾车站到秦岭大隧道的直线距离只有 6 公里，而升高达 680 米，为克服地势高差，线路像长蛇一般蜿蜒盘旋，以 3 个马蹄形和 1 个螺旋形的迂回展线盘绕了 27 公里，线路重列三层。对于土石方较大的工程，在苏联专家的指导下采用大爆破的方法，修建观音山车站时挖药室 29 个，装炸药 142.8 吨①，由工程队长刘云和负责装药、试验和检查，为了取得最好的效果和不耽误工程进度，他经过嘴尝、日晒、火烧、水浸等各种方法进行试验，三天三夜没有睡觉，检查完毕就晕倒在工地上，无法亲临现场的他最后在工地的病床上听到爆破声，观音山工程一次爆破成功！这是中国铁路修建史上第一次成功的大爆破。

当施工进入紧张阶段的时候，甚至曾动用了中国新建铁路一半左右的劳动力和 4/5 的机械筑路力量。建成后的宝成铁路先后翻越了秦岭、巴山和剑门山，蜿蜒于崇山峻岭间，全长 668.1 公里。从此，大西南与大西北有了第一条沟通的铁路干线，一条崭新的铁路线穿行于川秦之间，令“蜀道难”“不与秦塞通人烟”成为历史。

---

① 档案史志中心：《新中国铁路 50 年》，中国铁道出版社 1999 年版。

2. 兰新铁路、包兰铁路：穿越西北戈壁与沙漠

1952年天兰铁路建成通车后，兰新铁路也从兰州开始进行紧锣密鼓的建设。按规划，兰新铁路东起甘肃省兰州市，向西跨越黄河，翻越海拔3000米的乌鞘岭，穿河西走廊，出嘉峪关，过玉门、疏勒河，跨红柳河进入新疆尾亚，最后到达边境城市阿拉山口市。兰新铁路的工程有很多在海拔1000米以上，沿线大都是荒凉的戈壁滩、沙漠以及高山，冰冻、大风等自然灾害频发，水资源匮乏。在大风中，筑路工人就戴着防风眼镜、用布包着嘴巴继续作业，条件十分艰苦。在筑路工作者的不懈努力和奋斗下，甘肃武威以东于1956年3月开通运营，同年7月到玉门的线路也建成通车。

另一条穿行于西北大地的铁路——包兰铁路于1954年开工，从内蒙古包头出发，跨越内蒙古、宁夏、甘肃省区，三次跨越黄河，最后抵达甘肃兰州，于1958年建成通车，全长990公里。其中中卫和干塘间有140公里的线路经过腾格里沙漠①，此段全线在茫茫沙漠中穿行，是中国第一条修建在沙漠中的铁路。在沙漠中修建铁路最重要的是面临防沙治沙的难题，沙漠中大风携卷着黄沙可以轻易把刚修建的路基覆盖，因此该铁路曾被不少西方媒体判了"死刑"，认为这是"不可能完成的工程"。修路部队用毅力和智慧与风沙作斗争，怀着"今日吞风饮黄沙，明天彩虹草原挂"的信念，采取多种方法研究和试验治沙防沙的措施，最终包兰铁路顺利修好并通车运营。包兰铁路后与京包、天兰、兰新铁路相连，形成又一条将西北与内地相连的重要铁路干线，其沿线地下矿产资源丰富，经过的河套、宁夏平原是发展农牧业的佳地，极大地利于西北地区的经济发展。

---

① 华尚洪：《包兰铁路——"奇迹之路"》，高铁网，2020年5月12日。

（二）移山填海架起对外通道

1. 鹰厦铁路：筑海堤越海峡

新中国成立前早有建设福建通往省外铁路的设想，但尽管曾经过 6 次勘察，实际修建均未实现。考虑到福建省交通闭塞，严重制约经济发展，以及当时在边防上的重要战略地位，连接福建厦门与江西鹰潭的鹰厦铁路于 1955 年初就开工修建，为继成渝铁路后新中国第二条开工建设的干线铁路。

建设方案确定后，中央派铁道兵司令员王震率铁道兵部队入闽，负责修建鹰厦铁路。浩浩荡荡的修路大军进驻鹰厦线各主要路段，在最多的时候达 12 个师。军民协同一心，当地 10 万民工承担了全线 70% 以上的路基土石方工程运输任务，还有一批批青年志愿筑路队投入到筑路工程中。1958 年元旦，全长 695 公里鹰厦铁路即交付运营，建设工程仅历时 34 个月①，创造了我国当时铁路建设的最高速度。

作为鹰厦铁路的终点，厦门岛被大海隔离，面对如何让铁路跨过厦门海峡到达厦门岛的难题，经过考察决定筑海堤铺轨，一场填海壮举就此展开。厦门海堤由集高海堤和杏集海堤两条共五千多米长的海堤组成，海堤建设工程动员了来自厦漳泉等地的建设者共计万余人，施工部队和民工在地方政府的大力支持下战胜海上狂风巨浪和国民党军用飞机的骚扰破坏，从附近开山采石，填海筑堤，把钢轨铺到了厦门。跨海长堤更成为我国铁路建设史上的一个奇迹，朱德委员长为海堤亲笔题写了“移山填海”的赞词。

而铁路另一端则在进行“劈山开路”的工程。作为江西进入福建的

---

① 山峡人：《创造了建造速度之最的鹰厦铁路》，厦门广播电视报，2018 年 11 月 15 日。

“咽喉”，武夷山脉的大禾山需要凿通。隧道刚开始开凿时，掘进速度日进不到 1 米，远达不到日进 2. 4 米的目标。“尖刀连”连长尹尚龙在工地上几天几夜地想办法和试验，摸索出一种连环爆破法，用这种方法把日进度一下上升到 5. 6 米，之后又达到 10. 8 米，工程比原定时间提前完成了两个月①。

广大筑路军民的奋斗精神和智慧让钢铁长龙越过武夷山，跨过闽江、九龙江水系，穿越闽山赣水打开了福建通向内地的交通，迈向工业化的大门，为福建经济社会发展注入了强劲活力。

2. 边境、沿海通道的修建

虽然铁路线网分布在东部沿海地区相对比较密集，但当时大量海防重镇和海运港口并无铁路相通。“一五”期间，除了鹰厦铁路，一条条通向边防地带和海运港口地区的铁路也在这一时期修建起来。

蓝烟铁路山东半岛东部，南起山东蓝村，止于烟台，中途经过即墨、莱西、莱阳、海阳和栖霞等多个市区，全长 186 公里②。1953 年 6 月，蓝烟铁路正式动工修建，于 1955 年 12 月铺轨至烟台，1956 年元旦正式通车，促进了山东半岛经济发展，巩固了胶东半岛的海防地带。

黎湛铁路连接着广西壮族自治区黎塘和广东湛江，全长 317 公里③。1953 年中央人民政府决定在广东省湛江市建设一个新的商港，同时修筑黎湛铁路。铁路于 1954 年 9 月开始动工，修建耗时不到一年，到 1955 年 7 月就建成通车，华南出海增一新通道。

1953 年，从萧山出发原定至穿山港的萧穿铁路开始修建，后因终点改至宁波称为萧甬铁路，在 1955 年已从萧山通至了庄桥，成为华东地区出海

---

① 《鹰厦铁路（鹰厦线）建设史》，中国铁道网，2008 年 4 月 10 日。

②③ 档案史志中心：《新中国铁路 50 年》，中国铁道出版社 1999 年版。

的新通道。

1953 年动工建设的集二铁路南起京包铁路集宁站，北至二连国境站，全长 333 公里①，属于连接着蒙古人民共和国和苏联的国际联运干线的中国境内路段。1956 年 1 月，集二铁路投入运营，开始办理国际联运业务，加强了三国之间的交流。

这些沿海或边境通道的修建，对打破帝国主义对新中国的经济封锁、实现对外贸易，巩固国防建设，以及实现国家社会主义工业化、沿海和内地经济交流有着重大意义。

（三）越江跨河战胜天堑雄波

1. 武汉长江大桥首跨天堑

长江被古人称为“天堑”，将南北通达的线路拦腰斩断，京汉、粤汉铁路隔江相望，无法连成一个整体。在当时人流物流仅能通过轮渡或木船转运过江，若一列铁路货车车厢想到达对岸，需采用轮渡过江的方法、历经 5 个多小时，耗费大量的运输和时间成本，且容易受到天气的影响。

为修建跨越长江的大桥，自 1913 年开始便有过多次勘测、规划和选址，但这些规划一直未能实行。新中国成立后，参与过之前多次规划勘探的桥梁专家李文骥联合茅以升等一些科学家、工程师向中央提议建设武汉长江大桥，中央对此高度重视。经过周密的勘测、设计规划，武汉长江大桥于 1955 年 9 月 1 日作为国家“一五”计划重点工程正式开工建设。

长江大桥曾多次规划但都未能实现，其建设难度可想而知。建设初步采用桥梁建设中惯用的“气压沉箱法”，但工人在近 40 米深的江底作业，

---

① 档案史志中心：《新中国铁路 50 年》，中国铁道出版社 1999 年版。

需要承受巨大的气压和水压变化，施工过程十分艰难、危险，每人每天最多只能工作两个小时，进程也十分缓慢。前来指导的苏联专家提出用“大型管柱钻孔法”替代原先方法来修筑深水基础，主要实施方法是先往河床岩面打入空心管柱并在岩面上钻孔，将混凝土灌注孔内，使其牢牢插结在岩石内，再在上面修筑承台及墩身。这种方法在当时是世界首创，甚至在苏联也没有实践过。经过前期试验和科学设计、作业，成功在武汉长江大桥的建设中使用了这种新的施工法，突破了大型混凝土管柱穿过覆盖层下沉到岩层的难关，不仅使大桥提前15个月建成通车，还开创了桥梁建筑史中的一个重要先河。

历经仅仅两年多一点的时间，1957年10月15日武汉长江大桥的通车典礼标志着天堑上铺成了一条坦途。大桥全长1670米①，上层是公路，下层为双线铁路桥，可同时穿行两列火车，桥下与水面净高可通航万吨巨轮。“一桥飞架南北，天堑变通途”，这条通道将京汉、粤汉铁路连接成京广铁路，一列火车只需几分钟就可以越过长江，大大缩短了运输时间，节省了大量运输费用。武汉三镇也终于成为一体，九省通衢成为全国重要的交通枢纽。

2. 黄河大桥飞架两岸

全长278.4米的兰新铁路黄河大桥位于甘肃省兰州市西固区河口南，于1954年4月1日开始动工兴建，是新中国成立后在黄河上修建的第一座铁路桥，1955年7月1日建成通车。趁着冬季黄河封冻，筑桥工人在零下20摄氏度的严寒中加紧修筑桥墩和桥台，待春季气温回升黄河解冻水涨时已将全部桥墩和桥台建成；大桥在建设过程中还两次战胜洪水；建造所用的材料如钢梁、水泥、木料等来自东北、华北、中南等全国各个地区。它

① H.M.戈洛锋夫：《武汉长江大桥结构与施工》，科技卫生出版社1958年版。

是由中国人中国自行设计、施工，并完全由国产材料建造的第一座黄河大桥，体现了中国人民的团结、智慧和力量。

1957 年 7 月开工建设，同年 12 月建成通车的潼关黄河便桥是另一座受到瞩目的黄河大桥，它的建成连接了南同蒲与陇海铁路，并为建设三门峡水库的运输工作作出了巨大的贡献。

除了前文所述的西部、沿海铁路等以外，起自北京丰台编组站至河北沙城的丰沙铁路也是第一个五年计划期间修筑的重要铁路，它逆永定河而行，蜿蜒于永定河峡谷，穿行于太行山脉，修建难度不亚于穿越秦岭的宝成铁路。该铁路于 1952 年 9 月开工兴建，1956 年 11 月交付运营，全长 106 公里，具有坡度小、运能大的优点，解决了京包线关沟段坡度大，运输能力低的矛盾，晋煤外运等运输不再受北京至包头间八达岭地段大坡道线路的限制，也有利于华北与西北的货物交流。

在 1953～1957 年的“一五”计划期间，全国先后建成的干线有成都至重庆、天水至兰州、来宾至凭祥、丰台至沙城、集宁至二连浩特、蓝村至烟台、黎塘至湛江、宝鸡至成都以及鹰潭至厦门等铁路。同时，还进行了一系列旧铁路进修复改造、增建复线，以及扩建、改建枢纽站场等工程，如改建的石太铁路、南同蒲铁路等提高了晋煤外运的能力，以及京包、沪宁、沈吉等铁路部分区段都有改建；在京汉铁路丰台至石家庄、李家寨至孝子店，京山铁路东便门至丰台段、沈阳近郊线等增建第二线并完成通车，天津北至万新间增建了第三线，以及哈太、京包、石太、京汉、粤汉、陇海、津浦、沪宁等铁路的部分区段开始动工增设第二线；选定了十四个城市分期建设交通枢纽，在北京丰台西和郑州北选场新建重点编组站等，大大提高了全国铁路网的运行能力和效率。

从 1952 年新中国建成第一条铁路——成渝铁路算起，至 1957 年第一个五年建设计划完成为止，新中国先后建成干支线 6100 公里，新增的营业里程占全部营业里程的18%以上。截至1957年底，全国铁路营业里程由1952年的22876公里增至26708公里，“一五”期间新增了营业里程近4000公里①。

三、一波三折，探索中曲折发展

在发展社会主义的道路上，“摸着石头过河”的过程中不免有失误和曲折。1958～1960年，在“鼓足干劲，力争上游，多快好省地建设社会主义”的总路线下，全国范围掀起“左”倾冒进社会生产运动——“大跃进”，开展了一轮盲目追求高速度、急于求成的铁路建设。“大跃进”结束后逐渐进入恢复调整阶段，而1966年5月开始的“文化大革命”又彻底扰乱了刚刚步入正轨的铁路建设。1976年“文化大革命”结束，再一次进入调整阶段。从“大跃进”到改革开放前这二十年间，中国铁路建设走过弯路，也克服过重重困难、取得了一系列成就。

（一）二十年探索崎岖路

在全国上下的努力中，社会主义改造与第一个五年计划取得了伟大胜利。在此情况下，1958年5月召开的党的八大二次会议通过社会主义建设总路线，号召全党和全国人民，争取在15年或者更短时间内，在主要工业产品的产量方面赶上和超过英国。会后，全国各条战线迅速掀起了“大跃进”的高潮。

作为发展工业的保障，铁路建设和运输必须跟上。巨大的运量需求和运能严重不足出现了矛盾，为快速提高运能，全民掀起“大办铁路”的运

① 档案史志中心：《新中国铁路50年》，中国铁道出版社1999年版。

动。修建铁路的任务和指标也不顾实际、盲目夸大，1958 年 3 月，预计“二五”期间新修建铁路 2 万公里，随后多次加码，到 1958 年 11 月，铁道部领导人在一篇文章中说，至少要修 10 万公里①。大建铁路需要大量人力物力资源，许多条线路上动员几十万、几百万民工义务修铁路，人民群众积极筹备石料、木料等，把能找到的、自己家里的材料如石阶、寿材等都拿出用于修建铁路，虽然速度大幅提高，但严重侵犯了群众利益。盲目追求高速度，急于求成，很多新建的铁路为“土铁路”，质量得不到保障。在当时人力物力资源匮乏的情况下，各地对铁路的大修大建还造成资源的过度分散，很多工程修到一半被迫停工，其中只做了土石方工程就停工的占投资总额的 21%。

尽管如此，在全国积极生产的热潮下，铁路建设还是取得了一些不可忽视的成就。三年中铁路总延长线增加 11036 公里，新建包括兰青、干武等干线 2800 多公里，修建支线 58 条②。三年间，宁夏、新疆、青海等地都首次通上了铁路，至此全国各省、市、自治区除西藏外都有了铁路。宝成铁路的宝鸡至凤州段是中国第一条电气化铁路区段，也在此时建成了。

1961 年初，中共中央提出“调整、巩固、充实、提高”八字方针，经济发展进入了整顿和调整阶段。面对基建战线过长，资金、材料、设备等不能到位的问题，砍掉一大半基建项目，只保留更急需的项目，铁路做到修一条保一条，交一条用一条，铁路建设重现健康发展。到 1966 年，川黔铁路、贵昆铁路铺成通车，成昆铁路进入建设高潮，南京长江大桥也成功度过最困难的建设阶段。

1966 年 5 月 16 日，“文化大革命”开始全面发动，铁路各单位陆续被造反派夺权，铁路建设受到严重干扰。铁路人克服动乱干扰，为铁路建设

①② 档案史志中心：《新中国铁路 50 年》，中国铁道出版社 1999 年版。

付出巨大努力。南京长江大桥于 1968 年 12 月建成，停工两年的成昆铁路于 1969 年 9 月恢复施工并在一年后建成，北京地下铁道一期工程于 1969 年 9 月建成通车，揭开了中国地下铁道建设的序幕。十年间，有贵昆、成昆、湘黔、襄渝、太焦、京原、阳安、通坨等 9 条干线建成通车。

（二）西南“三线”大会战

1. 成昆铁路：筑路禁区创造奇迹

1964 年夏，中共中央根据当时国际形势，开始大规模战略后方建设（大三线）布局。西南云、贵、川三省矿产、水利、农林等资源十分丰富，而交通相对闭塞，是极有前途的工业基地、经济建设的重要腹地、巩固国防的战略后方。中央决定在此开展铁路上的西南“三线”大会战，这三条铁路分别为成昆铁路、贵昆铁路和川黔铁路。

成昆铁路北起成都，与宝成、成渝两条铁路相接，南至昆明，与贵昆、昆河两线相连，全长 1090.9 公里，是“三线”大会战的主要工程，占三线总工作量的 80%①。新中国早在 1952 年就为衔接成渝铁路和在建的宝成铁路、打通中国南部对外通道，对成都至昆明的铁路线路进行研究和规划，并于 1958 年开始动工修建。然而过程中由于条件困难等因素，在会战前三次上马三次下马。1964 年国际形势紧张，中央政府决定开展三线建设，毛泽东强调：“要搞第三线基地，大家都赞成，要搞快一些；攀枝花酒泉两个基地一定要落实；如果材料不够，其他铁路不修，集中修一条成昆路。”成昆路开始集中加紧建设②。1966 年建设高潮时期，施工人员达到

① 档案史志中心：《新中国铁路 50 年》，中国铁道出版社 1999 年版。

② 央视网视频：《过山车成昆铁路》（第 2 集）。

35.97 万余人[1]。然而后又受到“文化大革命”的严重干扰，被迫停工，原定1968年通车计划未能实现，直到1970年7月1日，成昆铁路全线竣工运营。

成昆铁路建设难度之大超乎想象（见图2－3）。成昆铁路从川西平原，

图2－3　筑路人员在复杂地段靠肩挑背扛修铁路

资料来源：中国铁路：《自强的力量——成昆铁路通车50年记!》，中国青年网，2020年7月9日。

① 中国铁建股份有限公司：《成昆铁路》，中国铁建股份有限公司官网，2015年1月7日。

穿越2000多米的沙木拉隧道后，蜿蜒于两岸是数百米高悬崖峭壁的金沙江河谷，穿行于险峻崎岖的大凉山区……沿线地质地貌极端复杂，被称作“地质博物馆”，要想筑路困难重重。跌宕起伏的地势形成了巨大高差，其中有300多公里位于烈度八至九度地震区，沿线较大的滑坡有183处、危岩落石近500处、泥石流沟249条、崩塌100多处、岩堆200余处①，连包括苏联铁道工程师在内的外国专家都将它断定为“筑路禁区”。

面对这些困难，铁路建设者发挥钻研精神，采用长隧道大面积选线、复杂的展线、高桥大跨、线路多次过河等办法进行技术攻关，工地指挥部做出《关于成昆线采用和发展新技术的决定》，推进了新技术、新设备、新工艺在成昆铁路建设中的使用，使中国铁路设计建设技术向上前进一个台阶。在修建隧道的过程中，复杂多变的地质情况使意料之外的状况时刻可能出现，如塌方、岩爆、涌水、基底隆起或下沉等，铁路技术人员和工人在实践中群策群力、克服困难，为铁路建设积累了宝贵的经验。

成昆北段展线的修建就充分体现了中国筑路人员的努力和智慧。从乌斯河到沙木拉达，这段路线的河床坡度不够，需要把铁路线展长，然而在勘测过程中发现沿线不良地质众多，如堆积层厚、滑坡多等问题，有十七八处。专家们进行夜以继日的研究，最终达成了一致意见，采用延津展线、灯泡展线、三层展线的工程技术，成功攻克了这一难题。

成昆铁路是中国自己设计自己修建，用自己的技术力量装备起来的第一条内燃化铁路，她的成功修建创造了打破“筑路禁区”的神话，最终成昆铁路建成时，全线桥隧总延长占线路长度竟达41%，可见其修建之复杂艰难。联合国将成昆铁路与美国的阿波罗带回的月球岩石、苏联的第一颗人造地球卫星并称为“象征二十世纪人类征服自然的三大奇迹”。

---

① 四川省人才办：《【人物】成昆铁路建设中的中铁人》，载《中国人才》2018年第6期。

2. 川黔、贵昆铁路：西南三省实现相连

另外两条线路的修建工程也非常艰巨。

川黔铁路于1956年11月开始由中铁二局着手组织施工建设，1961年由于缩短基建战线停工。1964年在“三线”大会战的需要下复工，并于1965年7月8日建成通车，10月1日交付运营。川黔铁路北起重庆，南至贵州贵阳。处于大西南的贵州地势地貌也十分复杂，沿线岩层多有风化剥落、塌方、滑坡等现象出现，暗洞溶洞众多，给工程带来很大挑战。筑路工作者在艰难的条件下仍创造了中国铁路史上的很多纪录。其中，虾子洞隧道是穿越溶洞最多的隧道，施工时洞内的暗河有一段与隧道中心线大致平行，导致隧道部分地段出现边墙无着落、底板厚度过薄等问题。筑路人员便在边墙基础底部空洞内用浆砌片石支顶，在暗河上设钢筋混凝土梁或先设拱桥、再搭桥梁等方法解决了这一难题。除了虾子洞隧道，还有穿越大娄山的当时中国最长的铁路隧道凉风垭隧道；第一座跨越乌江的铁路桥乌江大桥；继武汉长江大桥后的第二座长江大桥白沙沱长江大桥等。这条铁路北接成渝、襄渝，南通黔桂，贵昆、湘黔等铁路，还有三万、小赶、开阳三条支线，是西南地区路网骨架的重要组成部分。

贵昆铁路于1958年8月开工，1961年缩短基本建设战线，工程陆续缩减，只有重点工程继续施工。1964年8月，作为三线建设的重点项目重新全面施工，并在1966年3月4日建成通车，1970年12月交付运营。贵昆铁路起于贵州贵阳，蜿蜒于云贵高原，中途穿越气势磅礴的乌蒙山区，最后到达云南昆明，全长639千米①。贵昆铁路沿线奇峰深谷，地势险峻，桥隧总延长占线路长度的16%②，施工人员同样用智慧和毅力克服自然障碍，不到两年便把这条铁路建成了。线路建成后，沿线如六盘水煤矿、纳

---

①② 《重大工程回顾：贵昆铁路》，中国铁建股份有限公司官网。

雍、织金煤田等丰富的矿产得到开发，运量急剧增加，对发展云南、贵州两省的经济起到了重要作用。贵昆铁路成为贯通滇、黔两省的主要铁路干线，同时又与湘黔、浙赣、沪杭三线共同组成中国南部的东西交通大动脉，结束了云南铁路“不通国内通国外”的历史，也让偏远的云南、贵州、四川三省与祖国各地紧密相连。

（三）独立自主建“争气桥”

早在1908年，宁沪铁路便已通车，1912年津浦铁路全线贯通，但长江天堑将两条铁路相隔断，两岸交通十分不便。国民党政府时期曾以10万美元重金聘请外国桥梁专家约翰·华特尔制定修桥方案，然而经过一番考察，认为此处“水深流急，不宜建桥”而搁置计划，火车只能靠轮渡运输渡江到达对岸。新中国成立后至1958年，浦口和下关码头之间的轮渡已提高到每日一百渡左右，仍不能满足运输需求。面对轮渡效率低、成本大，远远不能满足运输和经济发展需求的状况，在压缩基建战线时保留了修建南京长江大桥这一项目。

1960年1月，南京长江大桥正式动工修建。然而大桥开工不久，正值中国面临三年困难时期，经费被严重压缩，仅能维持日常开销，工程进展出现困难。周恩来对此高度重视，特批准大桥继续招工、购买设备，保证物资供应，项目才得以继续进行。

与武汉长江大桥相比，南京长江大桥的修建难度有过之而无不及。地处长江下游，南京长江大桥面对的自然条件更加困难，江面比武汉宽了400多米，江水最深处超过50米，水流也十分湍急。此处距离长江入海口仅400公里①，容易受到夏秋季节台风的影响，终年受到潮汐侵袭。水下

① 刘跃清：《难忘“争气桥”——南京长江大桥的建设历史》，炎黄春秋网，2021年5月26日。

的地质条件也十分复杂，经过勘探，江底的岩层结构各处厚薄不一、强度不一，有的地方硬如钢铁，有的地方却软得像“千层糕”，大大增加了桥基建设难度。

为确保桥基工程的顺利进行，大桥局决定首先在大桥9号墩和10号墩之间修建试验墩。试验墩采用了四种不同的管柱基础，都顺利下到岩盘，取得了在砂层中管柱下沉超过47米的经验，并解决了一系列疑难问题。

由于大桥跨度大，建设桥梁主体需要用到一种高强度的钢材——HJI2低合金钢，这种钢材需要从当时的苏联进口。但由于中苏关系恶化，苏方对可提供的钢材采取了很多限制条件，远远不能满足当时大桥建设的需要。为此，中国要靠自己的力量开发生产符合建设大桥所需的钢种。经过科研团队和工人们一次次的钻研、开发、试验，最终鞍山钢铁厂成功制成强度符合要求的16Mn① 钢。中国人有了自己的高质量钢，不再惧他国约束，为中国人民争了一口气，所以这种钢又有了一个名字：“争气钢”。就这样，在失去苏联专业人员和原材料支持的条件下，中国人民团结一致、凝练智慧、艰苦奋斗，建造了难度更高的长江大桥，因此南京长江大桥又有美称“争气桥”。

1968年9月30日下午3点，第一辆列车缓缓驶过南京长江大桥，标志着南京长江大桥正式建成通车。它是长江上第一座由中国自行设计和建造的双层式铁路、公路两用桥梁，上层为公路桥，下层为双轨复线铁路桥，宽14米、全长6772米②，它的开通突破了京沪铁路运输的一大瓶颈，

---

① 16Mn叫低合金高强度结构钢：含碳量为0.1%～0.25%，加入主要合金元素锰（Mn）、硅（Si）、钒（V）、铌（Nb）和钛（Ti）等。

② 《我国桥梁建设新的里程碑——南京长江大桥》，中国科普博览网，2014年10月13日。

将原来一个半小时的过江时长缩短到仅仅两分钟，成为国家南北交通要津和命脉，具有极大的经济、政治和战略意义。

20 年曲折发展，铁路建设仍然取得了一系列令人瞩目的成就。这期间主要建成的干线有：1958 ~ 1962 年的第二个五年计划期内，有萧山至穿山、包头至兰州、南平至福州、北京至承德、兰州至西宁等铁路，并重建了柳州至贵阳的铁路。1963 ~ 1965 年的三年调整时期，有兰州至乌鲁木齐、贵阳至重庆等铁路。1966 ~ 1970 年第三个五年计划期内，有贵阳至昆明、通辽至让葫芦、成都至昆明等铁路。1971 ~ 1975 年的第四个五年计划期内，有北京至原平、焦作至枝城、通县至古冶、株洲至贵阳等铁路。后续主要干线还有 1978 年 4 月开通运营的阳平关至安康铁路等。至此，中国铁路网骨架基本形成。

第三节　新中国成立后的中国铁路运输

新中国诞生后，铁路回到了人民的怀抱，在中国共产党的领导下，中国铁路有计划地建设为铁路运输提供了基础和保障。1949 年底，经过大力抢修，我国铁路营业里程共计 2. 18 万公里。新中国成立以来，中国铁路克服重重困难，披荆斩棘，奋起直追，通过系列新线修建和旧线改造，面貌焕然一新。截至 1978 年底，铁路运输线路营业里程达到了 5. 17 万公里，相当于中华人民共和国成立时的 2. 37 倍，运营网络有了很大的改善，铁路网骨架基本形成。铁路营业里程变化如图 2 – 4 所示。

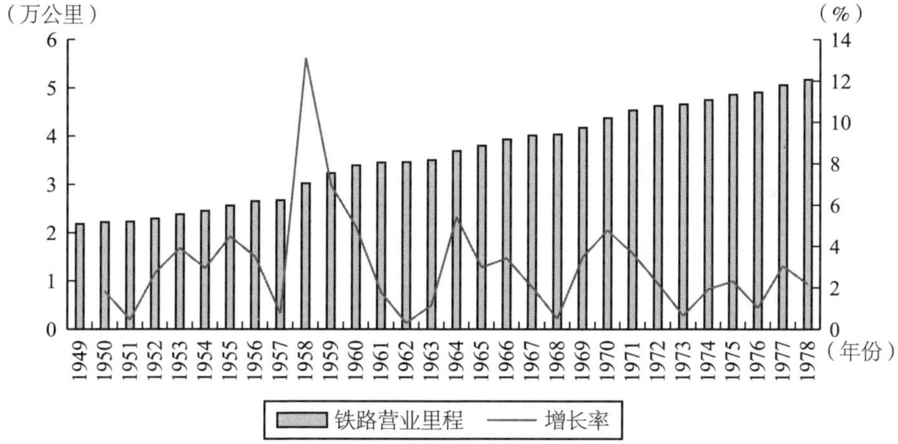

图 2－4　1949～1978 年中国铁路营业里程及其增长率

资料来源：国家统计局国民经济综合统计司编：《新中国五十年统计资料汇编》。

一、新中国铁路运输发展历程

1949 年 10 月 1 日新中国成立后，“医治战争创伤，恢复和发展国民经济，巩固人民政权”成了全国人民的首要任务，铁路也紧紧围绕这一中心开始了大量抢修、建设和运输工作，同时制定了新的管理制度和规章办法，为国民经济第一个五年计划提供了运输保证，在一定程度上促进了经济恢复和发展。然而，“大跃进”和“文化大革命”的发生无疑对铁路运输产生了巨大的冲击。

（一）辞旧迎新，继往开来（1949～1957 年）

中华人民共和国成立后，军委铁道部改组为中央人民政府铁道部，实行集中统一领导，建立了铁道部—铁路局—铁路分局的单一指挥调度系统，制定了统一的运输规章制度，并从数量和质量两个方面组建了指标体系。

新中国的铁路事业是在中华人民共和国成立前的物质基础之上逐渐修复和重建起来的，在新中国诞生这个辞旧迎新的时刻，人民做好了开辟未来新道路的准备，于是在铁道部的部署下，着手多条铁路干线和支线的恢复和建造。截至 1957 年，全国铁路营业里程达到 2.67 万公里①，较 1949 年增加 4900 公里，全国复线里程达 2203 公里②，复线长度占营业里程比重从 1949 年的 4% 提高到了 8.2%。

1. 新中国铁路运输开端

在三年经济恢复期和第一个五年计划期间，除了抢修尚未通车的铁路，还对一些线路、桥段等工程进行永久性修复工作，竣工后，铁路运输网得到了延伸，铁路运输恢复了正常运行，且运行的时间缩短，运输效率提高。为了改变新中国铁路少而偏的状况，我国开始修建铁路和桥梁，在三年经济恢复期间，新中国建成了成渝铁路、天兰铁路和湘桂铁路来睦段。1953 年进入国民经济的第一个五年计划之后，我国开始有计划地、大规模地修建铁路和桥梁，继续填补西南、西北方向的铁路空缺，将一些省内的铁路与全国交通连接起来，修建出国出海通道、森林铁路、工矿企业铁路、特大桥梁等，并开始办理国际联运业务。

在西南方向，1952 年 7 月，成渝铁路全线通车，开办临时营业，成都至重庆之间开行了直达旅客快车、客货混合列车、货物列车各一对，开展客运和货运服务。1951～1952 年，客运量从 35 万人次增长到 180 万人次，货运量从 71 万吨增加到 98 万吨。这是新中国成立后修建的第一条干线铁

---

① 国家统计局国民经济综合统计司：《新中国五十年统计资料汇编》，中国统计出版社 2000 年版。

② 苗秋林：《中国铁路运输》，中国铁道出版社 1994 年版。

路，改变了四川省交通运输的格局①。1956 年通车的宝成铁路是新中国成立后第一条建设工程十分艰巨的铁路，也是第一条四川省与外省连通的铁路。在西北方向，于 1952 年 10 月通车的天兰铁路，位于甘肃省内，是通往西北的咽喉要道，在其建成通车后，兰新铁路从兰州开始动工，于 1956 年 3 月建成兰州—武威段，7 月通车至玉门，该铁路最终通往新疆。1955 年 6 月通车的丰沙铁路，是为了缓解京包线的运输能力不足而修建的，在其通车之后，由于运输量加大，运输能力紧张又修建了丰沙二线。1952 ~ 1957 年，西南地区和西北地区铁路营业里程占全国比重分别从 3.4% 增加到了 6.2%，从 2.0% 增加到了 4.9%②。成渝铁路通车后，沿线的丰富物产不断被送至各地，带动了物质文化交流，提升了人们的生活质量，极大地促进了西南地区的物资和人员流通。宝成铁路的运输使得四川铁路旅客和货物周转发生了变化，由于铁路对外通道增多，旅客平均行程有了明显增加，货物平均运程也有了明显的延长。成渝铁路和宝成铁路通过成都站相连，对西南地区以及通向省外地区的客货运输提供了极大的便利。天兰铁路的成功开通运营，促进了西北地区的经济发展和国防建设。天兰铁路、兰新铁路、京包铁路和包兰铁路通过兰州和包头相连，形成了通往西北地区的重要铁路干线。而丰沙铁路的建成加强了华北与西北的货物交流，使北京至包头间的运输能力不再受八达岭地段大坡道线路的限制。

为了适应国际外交的需要，中国、蒙古、波兰等 10 个国家办理了国际联运，并陆续开行了国际旅客列车。湘桂铁路来睦段和集二铁路分别与越南、蒙古人民共和国的铁路相连，铁路运输为加强中越，中蒙的国际交流创造了有利条件。鹰厦铁路、蓝烟铁路、黎湛铁路通往沿海港口地区，实

---

① 四川省地方志编纂委员会编纂：《四川省志·交通志》下册，四川省交通厅 1995 年出版。

② 苗秋林：《中国铁路运输》，中国铁道出版社 1994 年版。

现了福建、山东、广西人民与海外人民沟通的愿望，形成了对外交往的通道，这些铁路的运输对于加强海防建设，促进国民经济发展都有着极为重大的意义。在这一时期，为了促进煤炭和森林工业的发展，还动工修建了一批工矿企业铁路和森林铁路，支线共计 12 条。由于北京—武汉—广州的路段在武汉被长江隔断，限制了铁路的修建，1957 年 10 月建成通车的武汉长江大桥，是长江干流上的第一座大桥，“天堑变通途”。通车后，京汉铁路、粤汉铁路和武汉连为一体，使得南北的铁路直接相连，通过的运量比轮渡增加了 10 多倍，且节省了旅客、货物渡江的时间，大大提高了运输的能力和效率，为武汉和全国各地的沟通提供了便利。

2. 开展“满超五”铁路运输竞赛

为了提高机车车辆的使用效率，保证三年经济恢复期和“一五计划”的顺利完成，在学习苏联和推广中长铁路经验的同时，于 1952 年 5 月 1 日发起的“满载、超轴、五百公里”运输生产竞赛运动，“满载”要求每一辆铁路货车装载的货物能够达到规定的重量载容积；“超轴”要求每一台机车牵引的列车重量超过规定的牵引吨数，“五百公里”要求每一台机车每日投入运行里程达到 500 公里①。以安全正点、多拉快跑为目标，解放了铁路职工的主人翁意识，牵引吨数和日车公里记录不断被刷新，在这里，“郑锡坤超轴五百公里作业法”“列车快速检修”“李锡奎安全快速调车法”等先进经验不断被推广。另外，铁路局组织交流经验，把竞赛目标推到综合指标即机车日产量上等措施增加了运动的科学性。铁路运输生产竞赛活动使得运输效率达到了大大的提升，1952 ~ 1957 年，货车净载重增加 5. 8 吨，机车平均牵引总重增加 275 吨，货运机车日产量增加 4. 3 万吨公里，货运周转时间从 2. 90 天缩短到 2. 84 天，货运密度从 263 万吨公里/

---

① 500 公里是“满载、超轴、五百公里”中“五百公里”的解释。

公里增加到503.9万吨公里[1]，为解决铁路运输中运量和运能矛盾发挥了重要作用。另外，在职工质量、车站秩序等铁路运输服务方面也有了很大进步。

经过修复旧线路，技术改进，修建新线路，以及“满超五”运动等，挖掘了铁路运输的潜力，使得运输能力得到了很大的提升，给铁路沿线甚至全国的运输都带来了便利。1957年1月末，铁路部门提前完成了“一五计划”的运输任务。截至1957年，旅客周转量达到361.3亿人公里，是1949年的2.8倍，货物周转量达到1345.9亿吨公里，是1949年的7.3倍[2]。

（二）急于求成，曲折前进（1958~1965年）

1958~1960年，在全国范围内掀起了轰轰烈烈的“大跃进”运动，铁路运输也不例外，喊着“以钢为纲，全面跃进”为口号，开始了轰轰烈烈的运输。在这场运动中铁路发展成就显著但也造成了严重的运输、运量矛盾的问题，运输秩序混乱。经过1961年开始的经济调整计划，铁路运输秩序逐渐恢复，铁路运输事业在曲折中总结经验，在不断摸索中前进。

1. “大跃进”在铁路运输部门兴起

1958年“大跃进”运动开始后，国民经济各个部门不切实际地追求高速度的发展，这就需要对铁路进行持续大量的投入，不管是营业里程、从业人员、车辆数还是车站数等都需要在短时间内翻倍甚至翻几番，使得原本就紧张的铁路运输更加紧张，机车、货车不足等问题十分突出，铁路运输超负荷运转。“大跃进”前后全国货运量、平均运距和货运周转量、主

---

① 苗秋林：《中国铁路运输》，中国铁道出版社1994年版。

② 国家统计局国民经济综合统计司：《新中国五十年统计资料汇编》，中国统计出版社2000年版。

要货物运量情况如表2-1和表2-2所示。

表2-1　　货运量和货运周转量

年份	货运量（万吨）	货运量增长率（%）	平均运距（公里）	货物周转量（亿吨公里）	货物周转量增长率（%）
1956	24605	27.0	489	1203.51	22.6
1957	27421	11.4	491	1345.9	11.8
1958	38109	39.0	487	1855.25	37.8
1959	54410	42.8	455	2476.32	33.5
1960	67219	23.5	412	2766.88	11.7
1961	44988	-33.1	446	2007.71	-27.4
1962	35261	-21.6	488	1721.08	-14.3

资料来源：国家统计局国民经济综合统计司编：《新中国五十年统计资料汇编》。

表2-2　　全国主要货类的铁路运输量　　单位：万吨

年份	煤	石油	钢铁	矿物性建筑材料	水泥	木材	化肥及农药	粮食
1956	8049	352	1007	4907	567	1761	123	1728
1957	9866	397	1109	4799	617	1907	134	1790
1958	14627	520	1787	6282	781	2292	209	1924
1959	20870	737	2408	8531	858	2969	202	2368
1960	25518	825	3188	11750	1008	3155	237	2061
1961	20634	873	1900	4625	456	2240	184	1850
1962	17430	918	1197	3134	448	2067	235	1710

资料来源：国家统计局国民经济综合统计司编：《新中国五十年统计资料汇编》。

通过鼓足干劲，千方百计完成任务，1958年铁路货运量同比增长39%，1959年同比增长42.8%，1960年要求更大程度的跃进，完成了

67219 万吨的货运（见表 2－1），可以明显看出这三年的货运量、周转量较其他年份有了大幅度的跨越，保证了煤炭、钢铁等货物的运输。这一时期，铁路局和直属工厂受铁道部和地方的双重领导，削弱了运输组织和行车的统一调度指挥，铁道部取消了一些有关运输安全、运输质量的规章制度，把凡是带有约束性、强制性的制度都视为妨碍“大跃进”的不合理制度，导致工程、产品验收流程不完善，无章可循的情况突出，不合理的运输也有所增多。为了解决运量的问题，投入的机车车辆迅速增加，车辆工厂纷纷由维修、修理配件等业务转向制造机车，导致一些机车车辆被迫“带病运输”。1958 年新造机车 342 台，货车 11344 辆①，但仍未能缓解运输能力紧张的问题。一些货物运输距离长，但机车、线路的运输能力不足，加上铁路运输的管理服务能力不足，事故发生率增加，正点率降低等，产生了混乱的运输秩序，在一些区段货物堆满沿线，发生了车站和专用线的堵塞，铁路运输的开展并不顺畅。因此，虽然有一些长距离运输的要求，但整体来看，铁路运输的平均运距反而有所下降。“大跃进”的 3 年，行车事故增长了 2.23 倍，其中，重大事故增长 2.05 倍，货运事故增长 1.92 倍，且爆炸、货场火灾、信号失控导致的列车冲突也屡次发生，旅客运输和货物运输正点率分别降低了 15.8% 和 17.1%②。

1958 年 9 月 25 日，在铁道部召开的领导干部会议中，号召把运输效率翻一番，缩短货运周转的时间，增加实际每日装车数，在 9 月 28 日，日装车数达到了 5.2 万车，的确比之前月份的平均翻了一番，但这一事件严重打乱了运输秩序且并没有维持多久，当年平均装车数为每日 27334 车。1960 年平均每日装车数达到了 41000 车，比 1957 年将近翻一番，铁路平均每日装车情况如表 2－3 所示。

---

①② 苗秋林：《中国铁路运输》，中国铁道出版社 1994 年版。

表 2－3　　全国铁路平均每日装车数（车）

年份	铁路平均每日装车数	煤	石油	钢铁	矿物性建筑材料	粮食
1956	19092	5708	272	667	3829	1143
1957	21259	6973	254	709	3740	1217
1958	27334	9454	353	1093	4543	1230
1959	36180	13013	509	1531	5240	1515
1960	41000	14832	559	1909	5976	1297
1961	28573	12251	586	1173	2757	1245
1962	23893	11145	615	792	1795	1136

资料来源：国家统计局国民经济综合统计司编：《新中国五十年统计资料汇编》。

2. 贯彻执行八字方针

在这一时期，各种宏伟的口号，变成了各级攀比、吹牛的比赛，铁路运输持续提出新的计划，新的赶超目标，尽管当时既无设备，也无技术，毫不考虑自身种种因素，现实证明欲速不达。1961 年，“大跃进”中的问题集中爆发，中共八届九中全会通过了“调整、巩固、充实、提高”的八字方针，首先加强统一领导，一切权利集中在铁道部，整治规章制度，建立运输新秩序，针对铁路安全、正点率等开展了竞赛活动，并针对长期无事故、安全正点成绩突出的铁路局、车站、列车机车乘务组等给予奖励。确定了“先修后造，先配件后主机”的原则，努力扭转机车车辆严重破损的状况，精减铁路职工人员，加强职工培训，保证了在压缩生产的情况下，以较少的人力和物资完成较多的运输生产任务。1961 年当年客运列车正点率就由年初的 60% 提升到年末的 90%[①]。另外，长期以来，铁路运输的主体一直是大宗、成批、长途的煤炭、钢铁等，在“大跃进”之后的调

① 苗秋林：《中国铁路运输》，中国铁道出版社 1994 年版。

整中，将农业机具、化肥农药、粮食、棉花、其他经济作物、农村土特产、鲜活易腐货物等7种品类和零担货物作为重点运输对象，重点支援了农业。

截至1960年，铁路营业里程达到3.39万公里①，比1957年增加27%，双线里程占营业里程比重增加了7.7%②。除西藏外，全国各省、自治区都有了铁路。1957～1960年，西南地区和西北地区铁路营业里程占全国比重从11.1%提升到了19.4%，并在长江、黄河、赣江、珠江等地建设了铁路大桥③。铁路承担了大幅度、高运量的运输任务，3年客运量总计14.43亿人，货运量总计15.97亿吨，分别是第一个五年计划运量的1.17倍和1.50倍④。然而"大跃进"期间丰富成果的代价是对运输秩序、运输安全、运输准点性等方面造成了十分严重的后果，经验与教训并存。在之后的5年调整期，试着放缓了铁路运输生产，整治"大跃进"存在的一系列问题，恢复了正常的运输秩序，铁路运输事业出现了顺利发展的良好局面，线路技术设备、铁路科技水平均有所提高。1961年3月建成通车的宝鸡—凤州段铁路是中国第一条电气化铁路，在铁路科学技术水平提高方面得到了实践，对运输效率的提高带来了一定的技术基础和保障。1961年铁道部与交通部联合颁布了《铁路与水路货物联运规则》，实行了铁路和水路的联运工作，一定程度上促进了货物运输发展。

（三）三落三起，知难而上（1966～1978年）

1966年5月16日，"文化大革命"开始了，这场运动持续了10年之久，对铁路运输造成了巨大的灾难。周恩来、邓小平等领导人为了使铁路

①④　国家统计局国民经济综合统计司：《新中国五十年统计资料汇编》，中国统计出版社2000年版。
②③　苗秋林：《中国铁路运输》，中国铁道出版社1994年版。

免于瘫痪，针对“江青集团”对铁路运输事业造成的损害采取了一系列措施，在党和国家的领导下，铁路运输事业才得以排除干扰，逆风翻盘。1966～1976年这段时期分为内乱初期、全面内乱，而在全面内乱中铁路运输随国家形势的变化经历了三落三起，直至1976年10月，结束了这场运动。1977年，国家开始针对“文化大革命”时期对铁路运输的损失进行整顿，1978年十一届三中全会后，铁路运输更是进入了新的发展时期。

二、新中国铁路旅客运输和货物运输

铁路旅客运输和货物运输在全国旅客运输和货物运输中均占有主要地位，尤其在中长途运输中具有很大的优势。旅客运输任务主要是办理客运业务以及为旅客提供舒适便捷的服务，保障旅客、行李包裹的安全，准时准确地把旅客送到目的地等；货物运输任务主要是办理货运业务并保障从承运、装车、卸车、交付的整个过程安全、完整、准时无误。

（一）铁路旅客运输

1. 客运量和旅客周转量

在旅客运输方面，截至1978年底，全国铁路客运量达到81491万人次，是1949年客运量的7.9倍，但整体客运情况并不是逐年稳定上升的。由于“大跃进”的存在使得运量大增大落，在1961年客运量达到了1976年之前的最高水平，即77062万人，而1963年客运增长率又降到了最低，即－30.7%。“文化大革命”期间，虽然给旅客运输造成了一定的损失，但几经波折，经过坚决的斗争与反抗，保障了旅客运输量一定的增长。铁路运输旅客周转量与客运量的增减趋势大致相同，1949年，铁路旅客周转量仅为130.01亿人公里，经过近30年的曲折发展，至1978年底，旅客周转量完成 1093.22 亿人公里，从总量上得到了很大提升。全国铁路客运量及其增长率、铁路旅客周转量及其增长率如图 2 – 5 和图 2 – 6 所示。

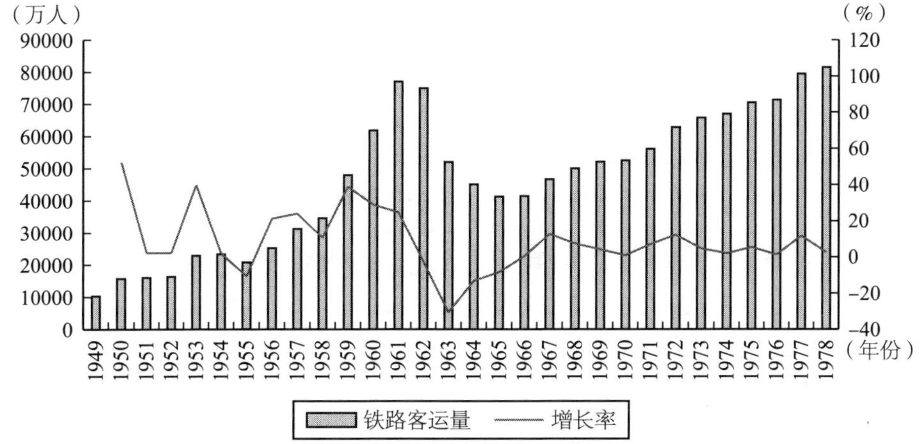

图 2 – 5　中国铁路客运量及其增长率

资料来源：国家统计局国民经济综合统计司编：《新中国五十年统计资料汇编》。

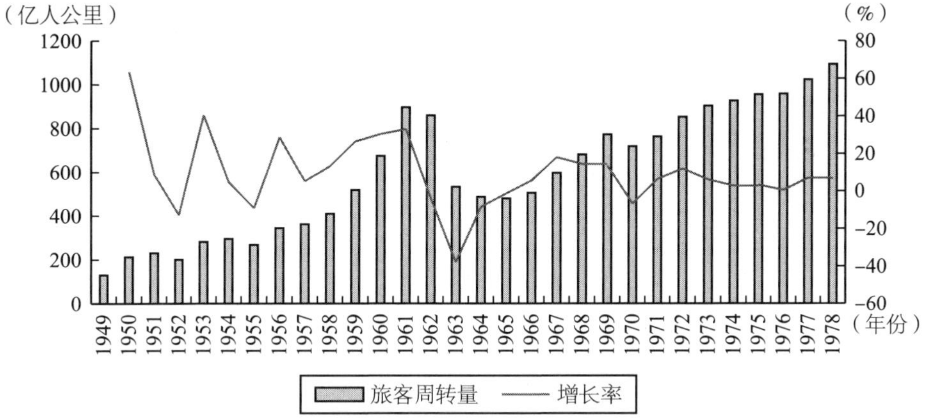

图 2 – 6　中国铁路旅客周转量及其增长率

资料来源：国家统计局国民经济综合统计司编：《新中国五十年统计资料汇编》。

2. 铁路旅客运输结构

铁路旅客运输在全国旅客运输中占有非常重要的地位，其运量由客运量来表示，而旅客周转量指标不仅代表了运量，也反映了运输在空间上的位移，通过铁路客运量占全社会客运量比重和铁路旅客运输周转量占全社会旅客运输周转量比重来分析铁路客运结构的变化，如表2－4所示。

表2－4　铁路客运量和旅客周转量比例

年份	客运量占比（%）	旅客运输周转量占比（%）	年份	客运量占比（%）	旅客运输周转量占比（%）
1949	75.2	83.9	1964	47.8	70.9
1950	77.0	88.5	1965	42.8	68.7
1951	71.8	85.7	1966	38.1	64.8
1952	66.7	80.9	1967	40.9	68.9
1953	64.2	80.5	1968	45.0	72.7
1954	62.2	78.2	1969	42.0	72.1
1955	56.6	75.8	1970	40.3	69.7
1956	49.8	73.9	1971	39.2	68.9
1957	49.0	72.8	1972	39.1	68.9
1958	46.0	71.5	1973	37.6	68.1
1959	52.6	72.6	1974	36.7	67.3
1960	57.9	76.3	1975	36.5	66.5
1961	64.3	81.1	1976	35.4	65.2
1962	61.4	79.2	1977	35.3	64.4
1963	53.3	73.3	1978	32.1	62.7

资料来源：国家统计局国民经济综合统计司编：《新中国五十年统计资料汇编》。

在1962年以前，铁路运输客运量和旅客周转量占全社会旅客运输量的比重均在60%以上，随着公路、水路和民航等多种运输方式的发展，铁路客运量的比重于1978年降至32.1%，次于公路运输，但由于其自身运输能力强、运输速度快以及安全可靠等优势，在中途和长途运输中依然发挥着非常重要的作用，旅客平均行程不断增加，致使1978年的旅客周转量占比仍然在60%以上，铁路运输骨干的地位依然显而易见。

3. 客运组织

为了铁路旅客运输的顺利进行，客运组织工作也就是旅客运输的前期工作开展非常重要。铁道部于1950年制定了旅客运输的规章制度并统一了运价，使得客运组织逐渐走向正规化、制度化，并根据形势不断进行修订和完善。在“一五计划”期间，结合全路的列车运行图编制旅客运输计划，并于1961年“大跃进”调整时期全面推行，这项计划为方便旅客出行，首先保证重点旅客乘车，优先安排换乘中转旅客乘车，大小站兼顾，始发站、中间站兼顾，通过售票签证，有计划地分配使用票额，尽可能保证旅客运输秩序，合理分配客运人员，以达到稳定秩序、均衡运输的目的。20世纪70年代部分旅客列车实行了对号入座制度，是旅客运输组织工作的一项重要改革，客运工作得到了进一步保障。

4. 旅客运输服务

旅客进站、乘车到下车出站的过程需要车站、列车以及工作人员提供的多种服务。针对旅客的运输服务，早在1949年铁道部会议上就提到了“今天的铁路是人民的”“铁路为人民服务”等，所以对铁路职工的教育十分重视，客运服务质量不断提高，虽然“文化大革命”这一插曲对客运服务质量产生了消极影响，但粉碎“江青集团”后，铁路职工又深入不断地接受了思想教育，他们也十分认同这种思想。之后，铁路客运职工不断努力，守护着乘客的平安出行，给乘客带来温暖，让一代代铁路人薪火相传。另外，站点和车辆服务也是客运服务中的重要组成部分。在这段时期，客车保有量不断增加，车厢、车站设备和服务设施也得到了改善，主要客运站在“一五计划”期间就开办了预售车票、电话订票、送票等服务项目，在旅行途中，逐渐经销大众化商品，为旅客运输带来了便利。

5. 客运运价

铁路客运价格是铁路运输生产活动中运输价值的货币表现。新中国成立前，各地区客运运价水平和计费制度均不相同，新中国成立后于1951年2月统一了北南方各局客票价格，同年统一了东北地区的客票基价，1952年3月全路统一了旅客票价和行李包裹基价。中华人民共和国成立初期客运价格较低，随着客运量上升，产生了运输需求和供给的矛盾，一些列车出现了超员拥挤现象，1955年，根据车辆适当提高加价，并在购买车票时实行公里数的限制。另外，对市郊乘车进行鼓励，为了服务郊区群众、通勤学生等，适当减价。1956年票价由区段制改为累进制，之后，在改革开放前的客运运价制度基本没有变动。

（二）铁路货物运输

1. 货运量和货物周转量

在货物运输方面，新中国成立以来，铁路货运量从1949年的5589万吨上升到了1978年的110119万吨，货运周转量从1949年的184亿吨公里上升到了1978年的5345.19亿吨公里。截至1978年底，货运量和货运周转量分别是中华人民共和国成立时的20倍和29倍。同样，货运量和货运周转量增长率在1961年调整时期达到了最低，与旅客运输不同的是，受“文化大革命”的影响，货运量和货物周转量在1967年增长率分别为-21.6%和-24.9%，处于第二低的水平。全国铁路货运量及其增长率、铁路货运周转量及其增长率情况如图2-7和图2-8所示。

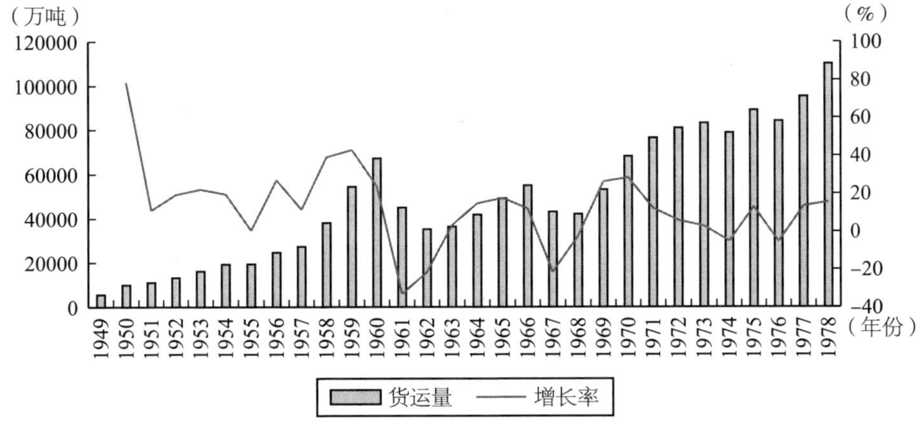

图 2－7　中国铁路货运量及其增长率

资料来源：国家统计局国民经济综合统计司编：《新中国五十年统计资料汇编》。

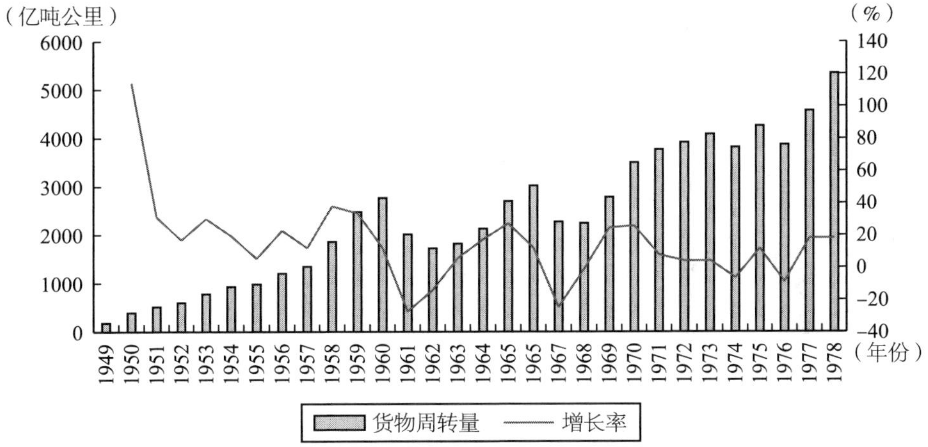

图 2－8　中国铁路货运周转量及其增长率

资料来源：国家统计局国民经济综合统计司编：《新中国五十年统计资料汇编》。

2. 铁路货物运输结构

同铁路旅客运输，铁路货物运输在全国货物运输中也占有非常重要的地位，其运量由货运量来表示，而货物周转量指标不仅代表了运量，也反映了运输在空间上的位移，通过铁路货运量占全社会货运量比重和铁路货物运输周转量占全社会货物运输周转量比重来分析铁路货运结构的变化，如表2-5所示。

表2-5　　铁路货运量和货物周转量比例

年份	货运量占比（%）	货物运输周转量占比（%）	年份	货运量占比（%）	货物运输周转量占比（%）
1949	34.7	72.2	1964	40.1	77.3
1950	46.3	86.6	1965	40.6	77.9
1951	43.8	81.7	1966	41.8	77.4
1952	41.9	79.0	1967	38.9	74.4
1953	37.2	78.9	1968	40.8	72.0
1954	37.0	77.5	1969	42.9	74.1
1955	34.1	74.4	1970	45.3	76.6
1956	32.8	75.6	1971	45.2	72.4
1957	34.1	74.4	1972	45.3	69.3
1958	33.9	75.7	1973	44.6	64.9
1959	36.3	75.7	1974	43.5	60.4
1960	39.4	75.5	1975	43.9	58.3
1961	40.7	76.4	1976	41.7	56.1
1962	41.2	77.0	1977	42.6	57.3
1963	41.3	77.3	1978	44.2	54.4

资料来源：国家统计局国民经济综合统计司编：《新中国五十年统计资料汇编》。

1949～1978年，随着铁路抢修和修建工作的不断完善以及人们对物资的需求不断增加，货运量占比从34.7%变为44.2%。随着各种运输方式结构的变化，货运周转量占比有所下降，但铁路运输仍是几种运输方式中占比最高的，其主导作用的地位没有改变。

3. 货运组织

货物运输组织是铁路运输组织工作的基础，在整个货物运输的过程中，该项工作具有非常重要的地位，因此必须要加强货运组织管理工作。首先需要建立健全与货运有关的规章制度，铁路回到人民手中后，铁道部就实行了统一的货物运输管理工作，并在 1949 年 5 月建立了计划运输制度，借鉴社会主义国家铁路运输的经验，编制了月度计划，1950 年对大宗货物提出季度、年度计划，“一五”期间成立了加强计划运输的组织机构，继续加强对月度货物运输的管理，“大跃进”和十年动乱使得铁路的计划运输遭到破坏，但在恢复期和整顿期制定了新的管理办法，集中统一领导，使其在极端困难的情况下继续发展。

4. 货物运输方式

货物运输品类繁多，不同货物由于性质、形态、重量不同要求的运输条件也不同，针对这种情况，为了合理使用运输设备，保障货物运输工作顺利进行，铁路分为整车、零担、集装箱三个种类进行运输。

整车运输。铁路按照整车运输的煤炭、钢铁等大宗物品约占总运量的 97%，大宗物品的装卸作业大多集中在专用线路上，直达运输的方式较为流行，按照“先远后近，先整列后成组，先一站后多站”的要求，编制了一系列管理办法和规则，各地直达运输的实践，取得了一定的成果。同时这一时期的整车运输在改变因生产和运输时间的不均衡运输问题，加强合理运输方面具有一定的成就。

零担运输。铁路零担货物如农业产品、化肥、农药等只占运量的一小部分，但由于其体积小，品类繁多，需要投入较多的人力物力。为此，1952 年采用日历装车、定期受理、分线承运的办法进行运输。步入计划运输新阶段后，于1957年实行了零担车组织计划。但由于零担货物通过铁路运输停站次数多，旅行速度慢，运程较短，对铁路运输能力造成了一定的干扰。

集装箱运输。集装箱运输是新中国成立后新兴的一种货物运输方式，开创于1955年3月，最先是采用2.5吨（后为3吨）的集装箱在一些车站办理集装箱的运输业务，经过一段时间的发展，1958年的集装箱站为18个，3吨的集装箱增加到5971个，集装箱运输的货运量达到55万吨①。“大跃进”时期的集装箱任务无法开展，再加上10年动乱集装箱在货物运输中也没有得到发展，直至“文化大革命”结束后，针对货物批量运输的要求，开始了5吨集装箱的研制，并于1977年重新发展集装箱运输。集装箱运输虽然在1955年起步，但发展较为缓慢。

5. 货运运价

我国于1955年6月建立了统一的货物运价制度，主要是在不影响市场物价的前提下，保持上一年的物价水平，统一大宗物品的运价，其他货物运价有步骤地进行统一。按照运输方式差别、运输距离差别和运输条件差别制定了普通运价，另外，对一些指定的货物品类、时限、运输条件实行特定运价，可以比普通运价高或低，体现了运输政策的灵活性。截至1978年，我国货物运价水平偏低，货物运价的运行机制还较单一。

三、新中国铁路行车组织和运输设备

铁路行车组织是运输生产中核心的组成部分，主要是运用各种运输设备，为运输秩序、安全、准时性提供保障。铁路运输设备能够为铁路行车

① 苗秋林：《中国铁路运输》，中国铁道出版社1994年版。

提供基本条件，是铁路运输的物质基础。铁路运输设备包括固定设备和活动设备，固定设备主要包括线路、通信信号设备等，活动设备主要包括机车、车辆等。

（一）铁路行车组织

1. 车站行车组织

货物在周转的过程中，一多半时间是消耗在车站的，车站行车组织的改善可以提高货物送达的速度，保证安全性和正点性。在新中国成立初期，铁道部运输局组织全路技术站编制了《站细》和《过程》①，作为车站行车设备、技术和作业的具体规定。20 世纪 60 年代初期，将这两本制度和《车站能力》合并为《车站行车组织细则》②，并根据列车编组计划、列车运行图、车站设备和作业等不断进行修订。

铁路线路上运行大量的列车要在中间站通过、交汇、避让。中间站主要办理接发列车的作业，是铁路行车中的基本作业，在铁道部成立初期，接发列车的任务主要依靠车站职工自身条件，通过眼看、口呼、手指等方式以及一系列长期实践的过程配合，不断完善整个流程。“大跃进”后的调整时期，为了保证接发列车的秩序，实行了作业标准化活动，即“用语标准化、作业程序化、制度统一化和固定分工负责制”，加强了行车安全。十年动乱时期，车站行车组织秩序混乱，作业标准化制度被破坏，在动乱结束后，这种标准化制度又流行起来。

铁道部成立后就把编组站调车工作提上议程，主要是进行调车作业，

---

①② 新中国成立初期（20 世纪 50 年代初期），发布的是《站细》和《过程》，20 世纪 60 年代，将《站细》《过程》和《车站能力》合并，改名为《车站行车组织细则》。资料来源：苗秋林：《中国铁路运输》，中国铁道出版社 1994 年版。

1951 年由于李锡奎调车组在牵出线上采用连续溜放的调车方法提高了铁路行车安全，于是这种方法在“满超五”运输竞赛中普遍推广，“一五计划”期间大大提高了调车作业的效率。“大跃进”时期，“土驼峰”式的设计显著提高了调车效率，保证了一定的运量，20 世纪 60 年代改变更名为简易驼峰，也有一些车站运用机械化驼峰进一步提升效率，机械化驼峰调车作业使得效率提高了 30% ~50% 。

2. 列车编组计划

铁道部建立统一行车组织制度和计划运输制度后，于 1950 年开始在东北地区实行货物列车编组计划，并于 1952 年推广到关内，1953 年将东北和关内两个地区编组计划统一起来，建立了全路列车编组计划。计划包括装车组织的始发直达列车计划和技术站编组的货物列车编组计划。

20 世纪 50 年代开始，行车组织中就十分重视直达运输组织工作，装车地直达列车的编组计划是需要完成的首要任务，1952 年全路直达列车装车数占总装车比重为 14. 5% ，一五计划末比重达到了 22. 9%①，“大跃进”时期又组织开行了大量的直达列车，而直达运输由于运输品类的多样化在 20 世纪 60 年代初期的调整时期有了进一步的发展，截至 1965 年，比重达到了 28. 9% 。受到“文化大革命”的影响，直达车辆的数量并没有增加，但得以维持，截至 1978 年，占比在 30% 左右。没有被装车的直达列车编组的剩余车辆，需要在就近技术站编组。技术站车流组织在新中国成立后有了一定的发展，但由于技术站数量少、设备差，并不能适应车流结构和改变作业的要求，导致一些编组计划并不能顺利实行，直至改革开放后，装备较强的路网编组站投产之后，技术站编组计划的实施才有了较大的成效和发展。

① 苗秋林：《中国铁路运输》，中国铁道出版社 1994 年版。

3. 列车运行图和铁路运输能力

铁道部于1949年下半年开始编制全路统一的列车运行图，并规定了基本格式，全路运行规则以开往北京为上行，列车车次为偶数，以开出北京为下行，车次为奇数。1953年5月20日首次实行了统一的列车运行图，为计划运输组织的开展创造了条件。铁道部和各铁路局根据运量的增长等不断要求重新编制运行图，20世纪50年代编制了21次，由于“大跃进”和“文化大革命”的影响，60年代和70年代分别编制了10次和3次。每个时期编制列车运行图突出的重点不同，比如20世纪70年代的运行图突出了运能和运量的矛盾，而50年代主要是为了推行机车负责制和新行车法，适应“满超五”运动的先进方法和作业标准。在编制列车运行图后，结合运输计划、日常运输调度指挥工作的不断完善，客货列车的旅行速度有了明显的提高，1949年旅客列车的旅行速度为28.2公里/小时，至1975年提高到42.1公里/小时。货物列车的旅行速度缓慢上升，从1949年的19.9公里/小时至1975年变为了28.5公里/小时。另外，列车平均载重和开行对数不断增加，通过路线的技术改造，区段的通过能力和输送能力也有了一定的提高，情况如表2-6所示。

表2-6　　铁路列车承载力、列车密度和运量密度变化

指标	1952	1957	1962	1965	1970	1975	1980
货物列车平均载重（吨）	682	869	946	974	1114	1146	1228
旅客列车平均载客（人）	517	513	731	480	570	640	708
列车密度（列/天）	15.2	23.8	25.4	29.7	30.6	32	38.3
货物列车密度（列/天）	10.5	16.4	15.6	22	21.9	22.9	27.1
旅客列车密度（列/天）	4.7	7.4	9.8	7.7	8.7	9.1	11.2

续表

指标	1952	1957	1962	1965	1970	1975	1980
运量密度（万换算吨公里/公里）	349.1	639.2	781.3	930.7	1055.5	1165.7	1489
货运密度（万换算吨公里/公里）	261.2	503.9	521.3	790.6	875.9	952.1	1199
客运密度（万换算吨公里/公里）	87.9	153.3	260	140.1	179.6	213.6	290

资料来源：铁道部档案史志中心：《新中国铁路五十年：1949－1999》，中国铁道出版社 1999 年版。

（二）铁路运输设备

1. 铁路线路发展

铁路线路主要由轨道、路基、桥梁、隧道等建筑物组成。截至 1978 年底，我国铁路线路总里程达到 5.17 万公里①。新中国成立以来，铁路线路的结构、技术状态方面都有了一定的发展变化。

随着铁路运输任务和运输密度的不断增加，钢铁公司逐渐开始发展重型钢轨，1949 年末，42 公斤/米及以下的钢轨占 78.7%，到 1975 年末占比变为 11.8%，1980 年末仅为 6.3%，43～49 公斤/米和 50 公斤/米的钢轨占比逐渐增大，1949～1975 年，分别从 12.8% 变为 55.3%，从 8.5% 变为 32.9%，且 50 公斤/米的钢轨占比在继续上升②。1959 年开始一些线路消除了钢轨的接头缝隙，开始铺设无缝钢轨，至 1975 年无缝线路累计 5174 公里，占铁路线路长度的 10.2%，1980 年达到 8139 公里，占比增加到 13.4%③。铁路的轨枕起先采用木材制造，但由于森林资源的减少和人们环保意识的增加，中国铁路在 1953 年开始了混凝土轨枕的研究，1957 年铺设预应力钢筋混凝土枕轨，之后生产的数量不断增加，质量也不断提

① 国家统计局国民经济综合统计司：《新中国五十年统计资料汇编》，中国统计出版社 2000 年版。

②③ 苗秋林：《中国铁路运输》，中国铁道出版社 1994 年版。

升，为了配合混凝土轨枕铁路，扣件从原来的钩头道钉改为了扣板式。另外，道床从原来的混砂、卵石道改为碎石道床，道岔也逐步强化，增强了线路的连接。新中国成立后，对铁路线路的平纵断面也进行了改善，落坡改线的工程持续进行，为运输安全提供了保障。桥梁、隧道在这一时期也有所发展，新中国成立以来建成武汉长江大桥、南京长江大桥等桥梁，桥梁由小跨度向大跨度发展。20 世纪 60 年代在桥梁建设的基础上，修建了不少山区铁路，随之而来的隧道建设逐渐增多。在铁路线路发展过程中，初期是进行抢修修复，换轨大修，“一五”期间制定了线路维修规则，“大跃进”时期为了提高运量，换轨大修的数量急剧上升，但运输秩序混乱，质量得不到保障，还是导致了较多事故，调整时期更换混凝土轨枕，针对线路质量做了改进，“文化大革命”及应对中，重点发展混凝土枕轨和无缝线路，努力在客观条件上为正常运输秩序提供基础保障。

2. 铁路通信信号发展

铁路通信信号设备是各个部门、各个环节信息交换的媒介，对于加强各方面的协调具有重要作用。1949 年随着解放战争胜利，通信设备奋力抢修，铁路局之间逐渐恢复沟通，对既有的铁路线路进行通信信号更新的技术改造。伴随着铁路运输任务不断增加，发展了长途电话自动化，并于 1970 年研制出长途自动接续机，其工作稳定可靠，可立即通话。通过增加通路和技术更新等，逐渐发挥长途、地区、区段、站场通信网的服务功能。为适应电气化铁路通信需要，铺设了对称电缆，并发展了较为先进的小同轴电缆，于 1970 年研制抗电气化干扰的 300 路载波机，提高电路质量。在信号设备方面，最初是设备的整顿、引进和国产化时期，20 世纪 60 年代后进入电子信号发展时期，主要成就是区间闭塞设备由人工闭塞更新为继电半自动闭塞，基本可以适应当时的步伐。

3. 铁路机车发展

机车是铁路运输的牵引动力，主要有蒸汽机车、内燃机车和电力机车。新中国成立初期修复了一批客货运机车，对现有机车进行技术改造，并逐渐制造了新型机车，中国于1956年9月试制了第一台前进型货运大型蒸汽机车，随着时间的推移，逐渐由新型机车代替并进行牵引动力改革，取得了一定的进展。经济恢复期和“一五”计划期间我国机车类型全部为蒸汽机车。中国于20世纪60年代初开始使用内燃机车和电力机车，1960年内燃、电力机车总共为14台，在牵引动力改革之后，内燃机车和电力机车数量快速上升，截至1977年底，分别为1617台和199台，占整体机车台数的18.8%①，之后年份的比重继续上升。由于其牵引力较大，使用过程中需要的维护、修理时间也较少，大大提高了机车效率。

4. 铁路车辆发展

新中国成立以来，客货运输的车辆不断增加，为客货运输创造了一定条件。1949年底，客车数量为3987辆，货车为46487辆。国民经济恢复期间对车辆大量整修的同时开始制造新车，“一五”计划继续增加对客货车的制造和进口，客货车数量均有所上升，且客车数量上升指数高于货车，从“大跃进”开始，由于“以钢为纲”的口号对货运产生了更高的要求，货车数量增长高于客车，调整期间以修车为主，车辆增速较慢，“文化大革命”期间虽然社会形势动荡，但车辆数依旧在缓慢上升。以1949年为基准，客货运输发展指数如表2－7所示，可以看出这一时期的车辆发展明显滞后于运量的发展，这也是运能运量不匹配的因素之一。

---

① 苗秋林：《中国铁路运输》，中国铁道出版社1994年版。

表 2 - 7　　　　　　　　　客货车辆和客运量发展

年份	客车数（辆）	指数	客运量（万人）	指数	货车数（辆）	指数	货运量（万吨）	指数
1949	3987	100	10297	100	46487	100	5589	100
1952	5113	128	16352	159	62356	134	13217	236
1957	8566	215	31262	304	90249	194	27421	491
1960	9718	244	61822	600	136379	293	67219	1203
1965	10752	270	41245	401	146308	315	49100	879
1970	11279	283	52455	509	178816	385	68132	1219
1975	13715	344	70465	684	235157	506	88955	1592

资料来源：铁道部档案史志中心：《新中国铁路五十年：1949 - 1999》，中国铁道出版社 1999 年版。

新中国成立后的 30 年，铁路运输生产活动如火如荼地进行着，客货运量不断上升，虽然“大跃进”和“文化大革命”对铁路运输服务造成了一定的影响，但在中国共产党领导和全国人民的共同努力下，整体运输保持了一定的增速。而且在公路、水路和民航等多种运输方式的竞争下，铁路运输的骨干地位依然显而易见，在运输市场中仍然占有非常大的份额。铁路行车组织随着铁路运输设备的发展而不断改进，能够在“一五”计划期间，甚至在“大跃进”之后的 20 年起起落落的社会经济形势下为旅行速度，区段通过能力、输送能力，安全正点等提供了一定的保障。我国铁路运输能力和运输效率在新线建设和技术设备更新改造的基础上得到了快速的发展，这一时期的铁路运输有力地促进了全国各地区物资流通和人员流动，推动了国民经济和社会的发展。回首新中国铁路运输 30 年的发展历程，平坦与困难相间，经验与教训相织，每个阶段铁路运输都有着不同的处境，但依旧从困境和混乱中走出来了，中国铁路运输的发展同中华人民共和国的命运休戚与共，不管在多么艰难的情况下，都始终愈挫愈勇，奋发图强。

第三章

改革开放后的铁路崛起
（1978～2012 年）

第一节 改革开放至党的十八大的中国铁路改革

1978 年，中共十一届三中全会召开。历经百年风雨的中国铁路，从此进入了一个改革与发展的全新历史阶段。在这个不断奋进、不断改革的历史阶段中，中国铁路有了全新的发展，实行了全新的管理和运营模式，拥有了世界先进的建设和制造技术，整个系统运行获得了全新的动力，向世界显示出中国铁路崭新的面貌。铁路的发展不仅是我国改革开放的成果，同时又是促进改革开放深入进行的强有力的物质保障。因此，回溯我国铁路从改革开放到党的十八大的改革发展轨迹，这不仅进一步加强了铁路建设的理论基础，更是推动改革开放深入进行和新时代中国特色社会主义事业建设的现实需求。

在本节中，主要对改革开放至党的十八大的铁路改革历史进行探索，其主要分为四个阶段：铁路改革起步阶段（1978～1985 年）、铁路“大包干”阶段（1986～1991 年）、深化改革与现代企业制度试点阶段（1992～2002 年）、全面推进阶段（2003～2012 年）。

一、铁路改革起步阶段（1978～1985 年）

（一）扩权让利的改革政策推行

国家的铁路改革，开始于 20 世纪 70 年代末至 80 年代前期。我国的铁路改革在这个起步阶段进行的两大主要任务就是扩权让利和经济责任制的初步推行。1978 年 12 月 18 ~ 22 日，中共十一届三中全会在北京召开，会上进一步讨论了一系列重大问题，已有近百年历史的中国铁路，从此进入了一个改革与发展的全新历史时期。1978 年 12 月 23 日，邓小平在中共中央工作会议闭幕会上作了《解放思想，实事求是，团结一致向前看》的重要讲话，他提出："现在我国的经济管理体制权力过于集中，应该有计划地大胆下放。"① 正是这一重要讲话，对我国国有企业和铁路改革产生了决定性的深远影响。

在全国国有企业扩权改革的全局背景下，我国铁路也开始了以扩权为先导的管理体制改革。1979 年上海铁路局在全路率先进行了改革探索；1981 年，铁道部队上海铁路局等 11 个部署企业进行了扩权实验。1982 年 4 月，铁道部对全路所有企业下放了涉及计划、财政、物资、机构设置等 17 项权限。

尤其是在财政方面的扩权，自进入新时期后，国家财政体制改革力度日益加大，1978 ~ 1985 年这一改革起步阶段就进行了多次尝试。1978 ~ 1980 年，国家对铁路实行企业基金制度，完成年度考核指标后，可按照全年工资总额的 5% 和超计划利润的 10% 提取企业基金。1981 年起，国家对铁路试行利润留成办法，决算后实现利润留成比例为 21%②。1983 年试行第一步"利改税"，规定铁道部上缴 55% 的所得税，税后利润减去国家核定的定额递增包干上缴利润后为企业留利。财务扩权的整体精神都是权利下移，加大铁路基层企业的财务自主权。

---

① 1978 年 12 月 23 日，邓小平同志在中共中央工作会议闭幕会上作了《解放思想，实事求是，团结一致向前看》中提出的。

② 王致中、魏丽英：《中国铁路改革与发展研究：1978 – 1998》，当代中国出版社 2001 年版。

（二）铁路承包经营责任制的初步确立

铁路的承包经营责任制起源于上海铁路局，是基于我国国有企业在20世纪80年代初通过承包经营责任制来谋求优化处理国家、企业、个人之间的权、责、利关系，来适应国家整体经济商品化、市场化的需要。因此，上海铁路局在1979年“扩权”试点的基础上，经铁道部批准，于1982年在全局范围内进行了与“扩权”相结合的经济责任制探索。

1982年，上海铁路局参照首都钢铁公司的改革经验，结合自身铁路实际特点，与扩权让利同步，建立了路局、分局、站段三级经济责任制。路局将自身对国家所承担的责任及自身运营目标和各项有关工作，按照权责利结合的原则层层进行分解，由分局、站段层层承包，一直包到岗位和个人。这一做法打破了传统的管理模式，迅速取得了显著的成果。铁道部对上海局的经验进行总结推广，全路各企业在学习了首钢和上海局宝贵经验的基础上，也根据自身发展情况，迅速开展了经济责任制的推行工作。

经营责任制的实施与上文中提出的国家利税体制改革有着直接关系。1983年实施的第一步利改税，税后利润递增包干，超额利润分成等办法的实施，都要求铁路企业必须要进一步完善和强化承包经济责任制。1984年，铁道部召开全路工作会议，要求在利改税的基础上，进一步推行各种形式的经济责任制。1985年1月，铁道部再次召开全路工作会议，重点讨论铁路改革问题，制定了相应的《关于铁路改革的意见》[①]，其中指出：“铁路改革的中心环节，是围绕推行承包经济责任制，把铁路企业建成相对独立，自主经营，自负盈亏的经济实体，增强企业活力”。

“六五”时期的铁路承包经营责任制是初步的，承包制的局限性也会

---

① 王致中、魏丽英：《中国铁路改革与发展研究：1978－1998》，当代中国出版社2001年版。

随着实践的深入日益明显，但在这一改革的初步阶段，我国铁路本着务实谨慎的态度，不断创新探索改革发展之路，为铁路适应国家宏观经济市场化的基本取向奠定了最初的基石。

二、铁路“大包干”阶段（1986～1991年）

随着国民经济的快速发展，作为承担国家主要货运和客运任务的交通工具——铁路，面临着巨大的压力，其运量与运能矛盾日益尖锐。尤其是即将进入“七五”之际，铁路面临着更为严峻的局面。1984年开始实行的“拨改贷”政策使得铁路发展建设所用资金只能靠自身积累和银行贷款实现，贷款产生的利息也需要自身承担。与此同时，“利改税”政策使得铁路自我积累能力十分薄弱，加上国家运价政策的约束导致铁路收支状况逐渐恶化。在多重制约下，铁路若想走出当前的困境，必须依靠变革来突破。因此，以国家让减税利为前提的“大包干”，可能是当时最可行的选择。

1986年3月31日，国务院正式批准了国家计委、经委、财政部、中国人民银行、铁道部联合提出的《关于铁道部实行经济承包责任制的方案》。我国铁路从此开始了投入产出总承包的艰难探索。铁路投入产出总承包，通称“大包干”，其具体内容可概括为“五包一挂”：包“七五”运输任务完成、包“七五”铁路基本建设任务的完成、包机车车辆生产、包投资、包缴纳国家规定税费。运输万吨公里工资含量挂钩包干。在承包上述任务下，国家给予铁路相关的扶持优惠政策：以运输企业为主的铁路营业税降至5%，新增税种可免缴，原定55%之所得税及税后利润留作铁路建设资金、亏损的新线实行特殊运价等。

但考虑到铁路自身发展状况的特殊，“大包干”并未在铁路中立即实施。1986～1987年，铁路都秉承谨慎的改革态度，对国家是“投入产出总承包”，对路内经济承包制实行“微调政策”。“微调方针”，即在现有清算单价的基础上包下去，小步渐进，力求初战必胜，在加强调研的基础上再推行全路的进一步改革。1988 年 1 月，铁路运输改革进一步向前推进。全路经济承包改革在经过了两年的“微调”探索之后，决定自 1988 年起，全路运输实行“全面承包，一包三年”的全面改革。1991 年，铁路根据国家“八五”计划总体要求，继续实行行业“投入产出总承包”。各局在“七五”承包方案的基础上，继续进行适当调整，实行滚动承包一年。

“七五”实施“大包干”，是我国铁路改革探索的一个极其重要的实践阶段，在亟待解决的困境中为铁路争取了必要的发展空间，是铁路逐步走向市场的重要前提，这一阶段改变了国家统收统支的传统管理模式，将铁路的经营效益与铁路企业、职工等联动，充分调动了积极性。

三、深化改革阶段（1992 ~ 2003 年）

1992 年 10 月 12 日中共十四大召开，自此社会主义市场经济体制逐步建立，中国的改革开放和现代化建设事业进入了一个新的阶段。党的十四大把加快交通运输建设作为一项战略任务摆在了重要位置。1993 年 1 月 8 ~ 11 日，铁道部召开全国铁路领导干部会议，时任铁道部部长韩杼滨作了《深入贯彻十四大精神，加快改革开放步伐，为实现铁路历史性大发展而努力奋斗》的报告。该报告第一次明确提出我国铁路实行市场化战略转变的两大重大目标原则：第一，“要发挥市场配置运力资源的基础作用”；第二，“要确立运输企业的市场主体地位”。这两项目标原则的确立在当时我国的铁路改革与发展中有着相当重要的意义，为其后的铁路改革奠定了理论基础和指导方向。1993 年 2 月 8 日，广铁集团正式挂盘成立，是我国第一家铁路集团企业。

为了深化铁路改革，铁道部在1994年4月22日下发了《关于贯彻党的十四届三中全会〈决定〉深化铁路改革若干问题的意见》。该意见概括总结了新时期以来铁路管理体制和经营体制的巨大变化，明确指出建立现代企业制度，是铁路企业改革的方向，还强调了改革开放是推动铁路发展的强大动力，“深化改革是铁路实现历史性大发展的必由之路”。1995年12月18日，全国铁路第一家按现代企业制度试点规范组建的公司——大连铁道有限责任公司正式挂牌成立。

1998年8月24日，国务院批准的《铁道部职能配置，内设机构和人员编制规定》公布，铁道部机关再次进行机构改革，铁路政企分开取得突破性进展。同年末，铁道部正式下发《铁路局资产经营责任制实施办法》，决定自1999年始，对全路运输企业实施资产经营责任制。2000年，“五大公司”与铁道部脱钩、高等院校从铁路分立出去，结构性分离近80万人。2003年，铁路部门实施主辅分离策略。深化改革时期，我国铁路改革是以走向市场化为目标取向，在此过程中，改革铁路管理体制，转换经营机制、建立现代企业制度，改革铁路投资体制，发展铁路多元经营等改革举措得以逐步推进，从而有力促进了中国铁路的建设和发展。

四、跨越式发展阶段（2004～2012年）

经过多年应对“瓶颈”、缓解“瓶颈”、打破“瓶颈”的改革探索，中国铁路已经具备了彻底摆脱“瓶颈”、真正走出“瓶颈”的基础条件。2005年3月，中国铁路最大的一次内部改革启动，此次改革涉及的人员众多、过程复杂，堪称“跨越式发展进程”中的大手笔。包括北京铁路分局在内的全国41个铁路分局被全部撤销，这次改革使得铁路从原有的“铁道部—铁路局—铁路分局—站段”四级管理体制，变成了“铁道部—铁路局—站段”三级管理模式。各铁路局成立适应直接管理站段的调度指挥机构，对铁路局管辖范围内的运输工作统一指挥、集中调度，机车交路、客车担当、乘务制度、列车安全技术检查区段按现状维持不变。铁路局直接管理站段，有利于提高组织管理效率和组织管理效能，更好地履行安全责任主体的职责，提升安全管理效率。

2008 年 3 月，十一届全国人大一次会议在北京召开，时任国务院总理温家宝在作政府工作报告时说，此次国务院机构改革方案主要围绕转变职能，探索实行职能有机统一的大部门体制，并同时指出行政管理体制改革是深化改革的重要环节。在此次大部制改革中，为了优化交通运输布局，发挥整体优势和组合效率，加快形成便捷、通畅、高效、安全的综合运输体系，国家将组建交通运输部。将交通部、中国民用航空总局的职责，建设部的指导城市客运职责，整合划入交通运输部。其主要职责是，拟订并组织实施公路、水路、民航行业规划、政策和标准，承担涉及综合运输体系的规划协调工作，促进各种运输方式相互衔接等。同时，组建国家民用航空局，由交通运输部管理。为加强邮政与交通运输统筹管理，国家邮政局也改由交通运输部管理。同时考虑到我国铁路建设和管理的特殊性，确定保留铁道部。与此同时，铁路要继续推进改革。2009 年 3 月 2 日，国务院办公厅印发了《铁道部主要职责、内设机构和人员编制规定》。

中国铁路在这个时期迎来了高速发展期，“铁路成网”建设整体能力及客货运服务质量不断提升。而我国的铁路在这个跨越式发展阶段努力通过改革内部管理体制来强化改革成果，以此实现铁路的高质量发展。

第二节　改革开放至党的十八大的中国铁路规划

铁路作为我国重要的基础设施、国民经济的大动脉和大众化的交通工具，是综合交通运输体系的骨干，同时在推动我国经济社会快速发展中扮演着重要角色。根据我国铁路和经济社会发展的极端，改革开放至党的十八大的中国铁路规划大体上可以划分为三个阶段：以电气化改造为主的铁路规划阶段（1978～1995年）、以铁路提速为主的铁路规划阶段（1996～2003年）和以高速铁路快速建设为主的铁路规划阶段（2004年至今）。

一、以电气化改造为主的中国铁路规划

虽然我国铁路电气化改造始于1961年8月15日宝成线宝凤段建设，但1978年我国电气化铁路建设是非常缓慢的。在此期间，我国仅完成了阳安线和宝成线两条电气化铁路。改革开放以后，我国电气化铁路才逐渐开始快速发展。根据国家“六五”计划，我国在1981～1986年间，将新增铁路通车里程2200公里，新建电气化铁路2500公里①。国家“七五”计划中指出，我国铁路建设将完成“北战大秦、南攻衡广、中取华东”的三

---

① 国家铁路局：《铁道统计公报》（1985～2012年）。

大战役。其中，“北战大秦”是指对大同至秦皇岛全长653.02公里[①]的大秦铁路实施双线电气化铁路一期工程，是我国为增加晋煤外运通道做出的一项重大决策，也是我国第一条电气化复线、大吨位重载运煤专线现代化铁路；“南攻衡广”是指加快衡阳到广州全长520公里的铁路复线化建设，实现京广铁路全线复线化；“中取华东”是指国家将在“七五”期间在华东地区投资70亿元，建设17个大中型项目，修建新县473公里，复线740公里，电气化铁路519公里[②]。国家“八五”计划指出以增加铁路运力为重点，积极推进现有铁路干线的电气化改造，以及有选择的重载化，同时加快煤炭运输干线和西部重要干线的建设。同时，在保证重点铁路建设的同时，在国家统一规划下，提倡中央、地方合资建设铁路，鼓励发展地方铁路。整体上，在该时期，铁路规划主要侧重于对铁路电气化改造或电气化铁路的建设方面。

二、以铁路提速为主的中国铁路规划

虽然从1991年，国家开始着手京沪高速铁路的相关论证工作，直到“九五”计划（1996～2000年）期间，国家开始着手建设京沪高速铁路，以及推进京沪、京广、京哈、陇海四大干线提速，以形成大客运量的现代化运输通道，并开始推进进藏铁路的相关论证工作。在“九五”计划期间，将在“八五”计划期间干网的基础上，做好完善配套，集中力量打通主要限制口和扩大西南通道，继续建设运煤通道，完善南北通道，强化东北通道，延长西北通道，重点建设若干条大能力干线和地区性新线。在此

①② 任克来：《我国在“七五”期间的重点铁路建设》，载《中学地理教学参考》1988年第5期，第21～22页。

期间，我国先后于1997年4月1日、1998年10月1日和2000年10月21日先后完成了三次铁路的大提速，使我国客车平均速度由48公里提升到60.3公里①。

根据国家"十五"计划纲要（2001～2005年），在该时期国家将重点建设改造"八纵八横"铁路主通道，扩大西部铁路网，加快铁路既有线技术改造，提高列车运行速度，完成对京九线、京哈线和京广线等干线的提速；着手建设青藏铁路、京沪高速铁路和西北、西南进出境铁路；加快以政企分开为核心的交通运输管理体制和经营机制改革，实行"网运分离"。在此期间，我国先后于2001年10月21日和2004年4月18日完成了第四次和第五次铁路大提速，使得全路旅客列车平均旅行时速增加为65.7公里，部分线路最高运营时速可以达200公里②。整体上，在此阶段，我国铁路相关规划主要是围绕通过对既有线进行技术改造，以实现铁路提速。

三、以高速铁路建设为主的中国铁路规划

进入21世纪以来，为促进我国高速铁路的快速发展，开始着手对高速铁路的建设和规划，在国家"十一五"规划纲要首次提出重点建设客运专线、城际轨道交通、煤运通道，初步形成快速客运和煤炭运输网络。在国家"十二五"（2011～2015年）规划纲要和铁路"十二五"规划中进一步明确"基本建成国家快速铁路网，加快铁路客运专线、区际干线、煤运通道建设，发展高速铁路，形成快速客运网，强化重载货运网"。与此同时，2004年1月国务院审议通过了《中长期铁路网规划》，其明确指出，到

①② 新华社：《铁道部：旅客列车平均旅行速度提高4.48公里/小时》，中华人民共和国中央人民政府网，2007年5月3日。

2020年，全国铁路营业里程达到10万公里，其中，客车速度目标值达到每小时200公里及以上的客运专线1.2万公里以上，主要繁忙干线实现客货分线，复线率和电化率均达到50%，运输能力满足国民经济和社会发展需要，主要技术装备达到或接近国际先进水平。根据我国经济发展的新形势、新需求，2008年国家批复《中长期铁路网规划（2008年调整）》，确定到2020年全国铁路营业里程达到12万公里以上，其中客运专线达到1.6万公里以上，复线率和电化率分别达到50%和60%以上，重点规划“四纵四横”等客运专线以及经济发达和人口稠密地区的城际客运系统。此外，2007年国务院批复的《综合交通网中长期发展规划》，也确定到2020年铁路网总规模达到12万公里以上。整体上，在该阶段无论是国家层面总体规划还是专项规划，均将建设快速的客运专线作为重要的建设内容和目标。

第三节　改革开放至党的十八大的中国铁路建设

一、铁路路网规模持续扩大，路网结构不断优化

改革开放以来，我国铁路发展取得了举世瞩目的成就，在营运里程、电气化改造和复线改造方面上均取得了显著发展。在铁路运营里程方面，如图3-1所示，我国铁路营运里程由1978年的5.17万公里，增加为2012年的9.76万公里，增长了88.78%；全国铁路路网密度由1978年的53.11

公里/万平方公里增加为2012年的100.26公里/万平方米公里①；全国人均路网密度由1978年的0.54公里/万人增加为2012年的0.72公里/人，增长了34.2%②。从三大地区来看，东部地区铁路营运里程由1985年的1.33万公里，增加为2012年的2.75万公里，增长了1.06倍③；中部地区铁路营运里程由1985年的2.43万公里，增加为2012年的4.23万公里，增长了0.74倍④；西部地区铁路营运里程由1985年的1.45万公里，增加为2012年的2.79万公里，增长了0.92倍⑤。与此同时，东部、中部和西部地区人均路网密度分别由1985年的0.34、0.65和0.52公里/万人增加为2012年的0.49、0.94和0.82公里/万人⑥。整体上，改革开放以来，中国铁路营运里程实现了平稳增长，尤其是在东部地区，铁路实现了跨越式增长。

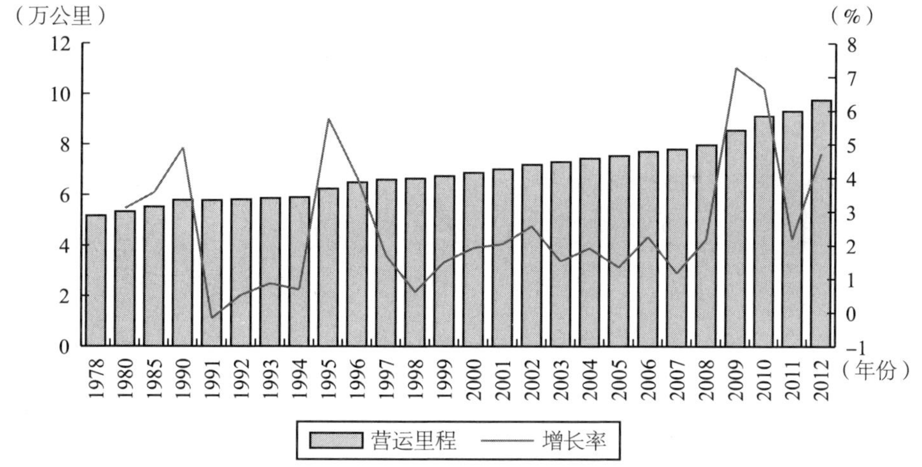

图3-1　中国铁路运营里程及其增长率

资料来源：历年《中国统计年鉴》。

①②③④⑤⑥　资料来源：《中国统计年鉴》（1979～2013年）。

从各省区铁路运营里程分析，2012 年铁路运营里程最高的省份是内蒙古和黑龙江两个省份，其铁路运营里程均高于 6000 公里，其次是河北、辽宁、河南、新疆、吉林、山东和山西等省区，其铁路运营里程介于 4000 公里到 6000 公里；而海南、宁夏、浙江的铁路运营里程相对较低，均低于 1000 公里①。从人均路网密度分析，内蒙古、青海、新疆等省份的人均路网相对较高，其人均路网密度均高于 2 公里/万人；其次是西藏、吉林、黑龙江、辽宁、陕西、山西等省份，其人均路网密度介于 1 ~ 2 公里/万人；而上海、广东、江苏、浙江、四川、山东和重庆等人均路网密度均低于 0. 5 公里/万人②。整体上，西部地区人均路网密度相对较高，而东部地区省份人均路网密度仍相对较低。

改革开放以来，我国铁路电气化里程和电气化率逐年提升，如图 3 - 2 所示。我国铁路电气化里程由 1978 年的 0. 1 万公里，增加为 2012 年的 3. 55 万公里，增长了 34. 5 倍。与此同时，我国铁路电气化率由 1978 年的 1. 93% 增加为 2012 年的 36. 37% 。2002 年底，我国电气化铁路建设里程达到了 1. 74 万公里，已经超过了日本、印度，跃居世界第三位，成为世界电气化铁路大国；2009 年随着京九铁路电气化改造工程和武广高速铁路开通运营，我国电气化铁路里程突破 3 万公里，跃居世界第二；2012 年随着哈达高铁的正式开通运营，我国电气化铁路里程超过俄罗斯跃居世界第一位。与此同时，1994 年和 2008 年我国分别建设完成第一条时速达到 200 公里和 250 公里③的高速电气化铁路，成为我国电气化铁路建设史上的里程碑。

①② 资料来源：《中国统计年鉴（2017）》。

③ 林晓言、刘秀英：《改革开放研究丛书：中国交通运输发展》，社会科学文献出版社 2018 年版。

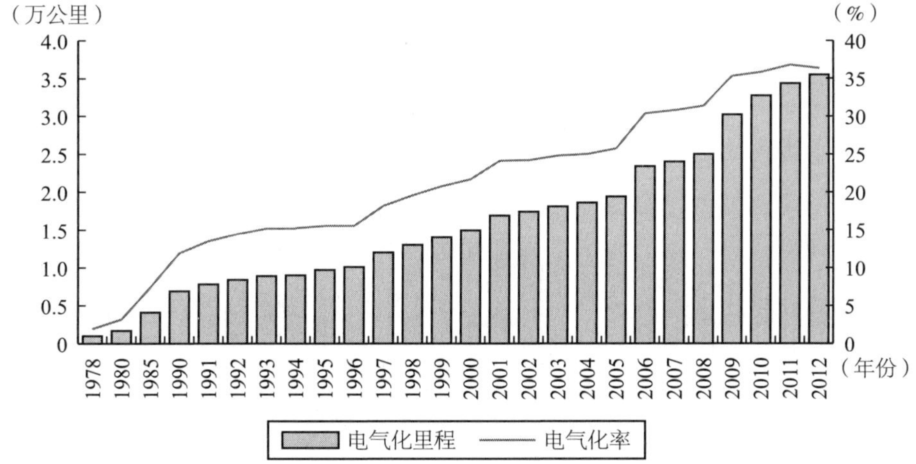

图 3－2　铁路电气化里程及电气化率

资料来源：历年《中国统计年鉴》。

改革开放以来，我国铁路复线里程和复线率均呈现出稳步增长的态势，如图 3－3 所示。我国铁路复线里程由 1985 年的 1 万公里，增加为 2012 年的 4. 37 万公里，增长了 3. 37 倍。与此同时，我国铁路复线率由 1985 年的 18. 16% 增加为 2012 年的 44. 82%。

空间上，我国铁路网的空间分布极不均衡，呈现出以"胡焕庸线"为界的东南—西北分异格局，类似经济发展水平与人口密度的空间格局。大部分的铁路干线分布在东中部地区，而西部地区铁路覆盖率远小于东中部地区，且集中于少数较为发达的城市，全国形成以京沪线、京九线、京广线、陇海线等为骨干的铁路网络。随着高速铁路的不断建设，其里程与分布密度呈现出较大的差异，空间上也主要集中在河南、河北、湖北、山东、浙江和湖南等中东部省份。海南省岛内铁路网络自成体系。

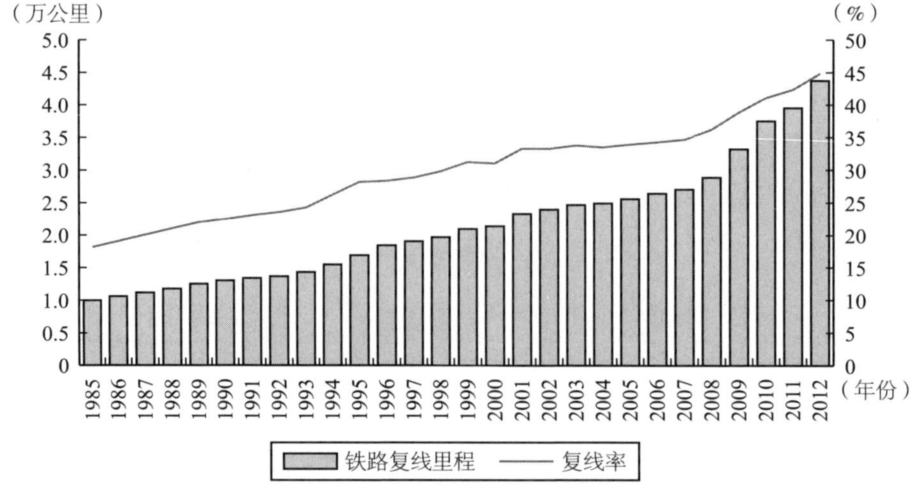

图 3－3　铁路复线里程及复线率

资料来源：历年《中国统计年鉴》。

二、铁路移动设备稳步增长，装备水平现代化成效显著

铁路机车是运送货物、旅客的承载工具。改革开放以来，我国铁路机车数量稳步增长，装备现代化水平成效显著，如图 3－4～图 3－6 所示。1985 年我国铁路机车 12156 台，到 2012 年增加为 20797 台，增长了 0.71 倍。国家铁路机车数量由 1985 年的 11770 辆增加为 2012 年的 19625 辆，增加了 66.73%；地方铁路机车数量由 1985 年的 386 辆降低为 2012 年的 297 辆；合资铁路机车数量由 2000 年的 454 辆增加为 2012 年的 875 辆。整体上，铁路移动设备主要是以国家铁路拥有为主。此外，我国铁路旅客机车数量由 1985 年的 20872 辆，增加为 2012 年的 55764 辆，增加了 1.67 倍；货运机车由 1985 年的 300886 辆，增加为 2012 年的 664333 辆，增加了 2.2 倍。

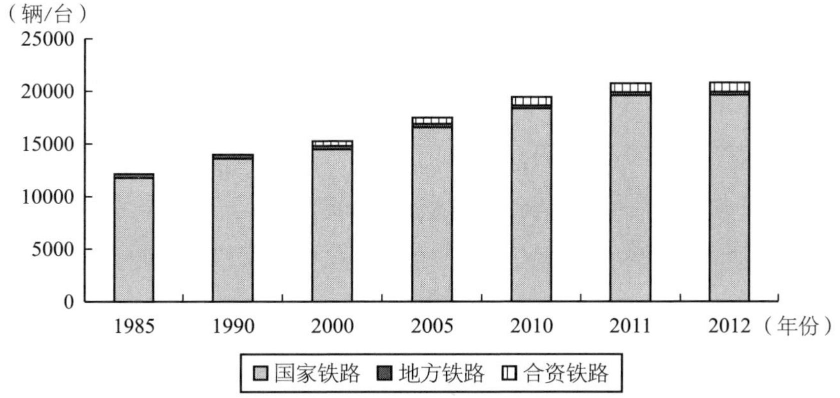

图 3－4　国家铁路、地方铁路和合资铁路机车数量特征

资料来源：历年《中国统计年鉴》。

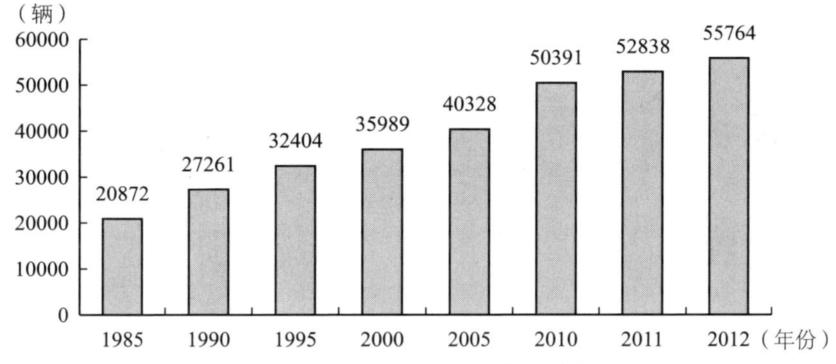

图 3－5　铁路客车机车数量特征

资料来源：历年《中国统计年鉴》。

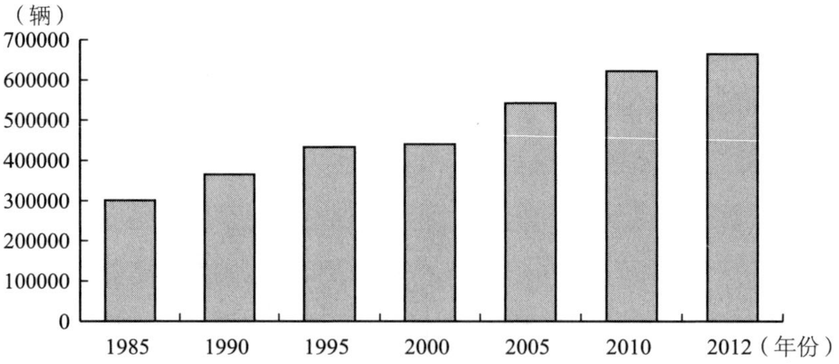

图 3－6　铁路货车机车数量特征

资料来源：历年《中国统计年鉴》。

铁路装备现代化水平成效显著，如图 3－7 所示。内燃机车和电力机车的数量也分别由 1985 年的 3757 台和 727 台，增加为 2012 年的 9593 台和 11071 台，增长了 1.55 倍和 14.23 倍，而蒸汽机车的数量由 1985 年的 8058 辆降低为 2012 年的 1172 辆，内燃机场和电力机车成为我国铁路客货

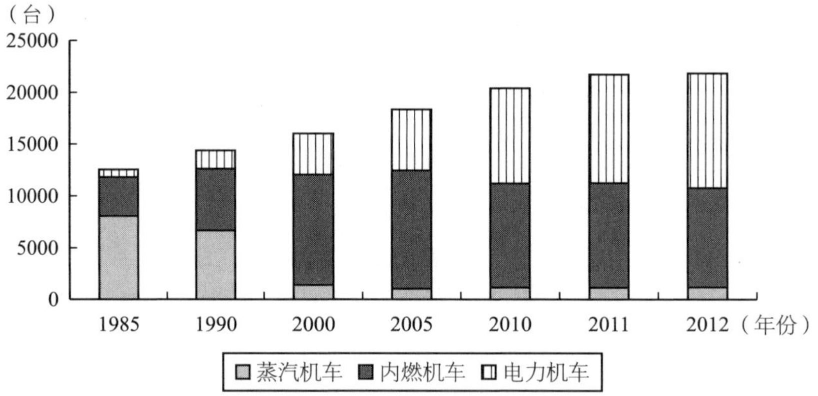

图 3－7　铁路机车、内燃机车和电力机车数量特征

资料来源：历年《中国统计年鉴》。

运输的重要承载工具。其次，铁路客车中软卧车、硬卧车、软座车、硬座车的数量分别由1985年的679辆、2633辆、260辆和13700辆增加为2012年的55764辆、4311辆、17859辆和6655辆，分别增加了1.67倍、5.35倍、5.78倍和24.6倍[①]。此外，随着我国高速铁路的快速发展，动车组也成为我国旅客运输的重要承载工具，到2012年底，我国动车组有825个标准组和8648辆[②]。

第四节　改革开放至党的十八大的中国铁路运输

一、铁路旅客运输成绩斐然

改革开放以来，我国铁路旅客运输量稳步增长，但在综合交通方式中的比重有所降低，如图3－8～图3－10所示。1978～2003年，全国铁路旅客发送量在8亿～12亿人次范围内波动，大体上呈现出先稳步增长，后波动降低的态势。2004年后，铁路旅客发送量呈高速增长，由2004年的111800万人次，增加为2012年的189000万人次，增加了69.1%。与此同时，旅客周转量由2004年的5712.2亿人公里增加为2012年的9812.3亿人公里，增长了71.78%。在此期间，2004年铁路旅客发送量和旅客周转量的增长率最高，分别较上一年度增长了14.9%和19.3%，这可能是由于

① 国家铁路局：《铁道统计公报》（1985年和2012年）。

② 国家铁路局：《铁道统计公报》（2012年）。

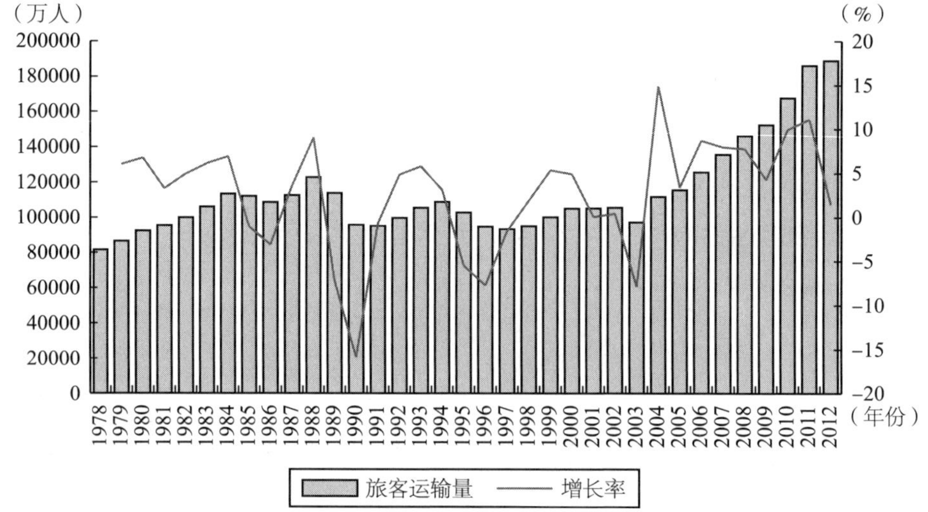

图 3－8　中国铁路客运量及其增长率

资料来源：历年《中国统计年鉴》。

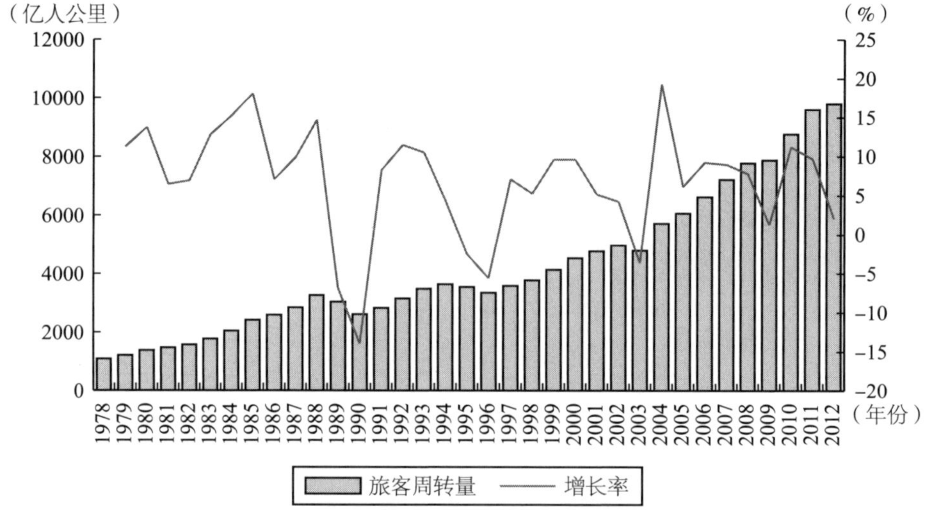

图 3－9　中国铁路客运周转量及其增长率

资料来源：历年《中国统计年鉴》。

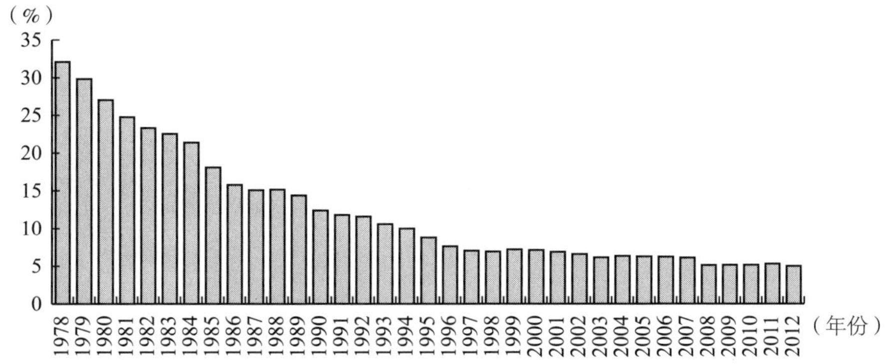

图 3－10　中国铁路客运量占比

资料来源：历年《中国统计年鉴》。

2003 年我国非典疫情导致该年度旅客发送量和周转量降低所致。从铁路旅客运量占全国旅客出行量比重来看，改革开放以来我国铁路在旅客出行中的占比呈现出逐年降低的态势，即铁路旅客运输在综合交通中的地位有所降低。1978 年，我国铁路旅客运输量占交通运输量的比重为 32.08%，而到 2012 年降低为 4.99%。究其原因主要是由于私家车的快速发展和居民生活水平提高等原因导致我国铁路旅客运输量占比有所降低。

从各省铁路旅客运输量的变化情况分析（见图 3－11），2012 年我国铁路旅客运输量较高的省份主要包括广东、辽宁、江苏、黑龙江和北京等省份，其铁路旅客运输量均高于 1 亿人次；其次是河南、浙江、湖南、山东、湖北、四川、河北、上海、安徽、江西、吉林、山西等省份，其铁路旅客运输量介于 0.6 亿～1 亿人次之间；而西藏、宁夏、青海等省份的铁路旅客运量相对较低，均低于 0.1 亿人次。从铁路客运量占比来看，除上海和天津外，黑龙江、内蒙古、山西、辽宁等省份客运量占比均相对较高，均超过 10%；其次是吉林、江西、河北、湖北、福建、云南、新疆和陕西等省份，其旅客运输量占比均介于 5% 到 10% 之间，而海南、广东、西藏、四川、安徽等省份，铁路客运量占比均低于3%，且低于全国平均水平，这些地区居民出行中公路占比相对较高。整体上，我国铁路旅客运输量主要集中在东部地区，而这些地区的铁路客运量占比相对较低，且部分省份低于全国平均水平，这表明我国东部地区虽然是铁路运输需求大，但铁路旅客运输在综合交通运输中的地位却相对较低。

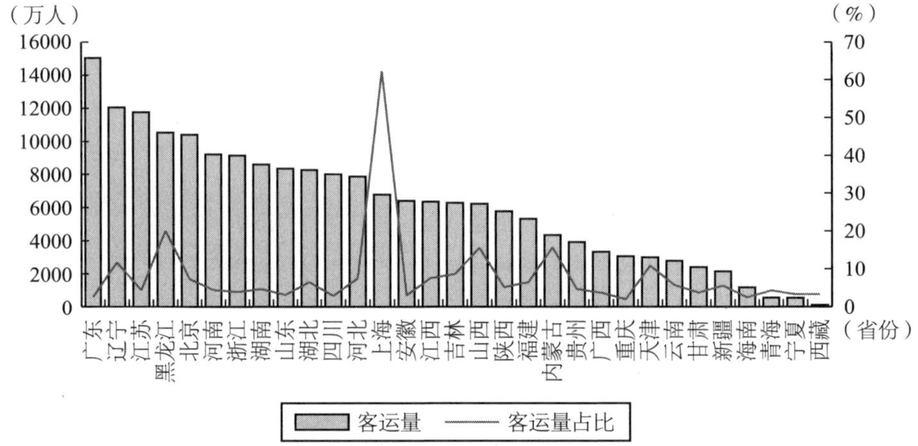

图3－11 2012年中国各省市旅客客运量分布特征

资料来源：历年《中国统计年鉴》。

二、铁路货物运输稳步增长

改革开放以来，除个别年份外，我国铁路货物运输量稳步增长，但在综合交通方式中的比重有所降低，如图3－12～图3－14所示。1978年我国铁路货物运输量为110100万吨，到2000年增加为178600万吨，增长了62.17%。进入21世纪后，我国铁路货物运输量明显增加，由2000年的178600万吨，增加为2011年的393300万吨，增加了1.2倍。2012年较

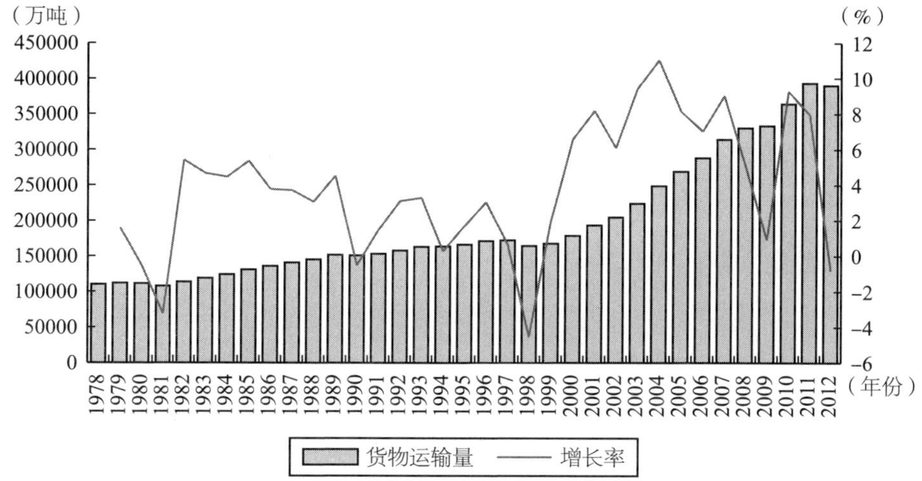

图 3－12　中国铁路货运量及其增长率

资料来源：历年《中国统计年鉴》。

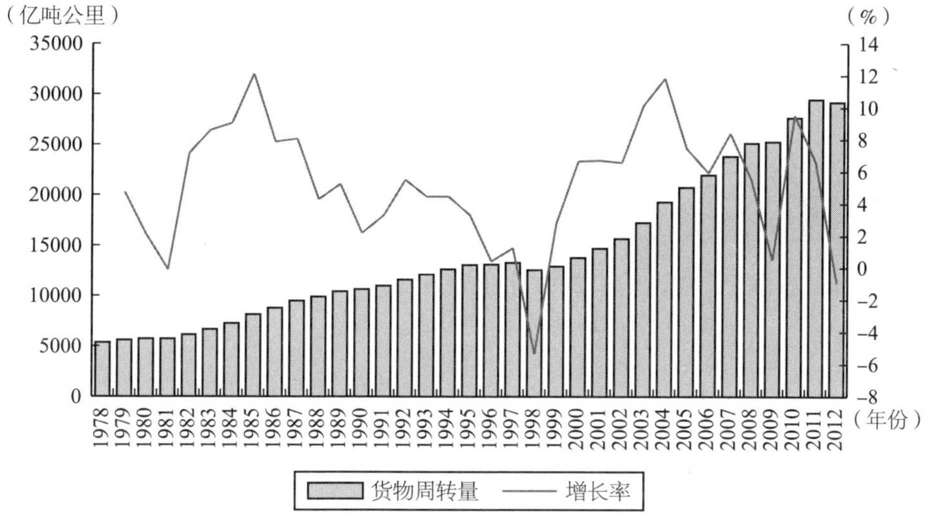

图 3－13　中国铁路货运周转量及其增长率

资料来源：历年《中国统计年鉴》。

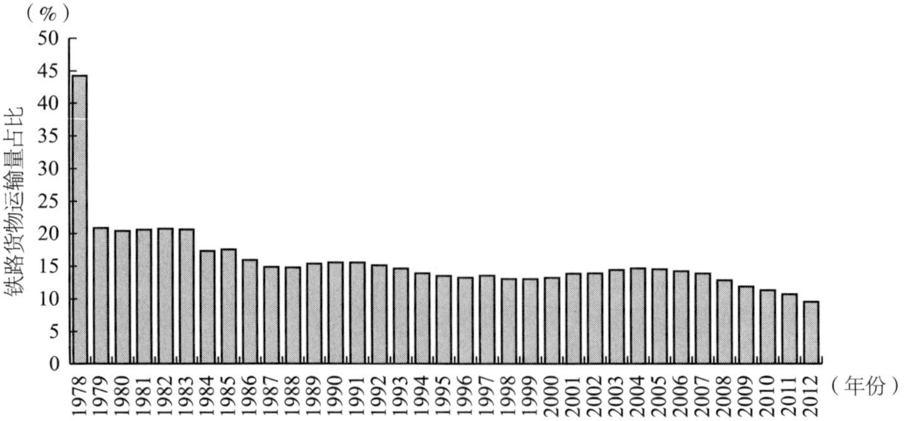

图 3－14　1978～2012 年中国铁路货运量占比

资料来源：历年《中国统计年鉴》。

2011 年略有降低，货运量达到 390000 万吨。与此同时，我国铁路货物周转量由 1978 年的 5345.17 亿吨公里增加为 2012 年的 29187.1 亿吨公里。此外，1998 年和 2009 年受亚洲金融危机和全球金融危机的影响，我国铁路货物运输量和货运周转量的增速明显降低，并在 1998 年呈现出负增长。受到经济结构变化及其他交通方式的竞争，2012 年我国铁路货物运输量和货运周转量也有所降低。从铁路货运量占全国货运量比重来看，改革开放以来我国铁路在货物运输中的占比呈现出逐年降低的态势，即铁路货物运输在综合交通中的地位有所降低。1978 年，我国铁路货运量占比为 44.23%，而到 2012 年降低为 9.46%。究其原因是由于我国经济结构调整、铁路体制机制问题以及来自公路等其他交通方式的竞争，导致我国铁路货物运输在综合交通运输中的地位有所降低。

空间上，我国铁路货流区域差异显著，呈现出明显的跨大区运输特征。从区段运输密度分析，北方地区尤其是华北和东北地区一直是高强度铁路货流最集中的区域，而近年来西部地区对外铁路货运联系也得到了加强。如图 3 - 15 所示，从各省份来看，山西、内蒙古等省份铁路货物运输量最高，其运量均高于 60000 万吨；其次是陕西、山东、辽宁和河北等省份，其铁路货物运输量也均介于 20000 万 ~ 40000 万吨；而西藏、海南、上海、北京、重庆、青海、福建和浙江等省份，其铁路货物运输量均低于 5000 万吨。整体上，我国北方地区铁路货物运输量均相对较高，而南方地区铁路货物运输量相对较低。

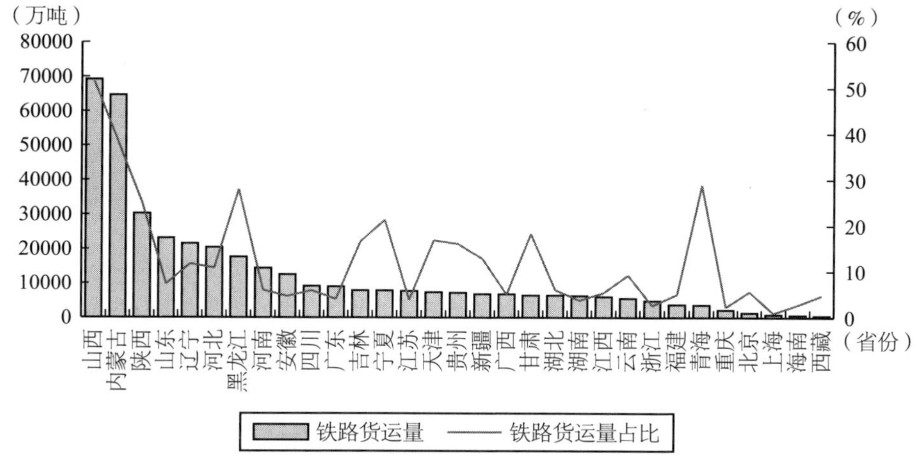

图 3 - 15　2012 年中国各省市货物运输量分布特征

资料来源：历年《中国统计年鉴》。

改革开放以来，煤炭在我国铁路运输货物结构中占据较大比重。如表 3 - 1 所示，1995 年我国铁路煤炭运输量为 67357 万吨，到 2012 年增加为 172126 万吨，其占铁路货运总量的比重由 42.27% 增加为 52.46% 。华北地区是我国的煤炭主要产地，导致我国呈现出“北煤南运”的趋势，该运输主要是通过“铁海联运”模式。其中，山西、内蒙古等地的煤炭主要通过大秦铁路等重要铁路干线抵达沿海港口，再运往南方，因此也形成了华北地区的铁路货流密度偏高的格局。其次，铁路的运输特性决定了其承载的货物主要为大宗货物，导致金属矿石、钢铁、石油和矿建材料成为我国铁路货物运输的重要货种，但其比重明显低于煤炭运输比重。1995 年铁路金属矿石运输量为 9179 万吨，到 2012 年增加为 39148 万吨，其占铁路货物运输比重由 5.76% 增加为 11.93%。石油运输量由 1995 年的 3765 万吨增加为 2012 年的 12564 万吨。1995 年我国铁路钢铁和矿建材料货物运输量分别为 10661 万吨和 10510 万吨，到 2012 年增加为 22779 万吨和 12440 万吨，其中，钢铁运输量占铁路运输量的比重由 1995 年的 6.69% 增加为 2012 年的 6.94%，而矿建材料运输量占比由 1995 年的 6.6% 降低为 2012 年的 3.79%。整体上，我国钢铁、石油、金属矿石等相关材料主要是由我国沿线港口运往到其他省份，尤其是华北地区，导致这些地区成为我国铁路货运需求较大的区域。此外，水泥和木材等相关货品的运输量呈现降低态势。

表 3－1　　按货类分国家铁路货物运输量　　单位：万吨

类别	1995 年	2000 年	2005 年	2010 年	2012 年
总计	159346	165498	230920	308209.5	328136
煤	67357	68545	107082	156020	172126
焦炭	7371	4725	7918	9494.141	9895
石油	3765	9391	12667	12847.46	12564
钢铁	10661	11537	17536	22428.02	22779
金属矿石	9179	13022	22187	38087.75	39148
非金属矿石	9438	8138	8240	8706.684	9515
矿建材料	10510	9671	7820	12553.41	12440
水泥	4714	3900	3470	3526.401	3639

续表

类别	1995 年	2000 年	2005 年	2010 年	2012 年
木材	3978	3436	3501	2501.355	2814
化肥和农药	4225	5189	7163	8178.702	8308
粮食	6711	7935	11082	9692.358	9578
棉花	124	233	283	397.2776	276
盐	1003	1245	1287	1379.344	1699
其他	20310	18531	20684	22396.55	23356

资料来源：历年《中国统计年鉴》。

第五节　改革开放至党的十八大的中国高铁发展

改革开放以来，中国高铁从无到有，从引进、消化、吸收再创新到自主创新，取得了举世瞩目的成就，已经领跑世界。中国高铁的发展大致可以划分为三个阶段。

第一个阶段是前期准备阶段（1990～2003 年），为高铁发展奠定了基础。标志性事件有：（1）1990 年《京沪高速铁路线路方案构想报告》完成；（2）1998 年第一条准高速铁路——广深准高速铁路经过改造后投入运营；（3）1999 年中国第一条高速铁路——秦沈客专的开工建设；（4）国产动车组的研发高峰，诞生了以中华之星、先锋号、蓝箭为代表的一大批优秀国产动车组型号。

第二个阶段是高起点起步阶段（2004～2012 年），最突出的成就是奠定了中国高速铁路网的主骨架以及确定了中国高速铁路网的建设及运营标准。标志性事件有：（1）2004 年首个《中长期铁路网规划》颁布，规划建设“四纵四横”高速铁路网，2020 年高铁运营里程达到 1.2 万公里以上[①]；（2）2008 年对该规划进行了调整，到 2020 年高铁运营里程达到 1.6 万公里以上[②]；（3）高速动车组技术的引进、消化、吸收和再创新。

第三个阶段是快速发展阶段（2013 年至今），高铁网络快速增长和具有完全自主知识产权、达到世界先进水平的“复兴号”动车组列车投入运营。标志性事件有：（1）2016 年《中长期铁路网规划（2016－2030）》颁布，到 2020 年建成高速铁路 3 万公里，覆盖 80% 以上的大城市；到 2025 年，高速铁路规模达到 3.8 万公里左右，网络覆盖进一步扩大；到 2030 年，构筑起“八纵八横”高速铁路主通道，建成由高铁主通道、区域连接线和城际客运铁路组成的现代高速铁路网，连接主要城市群，基本连接省会城市和其他 50 万人口以上大中城市，形成以特大城市为中心覆盖全国、以省会城市为支点覆盖周边的高速铁路网。（2）具有完全自主知识产权、达到世界先进水平的“复兴号”动车组列车投入运营。2012 年，中国标准动车组“复兴号”正式启动研发；2017 年 6 月 25 日，中国标准动车组被正式命名为“复兴号”，次日在京沪高铁正式双向首发；2018 年 7 月 1 日起，全国铁路实行新的列车运行图，16 辆长编组“复兴号”动车组首次投入运营；2019 年 1 月 5 日，17 辆编组复兴号在京沪高铁实现时速 350 公里商业化运营；12 月 30 日，CR400BF－C 智能复兴号动车组在京张高铁实现时速 350 公里自动驾驶。

---

① 中华人民共和国国家发展和改革委员会关于印发《中长期铁路网规划》的通知，2016 年 7 月。

② 中华人民共和国国家发展和改革委员会发布《中长期铁路网规划（2008 年调整）》，2008 年 10 月。

一、中国高铁的前期准备

改革开放带来经济高速增长和人口大范围流动，铁路运输的供需矛盾日益突出，形成了“一车难求”和“一票难求”的局面，铁路长时间是经济社会发展的“瓶颈”。国家有关部门积极寻求多种方法破解这一难题，从20世纪90年代，开始对高速铁路的设计建造技术、高速列车、运营管理的基础理论和关键技术组织开展了大量的科学研究和技术攻关，进行了广深铁路提速改造，修建了秦沈客运专线，实施了既有线①铁路六次大提速等。

（一）中国第一条准高铁——广深铁路运营

1990年铁路主管部门下达了《广深线准高速铁路科研攻关及试验计划的通知》，广深铁路准高速机车车辆、线路工程、信号系统、速度分级控制及安全评估试验等15个重点技术攻关研究计划开始全面执行，其中东风11型准高速内燃车、韶山8型准高速电力机车、25Z型准高速双层客车、25Z型准高速客车、准高速旅客列车速度分级控制、旅客列车移动电话系统、准高速铁路接触网及受流技术②等八项专题被列入“八五”国家科技攻关计划。1991年12月28日，经国家计委批准，广深准高速铁路技术改造工程正式动工。1994年12月22日，广深准高铁正式开通运营，开行了最高时速160公里的“春光号”准高速列车，成为中国第一条准高速铁路。

---

① 既有线是指原先已经建造好的线路，通常是要对此线路进行改造时，称之为既有线。

② “受流技术”是指电动车组车顶的受电弓从高压接触网引入列车所需电流（受流），并在制动时，作为反馈线将多余的电流馈回至接触网的技术。

1997年，广深线高速电气化工程全面开工，并确定以“先客运、后货运、先高速、后普速”为原则，于1998年5月改造完成，设计最高时速为200公里，其中约27公里设有时速250公里的试验段①。为了研究通过摆式列车在中国既有线实现客运提速至高速铁路的可行性，并配合广深准高速铁路的电气化改造，1998年8月广深铁路率先使用从瑞典租赁的一列X2000摆式高速列车，并将其命名为“新时速”高速列车。“新时速”还包括另一种车型，即后来我国自主研制的动力集中型动车组“蓝箭”。广深线上运营的“新时速”动车组是我国首列商业运营的电力动车组，率先采用了众多达到20世纪90年代国际先进水平的技术和设备，被视为中国高速铁路的实验基地，是中国由既有线改造踏入高速铁路的开端。

（二）中国铁路六次大提速

为实施铁路内涵扩大再生产、实现运输能力快速扩张，1994年6月铁路主管部门提出“大力提高列车重量，积极增加行车密度，努力提高行车速度”的技术政策。1995年6月铁路主管部门成立了提速领导小组，迅速组织全铁路大力实施中国铁路提速战略，主攻繁忙干线的既有线提速。

1997年4月1日，中国第一次铁路大提速，最高运行时速达到140公里。1997~2007年，中国铁路完成了六次大提速。经过2007年的第六次大提速，“和谐号”动车第一次进入了中国人的生活，最高时速达到了250公里。

中国铁路大提速战略引发了一场涉及铁路行业深刻的管理创新、技术创新与安全控制创新，是我国铁路提升技术装备水平、扩充运输能力、全面优化运营质量的重要举措，在技术、设备和管理上为中国高铁建设事业

① 唐曼、孙红林：《中国高铁发展历程》，搜狐网，2019年2月22日。

做好了前期准备。第六次大提速，正是中国高铁进入新时期的重要标志。

（三）国产高速动车组列车研制

高铁创新的技术积累不仅包括线路的科技攻关和工程实践，也包括高速动车组的研制。动车组研发过程所积累下来的人才与技术基础，成为后来高铁技术引进消化吸收并实现再创新的关键因素之一，并在我国的高速动车组自主研发过程中发挥了中坚力量。

1978～1989 年，中国研制出 KDZ1 型新型交流电动车组，该动车组是中国最早的电力动车组，采用了大量新技术，虽由于当时运输条件的限制未能投入正式运用，但它为后来我国电力动车组的开发积累了重要经验。

1999 年，株洲电力机车厂、长春客车厂与昆明铁路局联合研制了一列动力分散型动车组“春城”号，最高运营时速 120 公里，是我国自主研制的首列投入商业运营的分散动力式电动车组。由株洲电力机车厂与株洲电力机车研究所共同研制的 DDJ1 型“大白鲨”号电力动车组问世。国家重点科技攻关项目“高速铁路试验工程前期研究”和“时速 200 公里电动旅客列车组合动力分散交流传动电动车组研究”正式启动，并先后研制出 DJJ1 型“蓝箭”号和 DJF2 型“先锋”号高速电力动车组。

2000～2001 年，“蓝箭”号问世，在广深线高速综合试验中，最高试验速度达时速 236 公里。2001 年 1 月，“蓝箭”号投入广深线运营，最高运行时速达 220 公里。8 列蓝箭与 1 列购自瑞典的 X2000 一起组成了广深铁路“新时速”列车。2001 年 5 月，“先锋”号出厂，是我国首列时速达 200 公里的电动车组，也是我国首列交流传动动力分散型电动车组。2001 年 10 月，“先锋”号在广深铁路的线路试验中创下了时速 249.6 公里的当时中国第一速，2002 年 9 月又在秦沈客专综合试验中创造了时速 292.8 公里的中国速度新纪录。2001 年 9 月，株机厂（原名为“株洲电力机车厂”，现名为“中车株洲电力机车有限公司”）、四方厂（原名为“四方机车车辆厂”，现名为“中车四方车辆有限公司”）、株洲所（原名为“铁道部株洲电力机车研究所”，现名为“中车株洲电力机车研究所有限公司”）和郑州铁路局联合研制出动力分散型交流传动电动车 DJF1 型“中原之星”号，这是我国首款采用 IGBT 逆变器的动车组型号，设计时速 200 公里，最高运营时速 160 公里，2001 年 11 月投入正式使用。

2000 年初，铁路主管部门向国家计委提交《时速 270 公里高速列车产业化项目报告》，于 2000 年下半年获正式批准立项，并被正式列入国家高新技术产业化发展计划项目，列车被命名为“中华之星”。2001 年通过了技术设计审查，进入试制阶段。2002 年 9 月，在北京铁科院环形试验线中进行编组调试，同年 11 月，“中华之星”动车组在秦沈客运专线的试验中创造了最高时速 321.5 公里，成为当时“中国铁路第一速”。这是 2004 年技术引进之前，中国自主研发的顶峰，为中国高铁实现再创新奠定了技术开发基础，提供了高速铁路技术平台。

二、中国高铁的高起点起步

2003 年秦沈客专建成运营标志着中国拥有了第一条真正意义上的高速铁路，2004 年《中长期铁路网规划》拉开了中国高铁建设大幕。

（一）中国高铁第一线——秦沈客运专线建设运营

在对既有铁路改造提速的同时，中国积极推进高速铁路事业的发展。1999 年，中国铁路第一条客运专线秦沈客运专线开工建设，是中国自己研究、设计、施工、目标速度 200 公里/小时，基础设施预留 250 公里/小时高速列车条件的第一条铁路客运专线，山海关至绥中北区间可进行时速

300 公里试验。自主研制的“中华之星”电动车组在秦沈客运专线创造了当时“中国铁路第一速”——321.5 公里/小时。

秦沈客专于2003 年开通运营，在中国铁路发展史上具有里程碑式的意义，其加强了对时速200 公里及以上铁路的关键技术的认识和实践，积累了设计、施工、制造和调试的经验，提高了线桥工程建造技术水平，初步拥有了成套装备制造和综合系统集成的能力，为中国后来大规模的高速铁路建设进行了先行探索，并提供了丰厚的技术积累和坚实的人才基础。

（二）《中长期铁路网规划》拉开了高铁建设大幕

2004 年1 月，国务院常务会议讨论并原则通过历史上第一个《中长期铁路网规划》，该规划提出在2020 年前建成“四纵四横”快速客运专线网，运营里程达到1.2 万公里以上。由此，中国拉开了高速铁路建设的大幕。

2005 年6 月23 日，武广客运专线开工建设，2009 年12 月26 日，世界上建成里程最长、工程类型最复杂的武广高速铁路开通运营；2005 年7 月4 日，京津城际铁路正式开工建设，2008 年8 月1 日，中国第一条具有完全自主知识产权、世界一流水平的高速铁路京津城际铁路通车运营；2005 年9 月25 日，郑西铁路客运专线开工建设，2010 年2 月6 日，世界首条修建在湿陷性黄土地区，时速350 公里的郑西高速铁路开通运营；2008 年4 月18 日，京沪高速铁路开工建设，2011 年6 月30 日，世界上建设标准最高、一次建成里程最长的京沪高速铁路建成通车。

2008 年10 月，国家批准《中长期铁路网规划（2008 年调整）》，由此中国高铁发展步伐不断加快。同年建成合宁铁路、京津城际铁路和胶济客运专线，运营里程为631 公里，其中京津城际铁路设计速度达到350 公里/小时（见表3－2）。

表 3-2　　2008 年高铁通车线路及里程

序号	项目名称	线路标准名称	起点终点	运营里程（公里）	通车时间	设计速度（公里/小时）
1	合宁铁路	沪蓉线	南京南—合肥南	157	2008. 4. 18	250
2	京津城际铁路	京津城际线	北京南—天津	117	2008. 8. 1	350
3	胶济客专	胶济客专线	大明湖—青岛	357	2008. 12. 21	200

资料来源：高铁见闻：《中国高铁历年开通里程统计，总里程已近 4 万公里》，搜狐网，2021 年 1 月 2 日。

2009 年建成石太客专、合武客专、遂成铁路、甬台温铁路、温福铁路和武广高铁，运营里程达到 2349 公里，其中武广高铁运营里程超过 1000 公里，设计速度达到 350 公里/小时（见表 3-3）。

表 3-3　　2009 年高铁通车线路及里程

序号	项目名称	线路标准名称	起点终点	运营里程（公里）	通车时间	设计速度（公里/小时）
1	石太客专	石太客运专线	石家庄—太原南	206	2009. 4. 1	250
2	合武客专	沪蓉线	合肥南—汉口	359	2009. 4. 1	250
3	遂成铁路	沪蓉线	遂宁—成都东	146	2009. 7. 7	200
4	甬台温铁路	杭深线	宁波—温州南	275	2009. 9. 28	250
5	温福铁路	杭深线	温州南—福州南	294	2009. 9. 28	250
6	武广高铁	京广高速线	武汉—广州南	1069	2009. 12. 26	350

资料来源：高铁见闻：《中国高铁历年开通里程统计，总里程已近 4 万公里》，搜狐网，2021 年 1 月 2 日。

2010 年建成郑西高铁、福厦铁路、成灌城际铁路、沪宁城际铁路、昌九城际铁路、沪杭城际铁路、昌吉城际铁路和海南东环铁路，运营里程达到 1828 公里，其中郑西高铁和沪杭城际铁路的设计速度达到 350 公里/小时（见表 3－4）。

表 3－4　2010 年高铁通车线路及里程

序号	项目名称	线路标准名称	起点终点	运营里程（公里）	通车时间	设计速度（公里/小时）
1	郑西高铁	徐兰高速线	郑州东—西安北	523	2010. 2. 6	350
2	福厦铁路	杭深线	福州南—厦门北	226	2010. 4. 26	250
3	成灌城际铁路	成灌线	成都—青城山	65	2010. 5. 12	200
4	沪宁城际铁路	沪宁城际线	上海—南京	301	2010. 7. 1	300
5	昌九城际	昌九城际线	南昌—九江	135	2010. 9. 20	250
6	沪杭城际铁路	沪昆高速线	上海虹桥—杭州东	159	2010. 10. 26	350
7	长吉城际铁路	长吉城际线	长春—吉林	111	2010. 12. 30	250
8	海南东环铁路	海南环岛高铁线东段	海口—三亚	308	2010. 12. 30	250

资料来源：高铁见闻：《中国高铁历年开通里程统计，总里程已近 4 万公里》，搜狐网，2021 年 1 月 2 日。

2011 年建成广珠城际铁路、京沪高铁和广深港高铁，运营里程达到 1540 公里，其中京沪高铁运营里程超过了 1300 公里，设计速度达到 380 公里/小时（见表 3－5）。

表 3－5　　2011 年高铁通车线路及里程

序号	项目名称	线路标准名称	起点终点	运营里程（公里）	通车时间	设计速度（公里/小时）
1	广珠城际铁路	广珠城际线	广州南—珠海北	93	2011. 1. 7	200
		江门线	小榄—新会	27		
2	京沪高铁	京沪高速线	北京南—上海虹桥	1318	2011. 6. 30	380
3	广深港高铁	广深港高速线	广州南—深圳北	102	2011. 12. 26	350

资料来源：高铁见闻：《中国高铁历年开通里程统计，总里程已近 4 万公里》，搜狐网，2021 年 1 月 2 日。

2012 年建成龙厦铁路、汉宜铁路、石武客专郑州东—武汉段、合蚌高铁、哈大高铁、集包第二双线呼包段及京石、石武客专石家庄—郑州东段、广珠城际铁路珠海北—珠海和遂渝铁路，运营里程达到 3084 公里，其中石武客专郑州东—武汉段和京石、石武客专石家庄—郑州东段运营里程超过了 1200 公里，设计速度达到 380 公里/小时（见表 3－6）。

表 3－6　　2012 年高铁通车线路及里程

序号	项目名称	线路标准名称	起点终点	运营里程（公里）	通车时间	设计速度（公里/小时）
1	龙厦铁路	杭深线	厦门北—漳州	42	2012. 6. 29	250
		龙漳线	龙岩—漳州	114		200
2	汉宜铁路	沪蓉线	汉口—宜昌东	292	2012. 7. 1	250
3	石武客专郑州东—武汉段	京广高速线	郑州东—武汉	536	2012. 9. 28	350

续表

序号	项目名称	线路标准名称	起点终点	运营里程（公里）	通车时间	设计速度（公里/小时）
4	合蚌高铁	合蚌客专线	合肥—蚌埠南	132	2012. 10. 16	350
5	哈大高铁	京哈高速线	沈阳北—哈尔滨西	538	2012. 12. 1	350
		沈大高速线	大连北—沈阳北	383		
6	集包第二双线呼包段	京包客专线	呼和浩特东—包头	173	2012. 12. 3	200
7	京石、石武客专石家庄—郑州东段	京广高速线	北京西—郑州东	693	2012. 12. 26	350
8	广珠城际铁路珠海北—珠海	广珠城际线	珠海北—珠海	23	2012. 12. 30	200
9	遂渝铁路	沪蓉线	重庆北—遂宁	158	2012. 12. 30	200

资料来源：高铁见闻：《中国高铁历年开通里程统计，总里程已近4万公里》，搜狐网，2021年1月2日。

第四章

新时代铁路的辉煌成就
（2012 年至今）

长空万里，鲲鹏展翅。党的十八大以来，中国铁路站在新的历史时期，取得了重要成就。本章回溯了党的十八大以来中国铁路的重要规划，对此期间铁路的规划建设、改革成绩进行了回顾，并在最后重点研究了中国高铁这一靓丽名片在促进国民经济社会发展中发挥的作用。

第一节　党的十八大以来的中国铁路规划

铁路是国民经济大动脉、关键基础设施和重大民生工程，是综合交通运输体系的骨干和主要运输方式之一，在我国经济社会发展中的地位和作用至关重要。党的十八大以来，在党的正确指引下，中国铁路行业先后发布了《中长期铁路网规划（2016 版）》《铁路“十三五”发展规划》《新时代交通强国铁路先行规划纲要》等重要规划，目前《铁路“十四五”发展规划》也在紧锣密鼓地制定中，目标明确、重点突出、保障完善的铁路规划，为铁路行业的发展指明了方向。

一、中长期铁路网规划（2016 版）

自 2004 年制定的《中长期铁路网规划》实施以来，我国的铁路发展取得了显著的成效，截至 2015 年底，全国铁路营业里程达到 12.1 万公里，其中高速铁路 1.9 万公里[①]，服务水平、创新能力与改革发展都取得了不错的成绩。鉴于中国正处于全面建设小康社会的决胜阶段，经济社会

---

① 资料来源：《中长期铁路网规划》2016 年版。

发展所面临的新趋势和新机遇对铁路的发展提出了新的、更高的要求。2016 年 7 月，国家发展改革委、交通运输部、中国铁路总公司联合印发了《中长期铁路网规划（2016 版）》，规划期为 2016～2025 年，远期展望到 2030 年。

（一）发展目标

进入“十三五”期间，铁路面临的主要形势有：第一，推进供给侧结构性改革要求扩大铁路的有效供给；第二，拓展区域发展空间要求强化铁路支撑引领的作用；第三，构建综合交通运输体系要求发挥铁路绿色骨干优势；第四，贯彻总体国家安全观要求提升铁路应急保障水平；第五，厚植行业发展优势要求建设现代铁路基础网络。基于此，规划提出了如下目标（见图 4－1）。

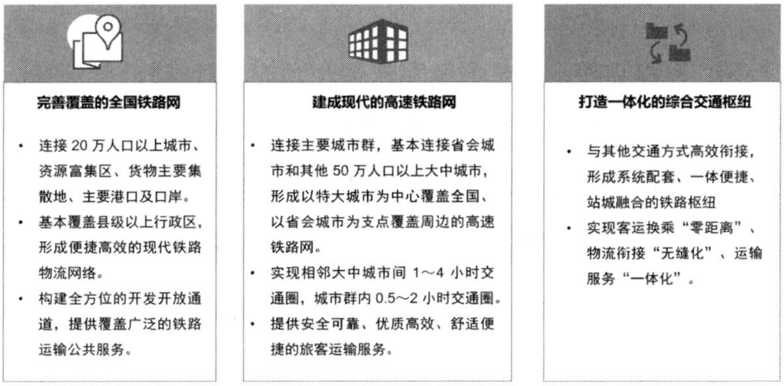

图 4－1　中长期铁路网规划目标

资料来源：笔者参考《中长期铁路网规划》2016 年版绘制。

到 2020 年，一批重大标志性项目建成投产，铁路网规模达到 15 万公里，其中高速铁路 3 万公里，覆盖 80% 以上的大城市①，为完成“十三五”规划任务、实现全面建成小康社会目标提供有力支撑。

到 2025 年，铁路网规模达到 17.5 万公里左右，其中高速铁路 3.8 万公里左右②，网络覆盖进一步扩大，路网结构更加优化，骨干作用更加显著，更好地发挥铁路对经济社会发展的保障作用。

展望到 2030 年，基本实现内外互联互通、区际多路畅通、省会高铁联通、地市快速通达、县域基本覆盖。

（二）规划方案

规划对全国高速铁路网、普速铁路网、综合交通枢纽都给出了如下具体的规划方案。

1. 高速铁路网规划

在“四纵四横”高速铁路的基础上，增加有客流支撑、标准适宜、发展需要的高速铁路，部分利用时速 200 公里铁路，形成以“八纵八横”主通道为骨架、区域连接线衔接、城际铁路补充的高速铁路网，实现省会城市高速铁路通达、区际之间高效便捷相连。

“八纵”通道为：沿海通道、京沪通道、京港（台）通道、京哈—京港澳通道、呼南通道、京昆通道、包（银）海通道、兰（西）广通道。“八横”通道为：绥满通道、京兰通道、青银通道、陆桥通道、沿江通道、沪昆通道、厦渝通道和广昆通道。

在建设标准方面，高速铁路主通道规划新增项目原则采用时速 250 公里及以上标准（地形地质及气候条件复杂困难地区可以适当降低），其中沿线人口城镇稠密、经济比较发达、贯通特大城市的铁路可采用时速 350

①② 资料来源：《中长期铁路网规划》2016 年版。

公里标准。区域铁路连接线原则采用时速 250 公里及以下标准。城际铁路原则采用时速 200 公里及以下标准。

2. 普速铁路网规划

扩大中西部路网覆盖，完善东部网络布局，提升既有路网质量，推进周边互联互通，形成覆盖广泛、内联外通、通边达海的普速铁路网，提高对扶贫脱贫、地区发展、对外开放、国家安全等方面的支撑保障能力。到 2025 年，普速铁路网规模达到 13.1 万公里左右，并规划实施既有线扩能改造 2 万公里左右[①]。

3. 综合交通枢纽

统筹运输网络格局，按照“客内货外”的原则，优化铁路枢纽布局，完善系统配套设施，修编铁路枢纽总图。创新体制机制，统筹建设运营，促进同步建设、协同管理，形成系统配套、一体便捷、站城融合的现代化综合枢纽。研究制定综合枢纽建设、运营、服务等标准规范。构建北京、上海、广州、武汉、成都、沈阳、西安、郑州、天津、南京、深圳、合肥、贵阳、重庆、杭州、福州、南宁、昆明、乌鲁木齐等省份的综合铁路枢纽。

（三）保障措施

为保证上述目标和方案的顺利完成，规划还提出了 8 点保障措施（见图 4－2）。

第一，深化投融资体制改革。用改革精神破解铁路投融资等难题，创新市场化融资方式，放宽市场准入，培育多元投资主体，形成国家投资、地方筹资、社会融资相结合的多渠道、多层次、多元化铁路投融资模式。

---

① 资料来源：《中长期铁路网规划》2016 年版。

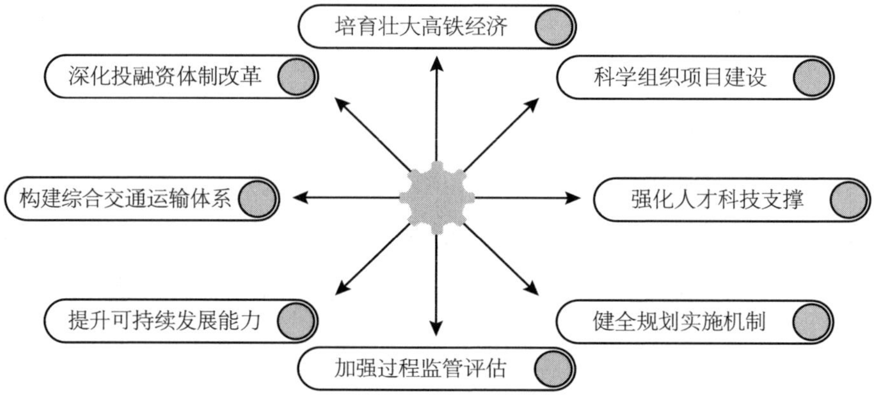

图 4－2　保障措施

第二，培育壮大高铁经济。以高速铁路通道为依托，引领支撑沿线城镇、产业、人口等合理布局，培育壮大高铁与经济深度融合发展的高铁经济新业态。以高铁站区综合开发为载体，发展站区经济。

第三，科学组织项目建设。按照规划确定的功能定位和建设标准，充分考虑工程条件和经济发展实际，尊重铁路技术特点和客观规律，合理把握建设时机，有序均衡推进项目实施。

第四，构建综合交通运输体系。发挥铁路比较优势和骨干作用，构建与公路、民航、水运等其他交通方式有机衔接的综合交通运输体系并加强铁路规划与城市总体规划、土地利用规划等的衔接。

第五，强化人才科技支撑。贯彻落实国家创新驱动发展战略，全面提升自主创新能力和产业高端化水平，积极推动铁路“走出去”。加强人才队伍和国家重点实验室等创新平台建设。同步推进“互联网＋铁路”建设，发展智能化铁路，全面提升铁路现代化水平。

第六，提升可持续发展能力。研究化解铁路债务的有效措施，逐步改善铁路企业债务结构。加大力度盘活存量资产，支持铁路企业对车站和线路用地一体化规划，加强地上、地下空间的综合开发。深化铁路企业改革，加快建立现代企业制度，推动市场化经营。

第七，健全规划实施机制。充分发挥中央、地方、企业积极性，进一步完善合作机制，拓展合作方式，形成铁路建设合力，营造铁路发展良好环境。不同地区、不同属性铁路建设项目实行分类投资建设。统筹考虑筹资能力和可持续性，落实好出资主体责任。建立高效联动的协商工作机制。

第八，加强过程监管评估。修订完善铁路法律法规和技术规范体系，切实加强铁路行业监督管理，营造和维护公平有序的市场环境。

二、铁路“十三五”发展规划

2017 年 11 月，为贯彻落实《国民经济和社会发展第十三个五年规划纲要》《“十三五”现代综合交通运输体系发展规划》和《中长期铁路网规划》及铁路改革发展的要求，国家发展改革委、交通运输部、国家铁路局、原中国铁路总公司联合印发了《铁路“十三五”发展规划》，以加强铁路基础设施网络建设，发挥铁路骨干优势作用，提升铁路运输服务品质，提高铁路发展质量和效益。

（一）发展目标

中国在“十三五”期间处于重要的战略机遇期，经济由高速增长阶段向高质量发展阶段转变，对铁路的改革与发展提出了更高的要求：其一，全面建成小康社会要求铁路增强服务保障能力；其二，推进国家重大战略要求铁路发挥引领带动作用；其三，加强生态文明建设要求铁路绿色低碳发展；其四，全面深化改革要求铁路着力强化改革创新；其五，全面开放新格局要求铁路提升国际竞争能力。

基于此，规划按照“协调发展，当好先行”“改革引领，创新驱动”“转型升级，提质增效”“恪守红线，安全发展”的原则制定发展目标：到2020年，路网布局优化完善，装备水平先进适用，运输安全持续稳定，运营管理现代科学，创新能力不断提高，运输能力和服务品质全面提升，市场竞争力和国际影响力明显增强，适应全面建成小康社会需要（见表4－1）。

表4－1　“十三五”铁路发展主要指标

指标	2020年	五年增加值	年均增长率（%）
营业里程（万公里）	15	2.9	4.8
高速铁路营业里程（万公里）	3	1.1	11.6
复线率（%）	60	7	>2.0
电气化率（%）	70	9	>2.5
客运量（亿人）	40	14.6	9.5
货运量（亿吨）	37	3.4	2.0
国家铁路货运量（亿吨）	30	2.9	2.1
旅客周转量（亿人公里）	16000	4040	6.0
货运周转量（亿吨公里）	25780	2030	1.7
国家铁路货运周转量（亿吨公里）	23500	1902	1.8

资料来源：铁路“十三五”发展规划。

（二）重点任务

按照上述目标，提出以下七个重点任务。

第一，完善铁路设施网络。以推进“一带一路”建设、京津冀协同发展、长江经济带发展等重大国家战略为引领，按照分类建设要求，落实各类投资主体，以中西部干线铁路、高速铁路等建设为重点，推进重点地区和重点线路的铁路建设，继续实施既有线及枢纽配套改造，发展城际和市域（郊）铁路，推动对外骨干通道建设，充分考虑国防需求，促进点线能力协调，提高综合效能，不断增强铁路对经济建设和国防安全的基础保障能力。

第二，提升技术装备水平。贯彻落实创新驱动发展战略和《中国制造2025》，加强科技研发和自主创新，提高智能、绿色、高端装备比例，全面提升铁路装备现代化水平。

第三，改善铁路运输服务。突出便民、利民、惠民服务理念，不断拓展服务内涵，打造服务优势，创建服务品牌，努力实现服务品质与服务能力同步提升，运营效益和比较优势同步增强。

第四，强化安全生产管理。牢固树立安全生产红线意识，提高铁路安全管理法治化水平，加快建立企业负责、政府监管、社会监督“三位一体”的铁路安全管理体系，强化铁路安全风险管理，确保铁路运输持续安全稳定。

第五，推进智能化现代化。充分发挥信息技术基础性、引领性作用，发展物联网技术，实施大数据战略，加快推进新一代信息技术与铁路融合发展，大力促进数字化、信息化、智能化铁路建设。

第六，推动铁路绿色发展。按照生态文明建设要求，将生态环保理念贯穿铁路规划、建设、运营和养护全过程，节约集约利用资源，加大技术性、结构性及管理性节能减排力度。

第七，加强国际交流合作。充分发挥我国铁路行业整体竞争优势，加强铁路对外交流合作，加快铁路“走出去”，推进中国铁路标准国际化进程，将中欧班列打造成为世界知名物流品牌。

（三）保障措施

为保证上述目标和任务的顺利完成，规划还提出了6点保障措施（见图4－3）。

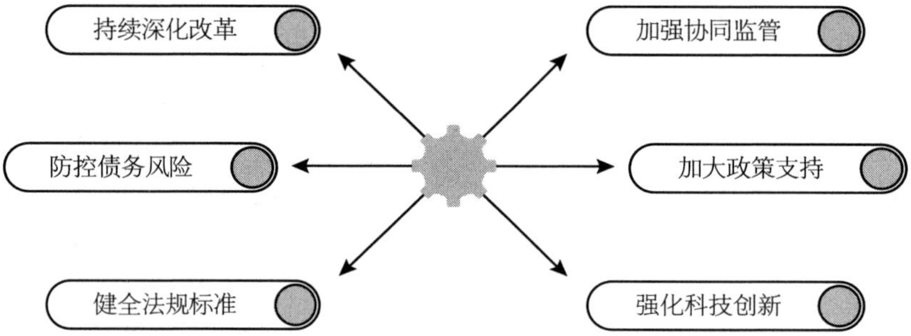

图4－3　保障措施

第一，持续深化改革。按照全面深化改革的要求，继续转变政府职能，简政放权，进一步深化铁路企业内部改革，加快建立现代企业制度，推进企业优化重组和结构调整，建立健全有效制衡的法人治理结构。全面推进铁路投融资体制改革，落实各项鼓励社会资本建设经营铁路的重大政策措施。

第二，加强协同监管。建立健全铁路安全生产、运输服务质量和铁路工程质量监管体系和运行机制，强化部门协作和信息共享，推动多方联动、协同监管。强化政府公共服务职能，加强法规、政策、规划、标准的制定和实施，强化规划科学性和严肃性。

第三，防控债务风险。建立规范的地方政府举债融资机制，进一步规范铁路领域政府和社会资本合作，有效防范和化解财政金融风险。加大对铁路项目地方出资能力的审查力度，严控地方政府债务增量。加快铁路优质资产盘活，对具有较好收益预期的高铁项目，按照市场化、法治化原则推进债转股。

第四，加大政策支持。发挥好铁路建设债券融资支持作用，继续向社会资本推出一批市场前景较好、投资预期收益较稳定的铁路项目。拓宽铁路发展基金融资渠道。研究出台具有公益性铁路和公益性运输特点的财政补贴政策，以及鼓励利用铁路运输的相关政策。

第五，健全法规标准。加快推进以《中华人民共和国铁路法》《铁路运输安全保护条例》为重点的铁路法律法规制定（修订）工作，完善政府监管规章制度和保障铁路持续健康发展的规章制度，协调推动铁路地方立法。积极推行法律顾问制度和铁路企业公司律师制度并完善铁路行业统计指标体系和统计工作。

第六，强化科技创新。建立健全国家、行业、企业高效协同的铁路科技创新机制，加大技术创新力度，加速重大科研成果转化应用。加强铁路行业研究实验、创新平台建设，深化基础性、前瞻性、通用性研究，推动基础研究、应用研究、成果转化及产业化紧密结合。

三、新时代交通强国铁路先行规划纲要

为深入贯彻党的十九大作出的建设交通强国的重大决策部署，落实党中央、国务院印发的《交通强国建设纲要》，在交通强国建设中当好先行者，推动新时代铁路事业的高质量发展，中国国家铁路集团有限公司在2020年8月发布了《新时代交通强国铁路先行规划纲要》（以下简称“规划”），更好地服务于社会主义现代化强国建设，满足人们日益增长的美好生活需要，推动新时代铁路的高质量发展。

（一）发展目标

按照规划，未来铁路的发展要着力固根基、扬优势、补短板、强弱项，加快推动铁路发展质量变革、效率变革、动力变革，全力打造世界一流的铁路设施网络、技术装备、服务供给、安全水平、经营管理和治理水平，设定发展目标。从 2021 年到 21 世纪中叶，分两个阶段目标推进（见图 4－4）。

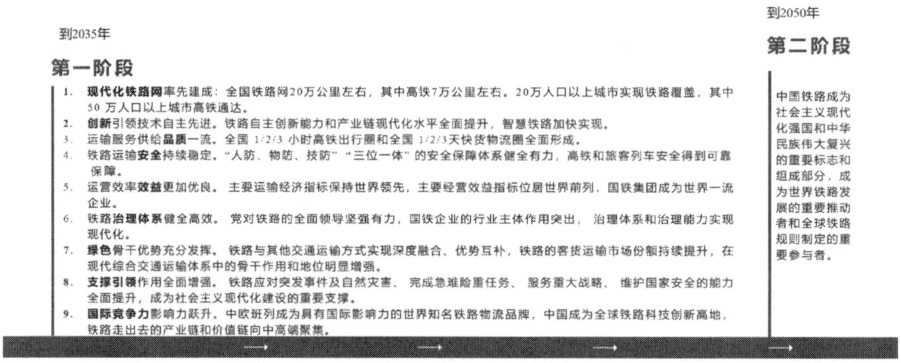

图 4－4　阶段目标

资料来源：笔者参考《新时代交通强国铁路先行规划纲要》绘制。

到 2035 年，率先建成服务安全优质、保障坚强有力、实力国际领先的现代化铁路强国。基础设施规模质量、技术装备和科技创新能力、服务品质和产品供给水平世界领先，运输安全水平、经营管理水平、现代治理能力位居世界前列，绿色环保优势和综合交通骨干地位、服务保障和支撑引领作用、国际竞争力和影响力全面增强。

到 2050 年，全面建成更高水平的现代化铁路强国，全面服务和保障社会主义现代化强国建设。铁路服务供给和经营发展、支撑保障和先行引领、安全水平和现代治理能力迈上更高水平，智慧化和绿色化水平、科技创新能力和产业链水平、国际竞争力和影响力保持领先，制度优势更加突出。形成辐射功能强大的现代铁路产业体系，建成具有全球竞争力的世界一流铁路企业。中国铁路成为社会主义现代化强国和中华民族伟大复兴的重要标志和组成部分，成为世界铁路发展的重要推动者和全球铁路规则制定的重要参与者。

（二）重点任务

如图4－5所示，规划从11个方面提出了主要任务。

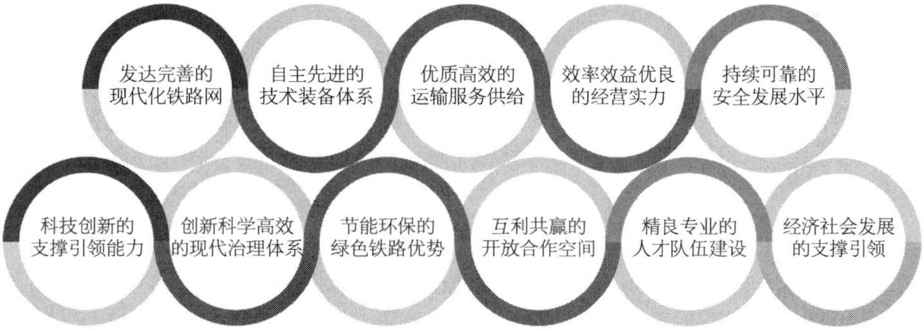

图4－5　重点任务

第一，建设发达完善的现代化铁路网。构建现代高效的高速铁路网，贯通高速铁路主通道，优化提升高速铁路通道网络功能和级配结构。形成覆盖广泛的普速铁路网，形成干线综合交通网的主动脉。发展快捷融合的城际和市域铁路网，服务公交化便捷通勤出行；构筑一体衔接顺畅的现代综合枢纽。

第二，发展自主先进的技术装备体系。提升基础设施技术装备水平，加强新型载运工具研发应用，研发适应铁路走出去要求的系列载运装备及其运维体系。以新型基础设施赋能智慧发展，以推动新一代信息技术与铁路深度融合赋能赋智为牵引，打造现代智慧铁路系统。

第三，创新优质高效的运输服务供给。构建舒适快捷的客运服务体系，发展服务智慧工程，建设铁路 12306 智慧服务信息系统，打造一站式全程畅行服务生态链，实现出行即服务。发展集约高效的货运物流体系，构建覆盖全国的铁路物流服务网络，加快人、货、车、场等全要素全过程数字化、网联化和高效匹配。拓展服务新业态新模式新领域。

第四，厚植效率效益优良的经营实力。推动效率变革提升，精准匹配市场需求。做强做优做大主业，深化运输供给侧结构性改革。提升经营开发水平，打造一批铁路优秀上市企业。

第五，提升持续可靠的安全发展水平。通过提升安全生产管理水平，确保设施设备本质安全，增强兴安强安保障能力并提高铁路应急处置和救援能力，通过多种措施来建设平安铁路。

第六，强化科技创新的支撑引领能力。推进科技创新产业化应用，突破掌握关键核心技术，深化高铁关键核心技术自主创新。完善铁路科技创新体系，发挥我国制度优势和市场优势，统筹推进以国家川藏铁路技术创新中心为重点的世界级科技创新平台建设。

第七，改革创新科学高效的现代治理体系。完善和发展铁路制度优势；深入推进铁路企业改革，完善中国特色国铁现代企业制度，健全公司法人治理结构和市场化经营机制。推动布局结构优化调整，理顺政府与企业、企业与市场、国铁集团与所属企业的关系；建立健全市场化运营机制，提升优质市场的主体活力；大力培育弘扬优秀铁路文化，推进优秀铁路文化传承创新。

第八，发挥节能环保的绿色铁路优势。提高绿色铁路承运比重，构建以铁路为主体的绿色低碳经济货运网络体系。集约节约利用资源和能源，科学布局线路和枢纽设施，集约节约利用资源；强化生态保护和污染防治，强化铁路节能环保监测管理。

第九，拓展互利共赢的开放合作空间。打造互联互通铁路通道网络；完善国际铁路物流服务体系，发挥中欧班列战略通道作用；深化铁路国际交流与合作，提升中国铁路品牌的国际影响力。

第十，突出精良专业的人才队伍建设。造就高水平科研人才，加大科技拔尖人才培养和引进。建设高技能产业大军，造就一支素质优良的知识型、技能型、创新型现代铁路产业队伍。培养高素质干部队伍，打造一支对党忠诚、勇于创新、治企有方、兴企有为、清正廉洁的高素质铁路干部队伍。

第十一，当好经济社会发展的支撑引领。增强经济发展新动能，精准补短板、强弱项、促升级、提效率，全面提升铁路基础设施体系发展质量和现代化水平。强化重大战略支撑能力，加快实施一批战略性、标志性重大铁路项目。推动铁路军民融合深度发展；发挥“高铁+”支撑引领作用，依托高铁通道和枢纽助力发展高铁经济，打造经济高质量发展新动力源。

（三）保障措施

为保证上述目标和任务的顺利完成，规划还提出了4点保障措施（见图4-6）。

第一，加强党的领导。坚持党对铁路工作的全面领导，增强“四个意识”、坚定“四个自信”、做到“两个维护”，强化政治担当，牢记先行使命，坚定自觉地把党中央决策部署落到实处，确保铁路事业发展始终沿着正确方向前进。

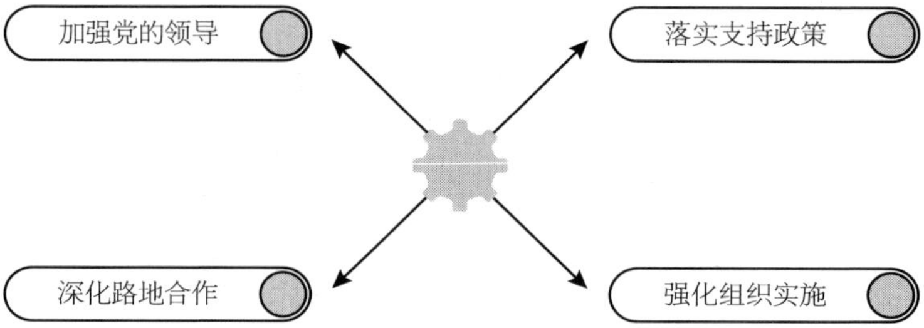

图 4－6　保障措施

第二，落实支持政策。推动建立健全稳定的中央和地方财政投入保障机制，协调加大中央财政对边疆国防等铁路和公益性较强铁路建设的支持力度。推动建立公益性运输和公益性铁路亏损核算评估和补贴机制。推进铁路市场化债转股、国铁企业股份制改造、化解铁路债务负担等重大事项。推动研究制定深化运输结构调整、引导支持增加铁路运量的相关政策和法规。

第三，深化路地合作。发挥路地双方优势，合力推进铁路发展。落实中央和地方财政事权和支出责任划分要求，深化投融资改革，分类推进建设运营。

第四，强化组织实施。将规划纲要目标任务细化分解融入五年规划、三年行动方案和年度计划的推进，科学制定阶段性目标任务，组织实施重大先行工程，合理规划先行建设进程，加强组织领导，明确责任分工，健全工作机制，确保规划纲要落地见效。加强对规划纲要实施情况的跟踪分析和督促落实，适时开展评估，及时修改完善规划纲要。

四、其他重要规划与政策

为深入贯彻党的重大决策部署，除以上三个规划外，党的十八大以来国家还发布了众多铁路行业的重大规划与政策①，指导现代化铁路建设，构建现代综合交通运输体系，使铁路行业在交通强国建设中当好先行。

（一）旅客运输

如表4－2所示，党的十八大以来，为更好地推动铁路对于城市群、都市圈的发展，更好地提供旅客运输服务，发挥铁路的经济社会效益，国务院、国家发改委等部门分别印发了关于城际铁路、市域（郊）铁路发展，以及旅客运输票价的相关意见。

表4－2　　党的十八大以来国家关于旅客运输的政策梳理

文件名称	发布单位	主要内容	地位意义
《关于推动都市圈市域（郊）铁路加快发展的意见》	国务院办公厅	在功能定位、技术标准、规划体系、推进项目实施、运营管理、投融资、发展机制等方面提出了具体规划。国家发展改革委等部门将加大力度支持市域（郊）铁路规划建设，地方政府加强与相关方面衔接，铁路企业应深入研究，支撑保障项目顺利推进实施	为市域（郊）铁路发展进一步指明了发展方向，将有力支撑现代化都市圈发展
《关于促进市域（郊）铁路发展的指导意见》	国家发展改革委、住房和城乡建设部、交通运输部、国家铁路局、中国铁路总公司	截至2020年，京津冀、长江三角洲、珠江三角洲、长江中游、成渝等经济发达地区的超大、特大城市及具备条件的大城市，市域（郊）铁路骨干线路基本形成，构建核心区至周边主要区域的1小时通勤圈；其余城市群和城镇化地区具备条件的城市启动市域（郊）铁路规划建设工作	国家层面首次就市域（郊）铁路发展的全面的指导性文件

① 资料来源：中国国家铁路集团有限公司官网；国家铁路局官网；中华人民共和国国家发展和改革委员会官网。

续表

文件名称	发布单位	主要内容	地位意义
《国家发展改革委关于完善铁路普通旅客列车软座、软卧票价形成机制有关问题的通知》	国家发展改革委	在中央管理企业全资及控股铁路上开行的普通旅客列车软座、软卧票价，由铁路运输企业依法自主制定；普通旅客列车高级软卧包房票价继续实行市场调节价；铁路运输企业应当制定无折扣的公平票价，可根据实情制定执行票价；企业及各级部门要依法自查和监察	为充分发挥市场对资源配置的决定性作用，完善铁路普通旅客列车软座、软卧票价形成机制提供指导
《国家发展改革委关于改革完善高铁动车组旅客票价政策的通知》	国家发展改革委	对在中央管理企业全资及控股铁路上开行的设计时速200公里以上的高铁动车组列车一等座、二等座旅客票价，由铁路运输企业依据价格法律法规自主制定；商务座、特等座、动卧等票价，以及社会资本投资控股新建铁路客运专线旅客票价继续实行市场调节，由铁路运输企业根据市场供求和竞争状况等因素自主制定	改革完善高铁动车组旅客票价政策并为加强定价行为规范提供指导

城市群作为新型城镇化主体形态，是支撑全国经济增长、促进区域协调发展、参与国际竞争合作的重要平台。都市圈是城市群内部以超大特大城市或辐射带动功能强的大城市为中心、以1小时通勤圈为基本范围的城镇化空间形态。近年来，都市圈建设呈现较快发展态势，但城市间交通一体化水平不高、分工协作不够、低水平同质化竞争严重、协同发展体制机制不健全等问题依然突出。在四网融合的背景下，补足城际铁路的短板，发挥城际铁路的作用是当前铁路发展的重点。为使我国交通运输对区域协调发展和全方位开放开发的匹配支撑能力进一步提升，更好地促进四网融合，党的十八大以来，国家发展改革委批复了众多城市群（都市圈）城际铁路建设的规划，整理如表4－3所示。

表 4-3　党的十八大以来国家发展改革委关于城市群（都市圈）城际铁路建设的批复

文件	规划	意义
《国家发展改革委关于粤港澳大湾区城际铁路建设规划的批复》	（一）规划目标。在继续实施并优化原珠江三角洲地区城际轨道交通网规划的基础上，进一步加大城际铁路建设力度，做好与大湾区内高铁、普速铁路、市域（郊）铁路等轨道网络的融合衔接，形成“轴带支撑、极轴放射”的多层次铁路网络，构建大湾区主要城市间 1 小时通达、主要城市至广东省内地级城市 2 小时通达、主要城市至相邻省会城市 3 小时通达的交通圈，打造“轨道上的大湾区”，完善现代综合交通运输体系。近期到 2025 年，大湾区铁路网络运营及在建里程达到 4700 公里，全面覆盖大湾区中心城市、节点城市和广州、深圳等重点都市圈；远期到 2035 年，大湾区铁路网络运营及在建里程达到 5700 公里，覆盖 100% 县级以上城市。 （二）近期建设安排。规划建设 13 个城际铁路和 5 个枢纽工程项目，总里程约 775 公里，形成主轴强化、区域覆盖、枢纽衔接的城际铁路网络	为提升粤港澳大湾区城际交通供给质量，服务粤港澳大湾区建设提供指导
《国家发展改革委关于江苏省沿江城市群城际铁路建设规划（2019－2025 年）的批复》	（一）规划目标。规划形成区域城际铁路主骨架，以及南京都市圈和苏锡常都市圈城际铁路网，构建南京至江苏省内设区市 1.5 小时、江苏省沿江地区内 1 小时、沿江地区中心城市与毗邻城市 0.5～1 小时交通圈，基本实现对 20 万人口以上城市的覆盖。 （二）建设安排。按照网络布局，有序建设一批城际铁路项目。近期规划建设南京至淮安、南京至宣城等城际铁路项目，其中江苏省内总里程约 980 公里。 （三）项目投资估算和融资方案。近期建设项目江苏段投资约 2180 亿元，资本金比例 50%，由江苏省和项目沿线地方使用财政资金等出资；涉及安徽省的项目，安徽段投资约 137 亿元，由安徽省和沿线地市按照相关规定使用财政资金等出资。资本金以外资金通过银行贷款等解决	为深入实施推动长江经济带发展战略，支持长三角一体化，完善江苏沿江城市群综合交通网络布局，促进高质量发展提供指导
《国家发展改革委关于广西北部湾经济区城际铁路建设规划（2019－2023 年）的批复》	（一）规划目标。依托干线铁路及城际铁路，构建覆盖广西北部湾经济区的铁路客运网络，南宁至北部湾经济区节点城市 1 小时左右到达，基本覆盖区域内 50 万人口城市。 （二）建设安排。近期规划建设南宁—横县—玉林、南宁—崇左城际铁路，总里程 325 公里，其余线路待远期条件成熟后再适时启动。 （三）项目投资估算和融资方案。近期建设项目投资约 517 亿元，资本金比例 50%，由广西壮族自治区和项目沿线地方财政资金出资，资本金以外的资金通过银行贷款等解决	为进一步完善区域综合交通体系，提升运输供给质量和服务水平，促进北部湾经济区高质量发展提供指导

续表

文件	规划	意义
《国家发展改革委关于京津冀地区城际铁路网规划的批复》	（一）规划范围。北京市、天津市和河北省。 （二）发展目标。以“京津、京保石、京唐秦”三大通道为主轴，到2020年，与既有路网共同连接区域所有地级及以上城市，基本实现京津石中心城区与周边城镇0.5～1小时通勤圈，京津保0.5～1小时交通圈，有效支撑和引导区域空间布局调整和产业转型升级。远期到2030年基本形成以“四纵四横一环”为骨架的城际铁路网络。 （三）建设期限和内容。到2020年前实施北京至霸州铁路、北京至唐山铁路、北京至天津滨海新区铁路、崇礼铁路、廊坊至涿州城际铁路、首都机场至北京新机场城际铁路联络线、环北京城际铁路廊坊至平谷段、固安至保定城际铁路、北京至石家庄城际铁路等9个项目，总里程约1100公里，初步估算投资约2470亿元。远期根据京津冀协同发展战略需要，具备条件的项目经论证后可适时启动	为贯彻落实京津冀协同发展战略部署，推进京津冀区域交通一体化发展，构建以轨道交通为骨干的城际交通网络提供指导
《国家发展改革委关于成渝地区城际铁路建设规划（2015－2020年）的批复》	（一）规划范围和发展目标。在四川省成都、绵阳等17市和重庆市全域建设。规划以成渝双核为中心，覆盖区域内常住人口50万人及以上城市和大部分常住人口20万人以上的城市，实现以双核间1小时到达、核心城市与次级中心城市1小时到达、城市群内所有次级中心城市2小时到达。 （二）规划布局。按“骨架网”和“辅助线和市域线”两个层次布局，形成“5骨架18辅助”的城际网。 （三）实施安排。按照“服从上位规划、强化协调、集约发展、系统配套、着眼长远”原则，2015～2020年，实施绵遂内宜铁路、达渝城际铁路等8个项目，总里程1008公里，总投资约969亿元	为完善成渝城市群区域综合交通运输体系，优化运输结构，加快新型城镇化建设，促进区域一体化发展提供指导
《国家发展改革委关于浙江省都市圈城际铁路规划的批复》	（一）规划范围和发展目标。在浙江省杭州都市圈、宁波都市圈、温台城市群、浙中城市群建设城际铁路，线网规划包括23条线路、总里程1413公里。作为区域城际旅客运输骨干，城际铁路网络覆盖区域内70%以上20万人口以上城镇，形成区域中心城市与重要城镇之间1小时交通圈。 （二）实施原则。根据区域经济社会发展需要和日益增长的交通需求，统筹规划、合理布局、因地制宜、分步实施，加强衔接，实现多种交通运输方式协调发展。 （三）建设规划内容。2014～2020年，启动实施11个项目，总里程452.4公里，总投资约1305亿元	为适应浙江省新型城镇化发展需要，完善区域综合交通运输体系，改善都市圈内部旅客出行条件，促进区域一体化发展提供指导

（二）货物运输

如表4－4所示，党的十八大以来，国家对于铁路货物运输方面也提出了许多具体的政策意见，涵盖货运价格市场化改革、铁路货运物流、集装箱多式联运等多个方面。

表4－4　　党的十八大以来国家关于旅客运输的政策梳理

文件名称	发布单位	主要内容	地位意义
《国家物流枢纽布局和建设规划》	国家发展改革委、交通运输部	到2020年，布局建设30个左右辐射带动能力较强、现代化运作水平较高、互联衔接紧密的国家物流枢纽，初步建立起符合我国国情的枢纽建设运行模式，形成国家物流枢纽网络基本框架。 到2025年，布局建设150个左右国家物流枢纽，枢纽间的分工协作和对接机制更加完善，社会物流运行效率大幅提高，基本形成以国家物流枢纽为核心的现代化物流运行体系	贯彻落实了党中央、国务院关于加强物流等基础设施网络建设的决策部署，为科学推进国家物流枢纽布局和建设，补齐物流基础设施短板，扩大优质物流服务供给，更好发挥干线物流通道效能，深化国内国际物流体系联动协同，促进生产制造、国际贸易和国际物流深度融合提供规划指导
《“十三五”铁路集装箱多式联运发展规划》	国家发展改革委、交通运输部、中国铁路总公司	到2020年，布局合理、设施完善、便捷高效、协调融合、全程服务的铁路集装箱运输系统基本建成，铁路集装箱多式联运发展取得明显成效，能够为经济和社会发展提供安全、高效、便捷、绿色的运输服务	贯彻落实了《营造良好市场环境推动交通物流融合发展实施方案》以及铁路发展改革等要求，为加快铁路集装箱发展，促进集装箱多式联运，推动物流业降本增效提供指导
《关于深化铁路货运价格市场化改革等有关问题的通知》	国家发展改革委	为深化铁路货运价格市场化改革，充分发挥市场在资源配置中的决定性作用，促进铁路运输行业持续健康发展，决定扩大铁路货运价格市场调节范围，统一运价，建立健全运价内部管理制度，加强对铁路运输价格的监督检查，依法维护市场的正常价格秩序	能够深化铁路货运价格市场化改革，充分发挥市场在资源配置中的决定性作用，并且能够促进铁路运输行业持续健康发展，简化运价结构、完善运价体系

续表

文件名称	发布单位	主要内容	地位意义
《交通运输部等十八个部门关于进一步鼓励开展多式联运工作的通知》	交通运输部等十八个部门	在铁路方面提出以下几点：一是完善铁路集装箱中心站、铁路物流基地等进出站场配套道路设施；二是推动中长距离货物运输由公路有序转移至铁路、水路等运输方式；三是深化铁路和货运价格改革。深入推进铁路货运市场化改革，创新铁路货运管理和经营组织模式；四是统筹国际联运有序发展。完善中欧班列跨省域、跨部门协同联动机制	针对我国多式联运发展水平较低，协同衔接不顺畅、市场环境不完善、法规标准不适应、先进技术应用滞后等问题，为进一步加快多式联运发展，构建高效、顺畅的多式联运系统提供指导，也对我国铁路事业的发展提出了要求
《关于加快推进铁路专用线建设的指导意见》	国家发展改革委、自然资源部、交通运输部、国家铁路局、中国国家铁路集团有限公司	到 2020 年，一批铁路专用线开工建设，沿海主要港口、大宗货物年运量 150 万吨以上的大型工矿企业、新建物流园区铁路专用线接入比例均达到 80%，长江干线主要港口基本引入铁路专用线。到 2025 年，沿海主要港口、大宗货物年运量 150 万吨以上的大型工矿企业、新建物流园区铁路专用线力争接入比例均达到 85%，长江干线主要港口全部实现铁路进港	该意见落实了《国务院办公厅关于印发推进运输结构调整三年行动计划（2018 – 2020 年）的通知》的有关要求，坚持以供给侧结构性改革为主线，坚持目标导向和问题导向，以推进大宗货物运输“公转铁”为主攻方向，为进一步增加铁路货运量，加快铁路专用线建设进度，实现铁路干线运输与重要港口、大型工矿企业、物流园区等的高效联通和无缝衔接提供了指导意见
《国务院办公厅转发国家发展改革委　交通运输部关于进一步降低物流成本实施意见的通知》	国务院办公厅	针对铁路提出以下四条降低物流成本措施：一是深化铁路市场化改革；二是保障铁路专用线等物流用地需求；三是精简铁路货运杂费项目，降低运杂费迟交金收费标准，严格落实取消货物运输变更手续费；四是加快推动大宗货物中长距离运输“公转铁”“公转水”	在受新冠肺炎疫情影响的新环境下，社会物流成本出现阶段性上升，该通知为推动物流高质量发展，贯彻落实党中央、国务院关于统筹疫情防控和经济社会发展的决策部署，进一步降低物流成本、提升物流效率，加快恢复生产生活秩序提供指导意见

续表

文件名称	发布单位	主要内容	地位意义
《国家发展改革委 市场监管总局关于进一步清理规范铁路货物运输相关收费的通知》	国家发展改革委、市场监管总局	着重从5个方面清理规范铁路货运相关收费：一是深入清理规范地方政府收费；二是继续清理简化铁路货运杂费；三是加强专用线代维等服务收费管理；四是合理降低地方铁路运价水平；五是进一步规范经营者收费行为	贯彻落实了国务院常务会议决策部署，以促进运输结构调整，为有效降低实体经济物流成本，在全国范围内进一步清理规范铁路货物运输相关收费提供指导

第二节　党的十八大以来的中国铁路建设

一、不断扩大的路网水平

“要想富，先修路”是人们的共识，经过一代代人的努力奋斗，我国铁路建设特别是高铁建设驶入快车道。普速铁路网覆盖广泛，高速铁路网逐渐建设发达，路网整体格局基本形成。

党的十八大以来，我国铁路路网建设水平不断提高，全国铁路固定资产投资总额自2014年达到了8088亿元后，连续5年铁路固定资产投资额都超过了8000亿元。营业里程从新中国成立时的2.2万公里[①]发展到如今14.63万公里，比“十二五”末的12.10万公里增长了20.9%。这一时期

① 黄发：《新时代交通强国铁路先行战略研究》，中国铁道出版社2020年版。

投资强度大、新线投产量多、建设力度大、发展成效显著，可谓是以建设“加速度”跑出了新中国发展的新高度。

铁路复线里程和电气化里程不断提高。到2019年，铁路复线里程达到8.30万公里，复线率达到59.3%，电气化里程达到9.96万公里，电气化率达到71.8%，复线里程和电气化里程均位居世界第一。2013～2019年，复线里程增加3.47万公里，电气化里程增加4.38万公里。

高铁作为新时代的“中国名片”，营业里程在2013年突破一万公里，在2016年突破两万公里，在2019年突破三万公里，并在2020年达到3.79万公里之多，位列世界第一，实现从无到有、从有到强的历史性跨越（见表4－5）。

表4－5　党的十八大以来中国铁路路网建设情况统计

年份	全国固定资产投资总额（亿元）	全国铁路营业里程（万公里）	铁路复线里程（万公里）	铁路电气化里程（万公里）	高铁营业里程（万公里）
2012	6580	9.76	4.37	5.11	0.97
2013	6901	10.31	4.83	5.58	1.10
2014	8088	11.18	5.68	6.52	1.65
2015	8238	12.10	6.47	7.48	1.98
2016	8157	12.40	6.81	8.03	2.30
2017	8230	12.70	7.18	8.66	2.52
2018	8277	13.17	7.63	9.22	2.99
2019	8029	13.99	8.30	9.96	3.54
2020	7819	14.63	8.70	10.65	3.79

注：以上数据不包括港澳台地区。

资料来源：中国统计年鉴；中国交通统计年鉴；黄民：《新时代交通强国铁路先行战略研究》，中国铁道出版社2020年版。

二、走在前沿的科技创新

创新是引领发展的重要原动力。全面增强自主创新能力，是推动铁路高质量发展的关键所在，是实现现代化铁路强国的硬核力量。习近平指出，关键核心技术是国之重器，最关键、最核心的技术要立足自主创新、自立自强，市场换不来核心技术，有钱买不来核心技术，必须靠自己研发、自己发展，必须把创新主动权牢牢掌握在自己手中。经历了几十年的跨越式发展模式，中国在高速铁路、重载铁路、高原高寒铁路、智能铁路等领域都取得了不俗的成绩。

（一）高速铁路技术

如图 4－7 所示，我国对高铁的研究始于 20 世纪 90 年代初，1990 年铁路部门发布了《京沪高速铁路线路方案构想报告》，这是我国第一次提出高速铁路兴建计划。为了快速扩张运输能力，1995 年 9～10 月，铁路部门在沪宁线首次进行了提速试验，采集了超过 10 亿个数据，圆满完成该实验；1997 年 4 月中国铁路实施第一次大面积提速，最高运行时速达 140 公里；1998 年 10 月实施第二次大面积提速，广深线最高时速达 200 公里，京广、京哈、京沪三干线提速区段最高时速达到 160 公里①；2000 年 10 月实施第三次大面积提速，重点聚焦西部线路，加快了西部大开发的步伐；2001 年 10 月实施第四次大面积提速，强化了中西部地区与东部地区的快运通道；2004 年 4 月，实施第五次大面积提速，对既有线 160 公里以上的线路进行提速，新增 19 对“Z”字直达特快列车；2007 年 4 月实施第六次

① 唐曼、孙红林：《烛照未来：中国高铁发展历程》，载《轨道世界》2017 年第 4 期。

全面大提速，此次提速是在京哈、京沪等既有线在时速达到 200 公里时的提速，部分区段运行时速可达 250 公里，是中国高铁进入新时期的重要标志。这六次提速为我国高铁的发展奠定了坚实的技术基础。2008 年 8 月，我国第一条时速 350 公里高速铁路京津城际高速铁路开通运营，初步形成了涵盖高速动车组、线路基础、通信信号牵引供电、调度指挥、旅客服务等领域时速 300～350 公里的高速铁路成套技术体系。

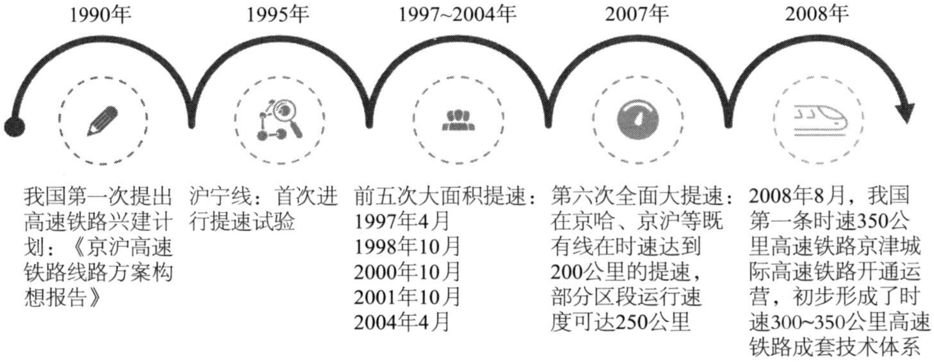

图 4－7　高铁技术累积历程

党的十八大以来，中国高铁建设发展突飞猛进。我国通过不断自主创新和艰苦奋斗，成功研制拥有自主知识产权的复兴号动车组，在关键部件和核心软件上实现重要突破，整车寿命、牵引功率运行阻力等指标明显优化。习近平总书记多次点赞中国高铁，他说，高铁是我国装备制造的一张亮丽的名片，成为我国对外经济技术合作的“抢手货”，要抓住机遇、乘势而上①。

2016 年底，高速铁路营业里程突破 2.2 万公里，达到世界第一位。此外，我国目前的高铁运行技术也居世界前列，我国铁路掌握了设计、制造

① 霍小光：《习近平在吉林调研时强调　保持战略定力增强发展自信》，新华网，2015 年 7 月 18 日。

以适应各种运行需求的高速动车组列车成套技术，具有极强的自我创新能力，我国高铁工程大步走出国门，承建了多个国家的高铁项目。目前，我国已成为高速铁路发展最快、系统技术最全、运营里程最长、运行速度最快的国家，这一举世瞩目的成就也受到了全球的关注。

☞ 专栏 4－1 “复兴号”品牌战略

按照中国国家铁路集团有限公司“复兴号”品牌战略，“复兴号”将打造成为高铁的标志性品牌、示范性工程，形成品类齐全、结构合理、涵盖不同速度等级、适应多元化需求的“复兴号”系列产品体系，建立安全可靠、方便快捷、优质高效、服务一流的“复兴号”运营管理体系。加大时速 350 公里、250 公里、200 公里、160 公里复兴号系列产品研发和产业化运用力度，让更多的复兴号奔驰在祖国广袤大地上。“复兴号”自 2017 年正式运营后，已经取得了诸多成绩（见图专 4－1）。

图专 4－1 “复兴号”战略

资料来源：笔者参考《一图读懂复兴号品牌战略》整理绘制。

（二）智能铁路技术

智能化是全球铁路发展的重要方向。确保铁路基础设施发展质量，提高基础设施智能化水平，构建现代智慧、安全可靠的基础设施体系，是推进数字铁路、智慧铁路建设的先行条件。

进入新时代，我国智能铁路迈出了自主发展的新步伐，向着率先实现铁路现代化的目标奋进。2017 年，智能京张高铁建设全面启动。智能高铁在智能建造、智能装备、智能运营、智能维修、智能服务等方面大力推进技术创新和管理创新，将云计算、物联网、移动互联、人工智能、大数据北斗定位、BIM 等先进的技术应用到高速铁路的建设上，能够提高铁路的运营服务水平，使旅客的出行更加便捷。

依托智能京张铁路、智能浩吉铁路、智能京雄铁路等重点项目，我国基本构建了覆盖智能建造、智能装备、智能运营三大领域的智能铁路技术体系、数据体系和标准体系框架，智能铁路技术居世界领先地位。智能京张铁路在 2019 年正式开通，成功应用线桥隧和客站智能化施工技术，实现了基于 BIM 的工程施工信息共享和建设全过程管理；首次应用北斗卫星导航系统，可实现车站自动发车、车站精准自动对标停车等；在一证通行、扫码进站等智能车站技术方面取得新进展。其正式运营标志着中国在自主创新的路上更进一步，进入智能化铁路时代。

☞ 专栏 4－2　智能高铁典范——京张高铁[①]（见图专 4－2）

2021 年 1 月 19 日，习近平乘坐京张高铁赴张家口赛区考察北京冬奥会、冬残奥会筹办工作。习近平指出，我国自主创新的一个成功范例就是

① 侯艳、杜弘扬：《京张高铁　中国之路》，央视新闻客户端，2021 年 1 月 20 日。

高铁，从无到有，从引进、消化、吸收再创新到自主创新，现在已经领跑世界。要总结经验，继续努力，争取在“十四五”期间有更大发展[①]。

1905 年，西方列强对中国华北路权的争夺日趋激烈，清政府决定由自己筹款、自己设计、自己建造从北京到张家口的铁路。詹天佑临危受命，担任京张铁路局会办兼总工程师，他创造性地设计出“人”字形铁路。

图专 4－2　京张高铁

资料来源：侯艳、杜弘扬：《京张高铁　中国之路》，央视新闻网，2021 年 1 月 20 日。

2019 年 12 月 30 日，作为北京冬奥会的重要配套工程，北京至张家口高速铁路开通运营。其全程 174 公里，起点位于北京北站，穿越居庸关长城、水关长城、八达岭长城，跨越官厅水库，抵达张家口。从北京北站到张家口太子城站，最快运行时间只需要 47 分钟。张家口真正融入了北京一小时经济圈。

---

① 张晓松、朱基钗：《习近平：中国冰雪运动必须走科技创新之路》，人民日报，2021 年 1 月 20 日。

京张高铁由我国自主设计建造，是世界上最先进的时速350公里的智能高速铁路。这条智能高铁首次采用北斗卫星导航系统，可实现车站自动发车，区间自动运行，车站精准自动对标停车，自动开门防护等。京张高铁的购票、候车、调度、运维等也实现了全面智能化。京张高铁开启了中国智能铁路新时代。

时隔110年，京张高铁在詹天佑当年设计“人”字线的顶点下方4米穿过，将天地间的“人”字改写为“大”字，新老京张，历史交汇。从自主设计修建零的突破，到世界最先进水平，从时速35公里，到350公里，百年京张见证了中国铁路的发展，也见证了中国综合国力的飞跃。未来，它还将见证中国再圆百年奥运梦，见证中华民族实现伟大复兴的中国梦。

☞ 专栏4－3　智能铁路典范二——京雄城际铁路[①]（见图专4－3）

北京至雄安新区城际铁路（以下简称“京雄城际铁路”）大兴机场至雄安新区段于2020年12月27日开通运营，京雄城际铁路实现全线贯通，雄安站同步投入使用。北京西站至雄安新区间最快运行时间50分钟，大兴机场至雄安新区间最快19分钟可达。

京雄城际铁路自北京西站引出，经过既有京九铁路至李营站，接入新建高速铁路线路，向南途经北京市大兴区、河北省廊坊市、霸州市至雄安新区，线路全长91公里，最高设计时速350公里[②]，其中北京西至大兴机场段已于2019年9月26日开通运营。此次开通的大兴机场至雄安新区段长59公里，设大兴机场、固安东、霸州北、雄安4座车站。

①② 胡月：《重磅！京雄城际铁路12月27日全线开通！》，央视新闻客户端，2020年12月26日。

图专4-3　京雄城际铁路

资料来源：胡月：《重磅！京雄城际铁路12月27日全线开通》，央视新闻客户端，2020年12月26日。

京雄城际铁路是我国建设的又一条智能高铁，在多项智能关键技术上取得了新突破。在智能建造方面，大力推进BIM技术应用，首次实现设计、施工到运营三维数字化智能管理；广泛应用智能装配式建造技术，能够实现桥梁、房屋装配式结构设计和施工。在智能装备方面，运用先进的列车控制系统，采用智能控制、大数据、云计算等技术，广泛应用新一代移动通信、牵引供电等设备。在智能运营方面，建设智能高铁车站，能够实现旅客精准定位、路径规划、位置搜索等智能服务；高铁设备采用电子标签管理，实现智能运维；运用地震预警、综合视频一体化等智能技术，提升高铁防灾能力。

京雄城际铁路全线通车和雄安站的建成使用，进一步完善了京津冀区域铁路网布局，密切雄安新区与北京、天津等京津冀中心城市的联系，提高雄安新区的辐射能力，对便利京津冀地区群众往来、加快产业聚集和区域经济融合，有力推动雄安新区建设和京津冀协同发展，具有十分重要的意义。

（三）高原高寒铁路技术

新中国成立以来，由于冻土融沉冻胀和高原施工安全等技术难题，我国进藏铁路建设较为缓慢。21 世纪初，党中央、国务院做出建设青藏铁路的重大战略决策。我国铁路方面的科研工作人员艰苦奋斗，通过不断地设计、施工与测验，成功解决了“多年冻土、高寒缺氧、生态脆弱”三大世界性工程难题，高原高寒铁路的技术攻坚更进一步。

2006 年青藏铁路全线通车，这条“天路”飘扬在高耸入云的雪山之巅，平均海拔在 4000 米以上，使用我国自主研发的高原型内燃机车和谐 HXN3，最高时速可达 120 公里①，机车柴油采用高原型增压器，当海拔和环境温度发生变化时，柴油机输出功率会自动修正，填补了我国高原铁路无国产内燃机车的空白，为客运量的增长和当地的经济发展提供了动力支撑。

依托青藏铁路的宝贵经验，我国高原高寒技术的创新研发不断进步，党的十八大以来，我国高原高寒铁路技术达到世界领先水平，当前施工难度最大的川藏铁路工程建设规划正在有序推进，深入研究其工程技术特点和工程造价规律，通过开展技术创新，提高工程建造核心技术水平，我国高原高寒铁路技术创新步入新的发展阶段。

---

① 黄民：《新时代交通强国铁路先行战略研究》，中国铁道出版社 2020 年版。

☞ 专栏4-4　高原高寒铁路典范——京哈高铁①

2021年1月22日，随着崭新的CR400AF-G型复兴号高寒动车组列车呼啸而过，京哈高铁北京至承德段开通运营，这标志着京哈高铁全线贯通（见图专4-4）。

图专4-4　CR400AF-G型复兴号高寒动车组列车

资料来源：孙晓远：《刚刚！高寒版复兴号试跑京哈高铁》，中国铁路公众号，2021年1月7日。

京哈高铁北京至承德段是我国“八横八纵”高速铁路网京哈至京港澳通道的重要组成部分，线路全长192公里，正线设计时速350公里。

复兴号高寒动车组采用铬钼合金钢螺栓螺母、低温控制开关、自动化防冻结功能刹车制动、覆盖防寒材料的供排水管等技术和设备，可适应零下40摄氏度的运行环境。车体采用轻量化铝合金材质，各系统模块

① 孙晓远：《刚刚！高寒版复兴号试跑京哈高铁》，中国铁路公众号，2021年1月7日。

化设计编组重量低于国内同系列产品。车头增加了司机室登乘门与旅客乘降车门完全区分开的功能。复兴号高寒动车组配件增多、功能复杂，对北京动车段朝阳动车运用所库内检修人员和随车机械师的应急处置能力提出了更高要求。目前该车已进入运行试验阶段，有望在我国高寒地区上线运营。

京哈高铁全线贯通，北京至沈阳运行时间将缩短至2.5小时，成为东北地区又一进出关高铁通道，对助力京津冀协同发展、振兴东北老工业基地具有重要意义。

（四）重载铁路技术

20世纪80年代以来，随着铁路发展建设需要的标准不断提高，运能大、效率高、成本低、能耗小的重载铁路技术开始被关注研发。重载列车是相对于普通货物列车而言的，按照国际重载运输协会2005年的标准，重载铁路要至少满足以下条件中的两个：每列列车的牵引质量不少于8000吨，车辆轴重不小于27吨，铁路线路长度不少于150公里的区段，每年计费的货运量不少于4000万吨[①]。如图4－8所示，1984～1986年，我国首先以晋煤外运的北通道——丰沙大线作为试点，试验开行了牵引7400～8000吨的重载组合列车；20世纪80年代中期至20世纪90年代初，我国成功开行1万吨重载的大秦铁路，1992年以来，京广、京哈、京沪开行了5000吨重载混编列车；2004年，大秦铁路成功开行2万吨重载组合列车；2014年完成3万吨重载组合列车开行实验，运量突破4.5亿吨，是世界上年运量最大的重载线路；随后，我国依托瓦日铁路开展了30吨轴重重载铁路技术研究和试验，掌握了30吨轴重重载线路、机车车辆、牵引供电、通

① 卓卉：《国外重载铁路运输进展与我国重载铁路运输分析》，载《中国煤炭》2014年第S1期。

信信号等成套技术①。

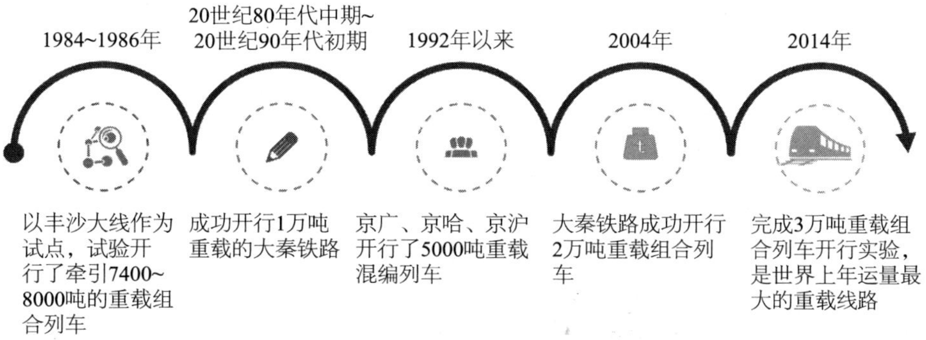

图 4－8　重载铁路技术累积历程

资料来源：作者根据《新时代交通强国铁路先行战略研究》自行绘制。

目前我国铁路重载技术已经走在了世界的前列，每列重载列车牵引质量已经达到 1 万吨至 2 万吨，远超国际重载运输协会的标准。瓦日、浩吉等 30 吨轴重重载铁路陆续开通运营，我国铁路运载能力有了长足的进步。同时，智能京雄、智能浩吉建设取得重要成果，有望攻克更多智能铁路关键技术。

☞ 专栏 4－5　中国重载铁路典范——浩吉铁路②

浩吉铁路（原称蒙西至华中铁路）是世界在建最长重载铁路项目（见图专 4－5），全长 1813.544 公里，设计最高时速 120 公里，规划年运煤 2 亿吨，是国家“北煤南运”新的战略大通道，机车牵引功率大，牵引变电所回流电流大，最大牵引电流为 2300 安培。接触网采用银铜合金接触线，

① 黄民：《新时代交通强国铁路先行战略研究》，中国铁道出版社 2020 年版。

② 孙晓远：《世界在建最长重载铁路有新名字啦！》，人民铁路公众号，2019 年 8 月 28 日。

导电性能更优，机车牵引能力更强。

图专4－5　浩吉铁路

资料来源：孙晓远：《世界在建最长重载铁路有新名字啦!》，人民铁路公众号，2019年8月28日。

2015年6月，浩吉铁路开工建设，建设工期5年。该线路是国家《中长期铁路网规划》项目，途经蒙、陕、晋、豫、鄂、湘、赣七省区。

2018年7月11日，浩吉铁路全线重点控制工程——洛河大桥完成全部T梁架设任务，标志着国内首座重载铁路单钢拱桥主体工程完工。该桥设计、施工技术大部分属于首创，为我国重载铁路桥梁建设积累了宝贵经验（见图专4－6）。

2018年9月9日，浩吉铁路站后“四电”工程在延安立下第一杆，标志着该铁路全线施工进入最后冲刺阶段。

图专 4－6　浩吉铁路洛河大桥

资料来源：孙晓远：《世界在建最长重载铁路有新名字啦!》，人民铁路公众号，2019 年 8 月 28 日。

2019 年 1 月 30 日，历经 3000 多名建设者 45 个月紧张施工，浩吉铁路头号重点控制性工程——中条山隧道贯通，标志着浩吉铁路全线 228 座隧道全部贯通。

2019 年 7 月 2 日，随着最后一段长钢轨铺到江西省吉安站接轨点，浩吉铁路宣告全线铺轨完成，这为全线开通运营奠定了坚实基础。

三、互联互通的铁路网络

随着铁路网不断建设完善，路网覆盖通达更加广泛，西部地区也由普速铁路迈入高铁时代，有力地改善了出行方式，虽然同中部和东部地区还存在着一定差距，但其路网密度已经逐渐扩大，改善了区域交通条件。如表 4－6 所示，从覆盖率看，截至 2019 年底，全国铁路网地级行政区划覆盖率达到95.0%，高速铁路网地级以上行政区划覆盖率达到77.9%。东部地区铁路网覆盖率和高速铁路网覆盖率均在80%以上，分别为97.8%和88.8%；中部地区和东北部地区铁路网覆盖率均达到100%，其高铁路网覆盖率则分别为91.3%和70.6%；西部地区路网覆盖率较低，铁路网覆盖率为88.5%，高铁路网覆盖率为58.9%。

表4-6　　2019年铁路网覆盖情况　　单位：%

路网类别	全国	东部地区	中部地区	西部地区	东北地区
全国铁路网	95.0	97.8	100.0	88.5	100.0
高速铁路网	77.9	88.8	91.3	58.9	70.6

资料来源：黄民：《新时代交通强国铁路先行战略研究》，中国铁道出版社2020年版。

如表4-7所示，从路网密度看，截至2019年底，全国平均路网面积密度是145.6公里/万平方公里，东部、中部、西部、东北部地区路网面积分别为361.5公里/万平方公里、318.6公里/万平方公里、80.8公里/万平方公里、234.0公里/万平方公里，为平均面积密度的2.48倍、2.19倍、0.55倍、1.61倍，其中，西部地区路网面积密度最小，东部地区路网面积密度最大；东部、中部、西部、东北部地区人均密度分别为全国平均密度的0.61倍、0.88倍、1.46倍、1.70倍；全国平均经济密度为0.14公里/亿元，东部、中部、西部、东北部地区经济密度分别为0.06公里/亿元、0.15公里/亿元、0.27公里/亿元、0.36公里/亿元，分别为全国平均密度的0.46倍、1.06倍、1.91倍、2.57倍，其中东部地区经济密度最小，东北部地区经济密度最大；全国平均区域密度为3200万吨公里/公里，东部、中部、西部、东北部地区区域密度分别为4336万吨公里/公里、3879万吨公里/公里、2492 万吨公里/公里、2077 万吨公里/公里，分别为全国平均区域密度的 1. 35 倍、1. 21 倍、0. 78 倍、0. 65 倍。

表 4 – 7　　2019 年各区域路网密度比较

区域	面积密度（公里/万平方公里）	人均密度（公里/万人）	经济密度（公里/亿元）	区域密度（万吨公里/公里）
全国平均	145. 6	1. 00	0. 14	3200
东部地区	361. 5	0. 61	0. 06	4336
中部地区	318. 6	0. 88	0. 15	3879
西部地区	80. 8	1. 46	0. 27	2492
东北地区	234. 0	1. 70	0. 36	2077

资料来源：黄民：《新时代交通强国铁路先行战略研究》，中国铁道出版社 2020 年版。

党的十八大以来，党中央、国务院高度重视铁路发展，国家持续加大中西部地区铁路建设力度，着力完善中西部地区路网，强化区域对外通道建设。加大铁路建设特别是中西部地区铁路建设，是稳增长、调结构，增加有效投资，扩大消费，既利当前、更惠长远的重大举措。2013 ~ 2019 年，中西部地区新增铁路 2. 86 万公里，占全国新增里程的 67. 7%，营业里程达 8. 83 万公里，占全国铁路总里程的比重由 2013 年的 61. 2% 提高到 2019 年的 63. 2%，增加了 2 个百分点①。

① 黄民：《新时代交通强国铁路先行战略研究》，中国铁道出版社 2020 年版。

第三节　党的十八大以来的中国铁路运输

党的十八大以来，中国铁路以深化运输供给侧改革为主线，深入实施客运提质计划、货运增量行动和复兴号品牌战略三大举措，铁路运输服务供给和经营发展水平明显提升，越来越多的创新业态模式为人们出行带来了更加便捷、更多样化的体验。

一、快速增长的客货运量

党的十八大以来，铁路客运以深化供给侧结构改革为主线，实施客运提质计划和复兴号品牌战略，特别是高速铁路建设步伐不断加快，使得铁路运输旅客的主力军作用不断加强，铁路运量快速增长。如表 4 – 8 所示，到 2019 年，我国铁路客运量达到 36. 6 亿人次，比 2012 年增长了 17. 7 亿人次；旅客周转量达到 14146. 58 亿人公里，比 2012 年增加了 4334. 25 亿人公里；旅客平均运距从 2012 年的 518. 25 公里缩短为 2019 年的 401. 82 公里。

铁路货运围绕国家“调整运输结构，增加铁路运量”的决策部署，大大提高货运增量能力，2013 ~ 2016 年，货运量由 39. 7 亿吨变为 33. 3 亿吨，呈下降态势，2016 年后，铁路货运量则扭转为上升态势，直到 2018 年，货运量达到 40. 3 亿吨，实现了恢复性大幅增长，到 2019 年底，货运量达到 43. 9 亿吨；货物周转量则在 2012 ~ 2015 年呈下降态势，由 2012 年的 29187. 09 亿吨公里下降到 2015 年的 23754. 31 亿吨公里，在 2015 ~ 2019 年呈上升态势，到 2019 年底达到 30181. 95 亿吨公里；货物平均运距自

2012 年的 747.55 公里下降到 2019 年的 687.67 公里。

表 4－8　　党的十八大以来铁路客货运情况统计

年份	客运量（亿人）	货运量（亿吨）	旅客周转量（亿人公里）	货物周转量（亿吨公里）	旅客平均运距（公里）	货物平均运距（公里）
2012	18.9	39.0	9812.33	29187.09	518.25	747.55
2013	21.1	39.7	10595.62	29173.89	503.12	735.42
2014	23.0	38.1	11241.85	27530.19	487.80	721.94
2015	25.4	33.6	11960.60	23754.31	471.85	707.39
2016	28.1	33.3	12579.29	23792.26	447.02	714.08
2017	30.8	36.9	13456.92	26962.20	436.38	730.95
2018	33.7	40.3	14146.58	28820.99	419.16	715.82
2019	36.6	43.9	14706.64	30181.95	401.82	687.67

资料来源：历年《中国统计年鉴》和《中国交通统计年鉴》；黄民：《新时代交通强国铁路先行战略研究》，中国铁道出版社 2020 年版。

二、日益升级的服务品质

中国铁路跟随全面打造“世界一流服务供给”的总要求，围绕满足人民群众美好生活需要，聚焦现代化铁路强国建设目标，坚持以人民为中心的发展思想，对标世界一流服务水平，坚持以供给侧结构改革为主线，以提升服务水平为落脚点，以提高旅客的乘车体验为主攻方向，着力打造服务满意工程，增强服务供给的多样性，增强服务供给与需求的适配性。实施服务品牌工程，深入实施高铁服务品牌战略，叫响中国铁路服务品牌。推动铁路服务高品质发展，加快构建“人享其行”的客运服务生态圈和“物畅其流”的货运服务生态圈，更好服务人民群众便捷出行和支撑经济社会高质量发展。

党的十八大以来，我国铁路发展成就举世瞩目，铁路服务品质日益升级。特色旅游专列蓬勃发展，“丝路快车”“熊猫专列”等品牌效应逐渐形成；81 对慢火车持续运行，铺就崭新致富路；中欧班列内联外通，开出大国加速度。

（一）特色旅游专列

铁路与旅游具有天然融合的发展属性，铁路的出现，尤其是高铁的开通，使距离不再是阻碍人们出游的因素，旅游和铁路的融合更是让路途不再遥远、车程不再乏味，在出发地和目的地之间多了一道独特的风景。坐着高铁看中国，看“小桥流水人家”的诗意江南、看“大漠孤烟直”的绚丽甘肃。随着高铁新时代、大众旅游与全域旅游新时代的到来，铁路与旅游深度融合发展也进入了新时代。

开发铁路特色旅游列车产品，“丝路快车”“熊猫专列”“亮丽内蒙古”“绚丽甘肃”等主题旅游列车将地方文化特色融入列车服务，不断优化列车开行方案，列车品牌效应日益扩大，一车一主题，一车一特色，不仅让旅客感受到诗和远方的美好，更为诗和远方赋予了新的内涵。

☞ 专栏 4－6　主题旅游列车①

1. 丝路快车

2016 年 4 月 5 日，随着一声风笛鸣响，满载着 702 名银发旅客的 Y202

① 中国铁路总公司：《银发旅客乘“敬老号”列车赏江南景色》，中国铁路公众号，2016 年 4 月 8 日；苏凡：《“熊猫”旅游专列来啦!》，中国铁路公众号，2020 年 9 月 15 日；林飞翼：《历时 9 天，行程 8600 公里！什么旅游专列这么给力?》，中国铁路公众号，2020 年 10 月 7 日；林飞翼：《这趟旅游专列，直接开到了贝加尔湖》，中国铁路公众号，2019 年 8 月 22 日。

次“丝路快车·敬老号”品牌旅游列车徐徐驶出嘉峪关站，开启了江南水乡的赏春之旅。

“敬老号”旅游专列为“丝路快车”系列品牌列车中10条旅游长线、20趟旅游专列中的品牌列车之一，列车编组14辆。

清明刚过，处处春意盎然，踏青出游渐入佳境。兰州铁路局为中老年旅客推出了这款与市场需求精准对接的旅游产品，精心策划了“北京、天津”+“南京、无锡、苏州、杭州、上海”13日游。旅客坐上开往春天的“敬老号”旅游专列，从北国到江南，一路能追逐最美的春景。

这趟旅游专列一站直达、一票到底、无须中转、一线多游。据悉，这趟旅游专列为老年人专门设立了医疗室，随车医生全程陪护①。同时，专列上还开设了迷你超市，提供木桶中药泡脚、代洗衣物、清真餐饮等特色服务项目，并免费提供老花镜、针线包以及象棋、扑克等生活和娱乐用品。旅客可以将大件行李或衣物放在列车上，每到一处只需随身携带自己的贵重物品，全程轻装旅游。

2. 熊猫专列

“熊猫专列”是集旅游、住宿、休闲、会议于一体的特色品牌旅游列车，以10节380V25G型客车为基础进行升级，升级改造后的“熊猫专列”包括特级软卧1辆、高级软卧2辆、高级硬卧5辆、餐车1辆、多功能娱乐车1辆，全列定员252席。

2020年9月11日，中国铁路成都局集团有限公司下属四川成都铁路国际商旅集团有限公司（以下简称“成铁商旅公司”）历时半年精心设计和打造的首趟西南环线“熊猫”旅游专列准点从成都站驶出，沿途将停靠

① 中国铁路总公司：《银发旅客乘“敬老号”列车赏江南景色》，中国铁路公众号，2016年4月8日。

四川、贵州、重庆等地著名旅游景点，实现了西南环线“熊猫”旅游专列的常态化开行。

该旅游专列行程共计9天，充分发挥旅游专列一线多游、好玩不累又省钱的特点，把旅游专列开行沿线景点串联起来，包括都江堰、九寨沟、黄果树瀑布、酉阳桃花源等拥有超高人气的6个5A级景区，以及茅台酒文化城、西江千户苗寨、乌江画廊、蚩尤九黎城等5个4A级景区，最大程度地满足了游客一次出行、游览众多景点的愿望。

值得一提的是，该旅游专列首次打破了出发地整趟专列发车模式，由成都集合出发，到重庆散团，为游客提供了更为丰富的选择和更加灵活的出行方式。

此外，该旅游专列依托西南地区两省一市丰富的少数民族资源，带领游客游览藏族、羌族、土家族、苗族、布依族等聚居地，行程中除了有丰富的景点旅游之外，还有独具民族特色的晚会，让游客全方位领略西南地区的民族风情。同时，游客在旅途中也可以享受西南美食，四川的麻、重庆的辣、贵州的香各具特色、回味无穷。

3. 绚丽甘肃

2020年9月26日至10月4日，由甘肃省文化和旅游厅与中国铁路兰州局集团有限公司联合打造的“环西部火车游”旅游专列从兰州启程，经停重庆、南宁，最终抵达乌鲁木齐，历时9天，行程8600公里①。

该列车不仅将地方自然风光、民俗文化、历史遗迹等旅游资源与列车开行线路紧密结合起来，还将酒吧、餐厅、超市等服务元素融入列车服务。

① 林飞翼：《历时9天，行程8600公里！什么旅游专列这么给力?》，中国铁路公众号，2020年10月7日。

2020年10月2日，“环西部火车游”品牌列车到达丝绸之路经济带核心区新疆，陇桂川渝新五省区市文旅人在这里成功牵手。

此次“环西部火车游”的成功开行，吸引了多家媒体争相报道，形成强大的传播效应，扩大了“环西部火车游”旅游产品的品牌影响力和辐射带动力，为甘肃文化旅游增粉无数。

“环西部火车游”是兰州局集团公司精心打造的品牌旅游专列，车厢以甘肃省14个市州和兰州新区地域文旅元素包装命名，集合了“吃、住、行、娱”和“商、养、情、闲”等文旅全要素。“环西部火车游”旅游专列已累计开行159列，运送旅客12万人次①。

4. 亮丽内蒙古

为充分发挥草原铁路区位优势创新旅游产品，开发具有较强市场竞争力的旅游线路，2019年中国铁路呼和浩特局集团有限公司与内蒙古自治区乌兰察布市携手推出了两趟旅游专列。

该旅游专列从包头始发，途经乌兰察布、二连浩特穿越蒙古国扎门乌德，抵达俄罗斯贝加尔湖，横穿8个城市，旅客可感受异国风情，游览蒙古国特尔勒吉国家地质公园，俄罗斯贝加尔湖等26个景点。

为让旅客的体验更美好，呼和浩特局集团公司，对旅游专列实行小编组，精心挑选导游人员和乘务人员实现列车服务双保障，旅游专列的四人间软卧车厢，非常适合家庭出游，一家人其乐融融，而且车厢私密性较好，给旅客带来“吃、住、行、游、购、娱”一体化的全新旅游体验。

内蒙古自治区地处北部边疆，毗邻的蒙古国、俄罗斯，是中国山水相

---

① 林飞翼：《历时9天，行程8600公里！什么旅游专列这么给力?》，中国铁路公众号，2020年10月7日。

连的友好邻邦，也是“一带一路”的天然伙伴，2019年是中俄、中蒙建交七十周年，呼和浩特局集团公司开行的中俄蒙旅游专列，也成为“一带一路”沿线各国互联互通的纽带和桥梁。

（二）公益性客运服务

党的十八大以来，党中央从全面建成小康社会全局出发，把扶贫开发工作摆在治国理政的突出位置，全面打响了脱贫攻坚战，铁路也积极响应国家号召，开展公益性客运服务。

人民铁路为人民，列车开通的目的不只是为了盈利，更是为了提升人们的生活质量，便利人们的出行。“慢火车”和“无轨站”被打造成流动便民的“乡村农贸市场”。

国家持续优化开行途经贫困地区的旅客列车，组织12个铁路局集团公司开好81对公益性“慢火车”，经停530个车站，服务覆盖21个省区市，惠及35个少数民族地区，日均运送7万余人①。在贫困地区走向富裕的路上，81对“慢火车”发挥着桥梁纽带的作用，它们不紧不慢地将中心城市和偏远山区连接在了一起，也成为开到沿线百姓心坎里的复兴号。

无轨站设在没有铁路线经过的地方，尤其是偏远地区，无轨站可以购票、取票、候车，并且有大巴列车与火车站无缝对接用来接驳，“铁路+公路”的公铁联运模式将铁路服务前置了“一公里”。

---

① 谢琦：《81对慢火车冲上热搜！这部央视大型政论片给出详细解读》，中国铁路公众号，2021年2月23日。

☞ 专栏4－7 公益性运输[①]

1. 慢火车

海拉尔至满归4184/4181次、4182/4183次公益性“慢火车”，1980年10月开行，共有10节车厢，全程运行523公里，沿途停靠28个站点；全程硬座票价37元，最低票价只有1元，平均每公里7分钱；与K7168/7169次、K7167/7170次和4168/4169次、4167/4170次共用一组车体。列车穿越大兴安岭原始林区，沿线旅客以汉族和蒙古族、鄂伦春族、达斡尔族、鄂温克族等少数民族为主。

海拉尔至满归4184/4181次、4182/4183次列车沿着牙林线运行在大兴安岭西北坡，沿线人烟稀少、居民分散，百姓买柴米油盐、串门走亲戚、看病办事、送孩子上学都要乘坐这趟车。因此，这趟车被称为“兴安林海里的摆渡车”（见图专4－7）。

山里的孩子们都是坐这趟车外出求学的。这趟列车承载着山里的希望，承载着孩子们的明天，而列车员则是孩子上学路上的安全守护者。

“儿女笑呵呵，不如铁路老大哥。”这句沿线百姓的心里话，道出了铁路服务的重要性。“慢火车”传递的是“小康路上一个都不能掉队”的时代主旋律，承载着沿线百姓对美好生活的殷切希望，承载着沿线百姓的柴米油盐，更肩负着脱贫致富的重要使命，不以盈利为目的，为的是边远山区、高寒地带和少数民族百姓，一列列“慢火车”让老百姓走出大山，助力沿途群众脱贫致富，走向脱贫致富的小康生活。

---

① 孙晓远：《最低票价1元！穿越林海的“慢火车”从未停歇》，中国铁路公众号，2020年8月27日；林飞翼、王善林：《喜讯！全国首个乡镇级高铁无轨站开通！》，中国铁路公众号，2019年10月17日。

图专4-7 海拉尔至满归列车

资料来源：孙晓远：《最低票价1元！穿越林海的“慢火车”从未停歇》，中国铁路公众号，2020年8月27日。

2. 高铁无轨站

2019年10月17日，在第6个全国扶贫日、第27个国际消除贫困日到来之际，全国首个乡镇级高铁无轨站在广西融水苗族自治县大浪镇正式开通运营，旅客可实现就近购票、取票、候车、乘车的高铁“一票出行”服务。

高铁无轨站是旅游与铁路、公路融合发展的创新之举，能实现铁路与公路客流和物流的联程运输，形成独特的“旅游+高铁+公路”模式，是多层次旅游交通服务融合平台。

大浪镇高铁无轨站开通运营后，每天有13个接驳班次直通柳州站、三江南站之间，实现出行公铁无缝衔接（见图专4-8）。

图专 4－8　大浪镇高铁无轨站接驳班车

资料来源：林飞翼、王善林：《喜讯！全国首个乡镇级高铁无轨站开通!》，中国铁路公众号，2019 年 10 月 17 日。

大浪镇是融水县最大的油茶生产基地，经济来源主要以食用茶油综合加工、竹木加工以及劳务输出为主。中国铁路南宁局集团有限公司作为大浪镇大德村、潘里村和红水乡良陇村对口扶贫单位，充分发挥铁路运输优势，通过建设高铁无轨站方式，解决大浪镇人员外出、产品外运的难题。

大浪镇高铁无轨站开通运营后，让“无长途班线、无汽运企业、无铁路通达”的大浪镇无缝对接柳州、三江南高铁站，全面衔接贵广、衡柳、柳南高铁，进而通过“高铁经济圈”，融入广西自贸区、粤港澳大湾区和粤桂滇黔高铁经济带。

截至 2019 年 10 月，已开行班车 23.6 万趟，运送旅客 215.8 万人，推介各类农特产品及电商快递直发累计近 7 万件，协办电商进村 6.7 万件①，

① 林飞翼、王善林：《喜讯！全国首个乡镇级高铁无轨站开通!》，中国铁路公众号，2019 年 10 月 17 日。

让许多不通高铁的地区尤其是贫困县、乡、镇连通了高铁网、融入了高铁圈，促进了当地“旅游+高铁”“物流+高铁”“产业+高铁”多业态融合发展，在加快实施扶贫开发和乡村振兴战略中发挥了重要推动作用。

（三）特色货运服务

货运是构建现代流通体系的重要助力，也是畅通国内国外双循环的重要一环。习近平在中央财经委员会第八次会议上说必须把建设现代流通体系作为一项任务来抓，培育壮大具有国际竞争力的现代物流企业，为构建以国内大循环为主体、国内国际双循环相互促进的新发展格局提供有力支撑①。

发展特色货运服务，落实货运增量行动，要加大货运市场营销开发优化货运产品有效供给，提升铁路“公转铁”承接能力。组织西煤东运、北煤南运及重点港口铁路集疏运，增多直达货运产品。针对非煤炭类货物，大力发展快运班列、集装箱多式联运、冷链物流等特色优势产品。2020年，中欧班列一路飞驰，战略运输通道作用进一步凸显，一年间中欧班列共开行1.24万列，发送113.5标箱，同比分别增长50%和56%。与此同时，西部沿海通道建设取得新进展，全年开行西部沿海通道班列3600列，发送19万标箱，同比分别增长73%、80%。通过货运产品的优化完善，我国铁路货运能力不断增强，2020年，国家完成货物发送量35.8亿吨，为畅通国内国外双循环、打赢蓝天保卫战发挥了重要作用②。

---

① 《习近平主持召开中央财经委员会第八次会议强调　统筹推进现代流通体系建设　为构建新发展格局提供有力支撑　李克强王沪宁韩正出席》，新华网，2020年9月9日。

② 叮当：《G2020号，“数”说铁路发展“成绩单”》，人民交通公众号，2021年1月11日；《2020年全国铁路货运量稳步增长　今年全国铁路将投产新线3700公里》，央视新闻客户端，2021年1月5日。

☞ 专栏4-8 特色货运服务①

1. 中欧班列

《新时代交通强国铁路先行规划纲要》提出了交通强国铁路先行规划总目标，其中提到：中欧班列成为具有国际影响力的世界知名铁路物流品牌，中国成为全球铁路科技创新高地，铁路走出去的产业链和价值链向中高端聚集（见图专4-9）。

图专4-9 行驶中的中欧班列

资料来源：苏凡、闫丰珺：《驶向未来的中欧班列》，中国铁路公众号，2020年8月22日。

① 苏凡、闫丰珺：《驶向未来的中欧班列》，中国铁路公众号，2020年8月22日；谢琦：《揭秘！原来它也是中欧班列的“黑科技”》，中国铁路公众号，2020年7月27日；林飞翼：《铁海联运为经济复苏按下“快进键”》，中国铁路公众号，2020年4月5日；苏凡：《长三角14个城市开办“高铁极速达”快递业务》，中国铁路公众号，2018年5月17日。

近年来，在“一带一路”倡议的推动下，中欧班列（见图专 4－10）已发展成为“一带一路”倡议的标志性成果，形成了品牌建设、运输组织、价格管理、经营服务、境内外协调机制、安全管理、指标评价等全链条组织体系，运量由 2016 年的年发运 14.5 万标准箱，增长到 2019 年的 72.5 万标准箱，年均增长达 71%。2018 至 2019 年，年开行运量均突破 5000 列，2020 年间中欧班列已开行 1.24 万列，发送 113.5 万标箱，同比增长 50% 和 56%①。

图专 4－10　中欧班列

资料来源：苏凡、闫丰珺：《驶向未来的中欧班列》，中国铁路公众号，2020 年 8 月 22 日。

目前，中欧班列开行范围已拓展到欧洲 21 个国家，“钢铁驼队”正成为中国与“一带一路”相关国家政策沟通、设施联通、贸易畅通、资金融

① 苏凡、闫丰珺：《驶向未来的中欧班列》，中国铁路公众号，2020 年 8 月 22 日。

通、民心相通的重要桥梁。

特别是在新冠肺炎疫情期间，在海运、空运受阻的情况下，中欧班列的战略通道正常开设，作用日益凸显，作为特殊时期的“外交官”，中欧班列持续推动中欧各国之间的合作，防疫物资和电商邮包已成为中欧班列的重要货源，为各国人民注入一剂战“疫”必胜的强心针。

2. 冷链物流

2020 年 6 月 23 日，央视直播展示了北斗卫星跟踪中欧班列轨迹，实现对铁路冷链物流运输位置的实时监测。

实际上，被北斗“盯上”的中欧班列冷链运输（见图专 4－11），其实本身就是一个“黑科技”。法国葡萄酒、白俄罗斯牛奶、德国啤酒走进国内要靠它，橙子、柚子、红柑橘等农产品走出国门也靠它。

图专 4－11　冷藏集装箱侧面

资料来源：谢琦：《揭秘！原来它也是中欧班列的“黑科技”》，中国铁路公众号，2020 年 7 月 27 日。

冬季，境外铁路沿线如哈萨克斯坦、俄罗斯、白俄罗斯等部分地区温度低至零下25℃，而工业产品的运输储存温度不能低于零下20℃。因此，工业产品冬季出口到欧洲就成了一大难题。铁路冷藏集装箱的投入使用，解决了工业产品的冬季冷链运输难题（见图专4－12）。

图专4－12　冷藏集装箱正面示意

资料来源：谢琦：《揭秘！原来它也是中欧班列的“黑科技”》，中国铁路公众号，2020年7月27日。

铁路冷藏集装箱的适用环境温度范围在±45°之间，运行时连续运转、自动启停，800升的油箱可满足班列单程22天的运输需求（见图专4－13）。

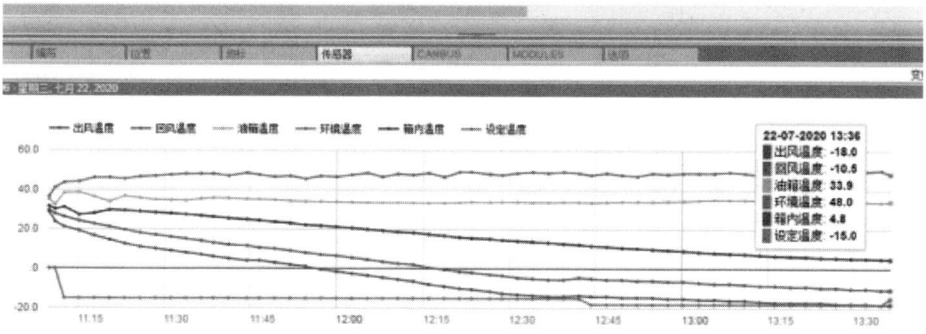

图专 4－13　冷藏集装箱远程监控示意

资料来源：谢琦：《揭秘！原来它也是中欧班列的“黑科技”》，中国铁路公众号，2020 年 7 月 27 日。

铁路冷藏集装箱运输是一种新型物流模式，因其可以远程监测和控温，被广泛应用到中欧班列中。

当中欧班列飞奔在新丝路上，远在万里之外的工作人员动动手指就能通过监测平台对冷藏箱的开关门状态、电瓶压力、油箱油位，以及箱内温度、湿度进行实时监控。

工作人员还可运用移动互联网技术远程控制冷机的运行状态，实现中欧班列冷链运输全程 24 小时可视化、可控化。一部手机就能变成这个“大型移动空调”的“万里遥控器”。

3. 集装箱多式联运

2020 年 4 月 8 日，安徽滁州市首趟“铁海联运”班列从滁州北货运站开出发往上海芦潮港。装载 30 个标准箱光伏板的整列集装箱班列于 2020 年 4 月 9 日顺利运达上海芦潮港后，及时装船出海运往荷兰等欧洲国家（见图专 4－14）。

图专4-14　多式联运集装箱

资料来源：《“中铁箱”加入海铁国际联运》，中国铁路公众号，2014年5月20日。

海铁联运是党的十九大提出的交通强国建设，打造绿色交通体系的重要组成部分。铁路部门联合其他企业推出的以海铁联运为特点的综合交通运输正在不断开拓新的市场，有效降低了物流成本，给企业进出口贸易带来了真正红利。

中国市场的复苏关乎世界经济发展脉搏。突如其来的新冠肺炎疫情对物流市场造成了不小的冲击，但铁海联运逆势而上，持续发挥对外稳定贸易作用，不断提升国际物流产品质量，连续释放政策红利，以更有温度、更有力度的“硬核”物流操作助力企业复工复产。

从“一口价”“门到门”全程物流服务，到对出口货物实行承运、装车、挂车“三优先”措施，进一步简化办理流程、提高作业效率，确保出口货物随到随发，保证货物准时运达。同时积极与企业、港口、海关等建立“不间断、不见面”的线上联络办公机制，做好空重集装箱到发、装卸车安排等信息预报，提高海铁联运的运输组织效率，提供铁路运力支撑，畅通多式联运通道，做大做强铁海联运运量规模，更好地为助力企业复工复产、恢复物流体系、实现“六稳”、恢复全球产业链条按下了“快进键”。

总的来说，海铁联运不但可以使港口经济腹地覆盖面更广、辐射范围更大，保证国内外运输稳定，更可以为内陆地区提供高效率、低成本的绿色物流通道，这对于加强国际大港口与内地的沟通联系有着重要意义。以集装箱运输为基础的多式联运，在现代物流中已越来越呈现其独特的优势，并且对国民经济发展，内外贸易稳定有着重要作用。

三、层出创新的业态模式

铁路服务业产业链长，与旅游业、流通业、制造业等产业联系密切，利用这一优势，推动铁路转型升级，将铁路同各产业结合起来，创新服务业态、服务模式和服务经济，扩展服务内容，更好地满足运输服务要求。

推进互联网业务和铁路业务相融合，整合餐饮业、旅游业等线上线下供应链，陆续推出高铁订餐、旅途在线娱乐等新业态服务模式。2020年9月起，部分普速列车也开放了订餐业务。下一步，将根据普速列车互联网订餐前期情况，按需增加准入餐食品种、加密供餐站点及服务列车车次。

“高铁+”业务蓬勃发展，“高铁+旅游”将高铁和旅游业结合起来，坐着高铁去旅游成为一种流行，各种各样的旅游班列开出中国色彩。“高铁+共享汽车”灵活采用自营、合作的方式推进试运营，打通“最后一公里”，已覆盖24个城市，高速铁路车站停车场、充电桩等配套设施的建设力度不断加强。

空铁联程联运在发展新格局下运应运而生，2020年4月，国家发展改革发布的《国家发展改革委关于促进枢纽机场联通轨道交通的意见》，指出要促进枢纽机场联通轨道交通，提高出行便捷程度，简化换乘环节，推进轨道交通与机场安检互认。并且公布了11个枢纽机场联通轨道交通重点项目的清单，包括北京首都机场、大兴机场，上海浦东机场、虹桥机场等，其中有10个铁路项目，7个项目计划在2020年开工。

此外，“高铁极速达”和“高铁顺手寄”依托高铁的速度优势和路网优势推出，充分利用高铁载客动车组、高铁确认列车、旅客列车行李车等运力资源，全力服务电商、快递物流和生产制造企业，能够顺应电商网购市场，创新挖潜铁路运输资源，充分发挥高铁成网优势。

☞ 专栏4－9　中国铁路创新业态①

1. 高铁订餐

以前，花生、瓜子、泡面才是人们在火车上的最佳拍档，而自2018年起中国铁路总公司开通了12306互联网订餐。

到达互联网订餐所在车站前，列车长会提前登录终端机查看订餐状态。到站后工作人员会与送餐人员做好交接，然后工作人员按照车厢号分别配送，最后将餐食分送至订餐的旅客手中（见图专4－15）。

① 蔡晶晶：《高铁订餐，让你想要的都到你碗里来》，中国铁路公众号，2018年6月27日；林飞翼：《共享汽车进驻高铁站？安排上了！》，中国铁路公众号，2019年1月18日；孙晓远：《刚刚！国铁集团与东航集团空铁联运项目启动》，人民铁路公众号，2020年8月25日。

图专 4－15　高铁订餐订单示意

资料来源：蔡晶晶：《高铁订餐，让你想要的都到你碗里来》，中国铁路公众号，2018 年 6 月 27 日。

铁路部门按照开放合作、许可经营的思路，引入“互联网 +”，搭建向社会开放的高铁餐饮供应信息服务平台，将路内外符合条件的餐饮产品在同一平台明码亮质标价，供旅客自主选择。表面上看，这是铁路丰富高铁餐饮品种、方便旅客用餐的一项服务举措。实际上，充分显示出铁路坚持以人民为中心的发展思想，着力提升旅客旅行获得感的内涵深意。高铁餐饮的小小变化，彰显铁路部门以人为本的大情怀。

这种变化和情怀，首先，体现在网上订餐的便捷性上。在这个差不多人人都用互联网、人人都会网上消费的时代，铁路部门顺应潮流，继实施网络购票之后，又推出了网上订餐服务，让智能化代替人工，让点餐、下单、支付全部实现自动。乘坐 G 字头、D 字头动车组列车出行的旅客，只要动动手指，就可通过12306网站、12306手机App方式实现网上订餐。这一举措，让铁路“互联网+”遍及车上车下，适应了社会发展需要，惠及更多人群；网上订餐的快速和便捷，也适应了现代人越来越快的生活节奏。

其次，体现在网上订餐的多样性上。过去，人们在高铁动车上用餐，只有屈指可数的几样盒饭可选择。实施网上订餐后，铁路部门初期确定了27个主要省会及部分计划单列市所在地主要高铁车站为供餐站。这些车站规模较大，供餐商家较多，旅客选择的餐食品种也较多，这些符合规定的餐饮产品均在12306网明码标价。同时餐吧车供应的冷链盒饭也可进行网上预订。

最后，体现在网上订餐的选择性上。高铁网上订餐平台把餐饮质量的“表决权”、购买样式的“选择权”真正交给了旅客，民以食为天，多样选择的目的，就是要让旅客吃上质优价廉、安全可口的食品。

2. 高铁+共享汽车

2019年1月，中国铁路郑州局集团有限公司、河南省投资集团有限公司与中国铁路投资有限公司共同在郑州市签订三方合作框架协议，标志着“高铁+共享汽车+旅游”项目正式启动。

该项目第一批在郑州、开封、洛阳、安阳、新乡、商丘、许昌、三门峡、兰考等城市建设，计划在郑州东站，郑州站、洛阳龙门站、安阳东站、新乡东站、许昌东站、开封北站、兰考南站、商丘站、三门峡南站等各建设50~100个共享汽车停车位；在省内重点景区和休闲度假区附近规划50个左右共享汽车停车位；在市区内高校、大型企事业单位和人员密集办公场所规划共享汽车停车位（见图专4-16）。

图专 4 - 16　共享汽车停车位

资料来源：林飞翼：《共享汽车进驻高铁站？安排上了!》，中国铁路公众号，2019 年 1 月 18 日。

“高铁 + 共享汽车 + 旅游”的新经济模式，主要发挥河南“米”字形高铁四通八达的优势，将全国尤其是河南周边 3 ~ 4 小时高铁经济圈内的游客吸引入豫，通过“高铁游中原”综合管理应用平台，借助共享汽车将游客输送到各旅游景点，一站式解决游客高铁购票、共享汽车租用、食宿预订、旅游景区购票、土特产购买、车站 VIP 服务等需求，打通高铁站至景区的最后一公里，满足人民群众日益增长的美好旅行生活需要，进一步促进经济发展。

3. 空铁联程联运

2020 年 8 月 25 日，中国国家铁路集团有限公司与中国东方航空集团有限公司空铁联运项目在上海启动，铁路 12306 App 和东方航空 App 全面实现系统对接，共同销售空铁联运产品，标志着我国空铁联运迈出实质性步伐。

自2019年9月国铁集团与东航集团签署战略合作协议以来，双方围绕创新空铁联运产品、推进空铁联程售票、提升空铁联运服务等进行深入研究，设计开发出以上海虹桥为联运枢纽，在铁路12306 App和东方航空App销售空铁联运产品（见图专4－17）。

图专4－17　空铁联订宣传演示

资料来源：孙晓远：《刚刚！国铁集团与东航集团空铁联运项目启动》，人民铁路公众号，2020年8月25日。

区别于以往旅客需要分别在铁路、航空购票端口预订火车票、机票的购票方式，此次空铁联运产品推出后，旅客可根据意愿，自行选择高铁与航班组合，在App上轻松完成全部预订流程，实现一个订单、一次支付。

在覆盖区域方面，一期产品以上海虹桥站、上海虹桥国际机场为核心枢纽，开通江、浙、皖大部分城市经上海前往东航国内各通航城市的双向联运。未来，联运中转城市还将逐步拓展到北京、广州、深圳、成都、南京、杭州、武汉、西安等多个重点城市，满足旅客跨区域、多方式的出行需求。

此外，国铁集团还与东航通力合作，围绕列车航班接续安排、票价优惠政策、行程延误处置等深化合作，不断提升空铁联运服务品质，在国内空铁联运设施建设、运营规则、服务标准、信息共享等方面先行先试，实现示范引领。

4. 高铁极速达

当高铁遇到快递，会产生什么样的化学反应？那就是极速快递，2017年“双11”中铁快运携手顺丰速运在京沪高铁推出“高铁极速达”实现10小时之内货物送达，得到大家的一致好评。

2018年5月，该业务再次拓宽覆盖面长三角中国铁路上海局集团有限公司管内14个城市的高铁站开办“高铁极速达”，快件递送业务可通达40多个城市。

图专4-18　高铁快运货物

资料来源：苏凡：《长三角14个城市开办“高铁极速达”快递业务》，中国铁路公众号，2018年5月17日。

快递托寄标准：快件单票重量不超过15千克；长、宽、高分别不超过0.55米、0.39米、0.4米①。上海、合肥、蚌埠、芜湖、马鞍山、徐州、镇江、常州、南京、无锡、苏州、杭州、宁波、金华的高铁车站均可办理"高铁极速达"业务；可以送达北京、福州、济南、南昌、青岛、厦门、武汉、西安、长沙、郑州、上海、杭州、南京、徐州、蚌埠、合肥、芜湖、马鞍山、金华等40多个城市。一小时内上门收件，当日11：00前寄件，当日21：00前送达；11：00~16：00寄件，次日12：00前送达。

此外，中铁快运还联合京东推出"京尊达"，针对部分京东客户专人定制物流服务，实现"高铁+专车"专人专件配送。专注于高端商品、高价值物品的寄送需求，通过即时出仓、高铁运输、"京尊达"电动汽车专人配送的一体化服务，为京东网购用户提供的专属定制化服务体验，是中铁快运公司携手京东物流，以高铁快运网络衔接快速同城配送网络的高品质服务产品。

"高铁极速达"充分利用高铁载客动车组、高铁确认列车、旅客列车行李车等运力资源，全力服务电商、快递物流和生产制造企业。能够顺应电商网购市场，创新挖潜铁路运输资源，充分发挥高铁成网优势。

第四节　党的十八大以来的中国铁路改革

党的十八大以来，中国铁路行业改革取得了重要进展，在党的正确领导下，以政企分开为标志，以铁路企业化、市场化改革为主线，以股份制

① 苏凡：《长三角14个城市开办"高铁极速达"快递业务》，中国铁路公众号，2018年5月17日。

改造为牵引，铁路行业的管理体制和治理体系都发生了重要变革，国铁企业建立现代企业制度取得重大进展，公司制下的国铁企业运行机制基本形成，铁路行业的市场化改革机制建设迈出了铿锵有力的步伐。

一、政企分开

按照第十二届全国人民代表大会第一次会议审议通过的《国务院关于提请审议国务院机构改革和职能转变方案（草案）》的议案，铁道部实行铁路政企分开，功能一分为三：将铁道部拟定铁路发展规划和政策的行政职责划入交通运输部；组建国家铁路局，由交通运输部管理，承担铁道部的其他行政职责；组建中国铁路总公司，承担铁道部的企业职责，不再保留铁道部（见图4－9）。

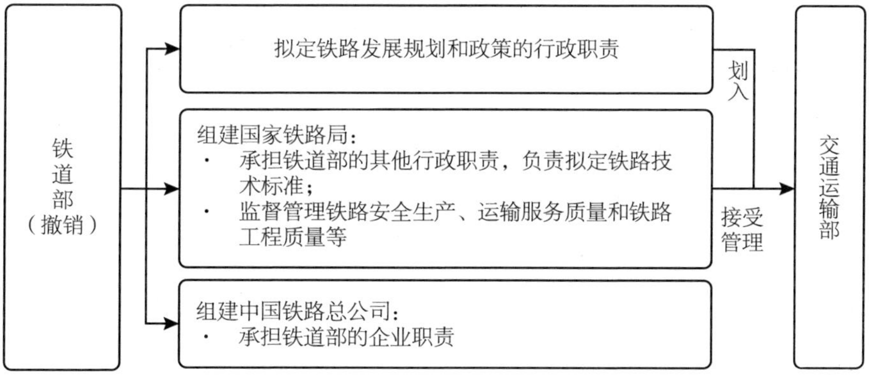

图4－9 （原）铁道部改革方案

资料来源：笔者根据2013年3月14日第十二届全国人民代表大会第一次会议通过的《第十二届全国人民代表大会第一次会议关于国务院机构改革和职能转变方案的决定》整理绘制。

2013年3月14日，中国铁路总公司正式成立，3月17日，“中国铁路总公司”的牌子挂在了北京市西长安街复兴路10号，原铁道部牌匾被撤下，长期以来被视作“计划经济最后一道堡垒”被攻破，铁路行业的市场化发展之路由此高歌起航。

按照《国务院关于组建中国铁路总公司有关问题的批复》，中国铁路总公司（以下简称“铁总”）是经国务院批准，依据《中华人民共和国全民所有制工业企业法》设立，由中央管理的国有独资企业，注册资金为10360亿元。机构设置为：机关设置26个内设机构、18个铁路局、3个专业运输公司及17家非运输企业，以及3家事业单位等（见图4－10）。从生产经营范围来看，中国铁路总公司以铁路客货运输服务为主，实行多元化经营。负责铁路运输统一调度指挥，负责国家铁路客货运输经营管理，承担国家规定的公益性运输，保证关系国计民生的重点运输和特运、专

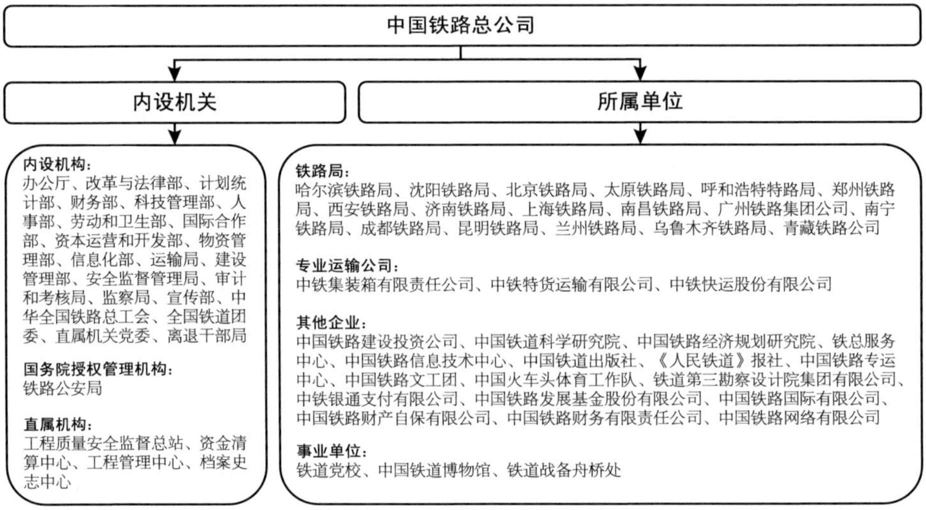

图4－10 （原）中国铁路总公司组织机构

资料来源：笔者根据2019年6月30日（原）中国铁路总公司发布的《中国铁路总公司组织机构》整理绘制。

运、抢险救灾运输等任务。负责拟定铁路投资建设计划，提出国家铁路网建设和筹资方案建议。负责建设项目前期工作，管理建设项目。负责国家铁路运输安全，承担铁路安全生产主体责任。

二、公司制改革

公司制是现代企业制度的有效组织形式，是建立中国特色现代国有企业制度的必要条件。2017 年 7 月 18 日，国务院办公厅正式下发了《关于印发中央企业公司制改制工作实施方案的通知》，启动全民所有制企业公司制改革，提出 2017 年底前基本完成国有企业公司制改制工作。原中国铁路总公司迅速响应，提出按照“非运输企业—铁路局—总公司”三步走的形式完成公司制改革，即首先将包括中国铁路建设投资公司、中国铁道科学研究院等在内的非运输类企业进行公司制改革；其次对全国 18 家铁路局进行公司制改革；最后是铁总对自身进行公司制改革。

2017 年 11 月，原中国铁路总公司下属十八个铁路局均完成公司制改革工商变更登记并正式挂牌，标志着铁路公司制改革取得了重要的成果，为国铁实现从传统运输生产型企业向现代运输经营型发展迈出了重要一步；2018 年 3 月，原中国铁路总公司上报公司制改革方案，改革步伐不断加快，混改试点不断扩展；2018 年 12 月，原中国铁路总公司更名获批，标志着公司制改革迈出了重要的一步，到 2019 年 6 月，原中国铁路总公司正式更名为中国国家铁路集团有限公司（以下简称“国铁集团”），公司制改革全部完成，铁路系统再次华丽转身。

目前，中国国家铁路集团有限公司是经国务院批准、依据《中华人民共和国公司法》设立、由中央管理的国有独资公司。经国务院批准，公司为国家授权投资机构和国家控股公司。公司注册资本为 17395 亿元，由财政部代表国务院履行出资人职责。公司设董事会、经理层，建立法人治理结构。依照国家有关法律法规和政策，建立符合现代企业制度要求和生产经营需要的劳动、人事和分配制度，建立健全财务、会计制度。公司根据业务发展需要，可依法设立子公司、分公司、代表处等分支机构。图 4－11 是目前中国国家铁路集团有限公司的机构设置情况：43 家本级机构、18 个铁路局集团公司，3 个专业运输公司等 34 家企业，以及 3 家事业

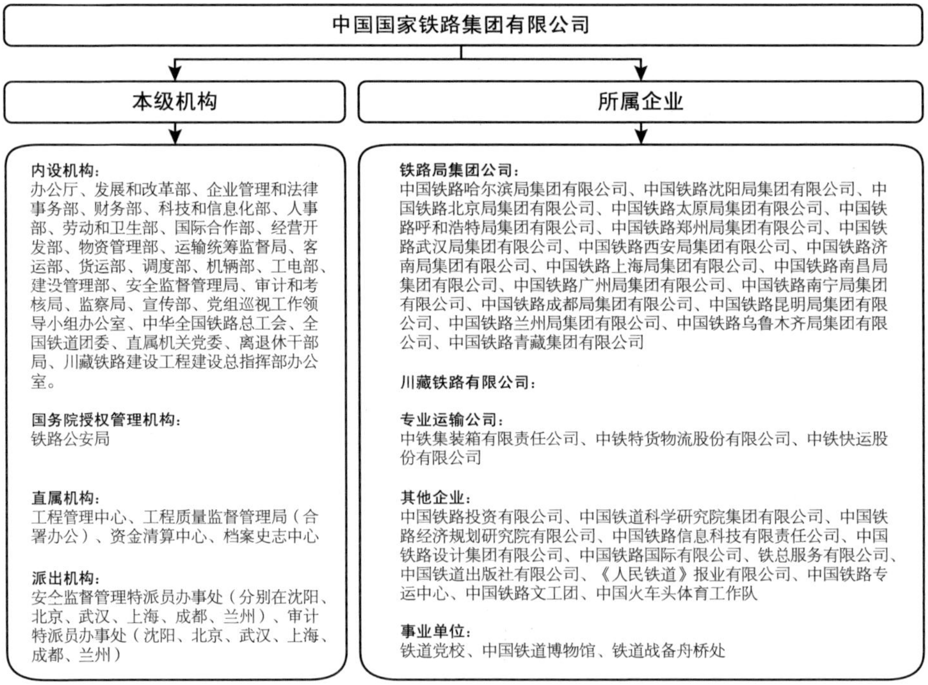

图 4－11　中国国家铁路集团有限公司组织机构

资料来源：笔者根据 2021 年 5 月 13 日中国国家铁路集团有限公司官网发布的《中国国家铁路集团有限公司组织机构》整理绘制。

单位①。按照“两级法人，三级管理”原则实施管理，其中，“两级法人”即中国国家铁路集团有限公司、铁路局集团公司两级，“三级管理”即按照中国国家铁路集团有限公司—铁路局集团公司—站段方式进行管理。所有全资子企业和控股公司均在国铁集团的统一组织指挥下，已发开展铁路客货运输及其他各类经营业务，承担安全、经营、稳定的主体责任。目前，公司以铁路客货运输为主业，实行多元化经营。负责铁路运输统一调度指挥，统筹安排路网性运力资源配置，承担国家规定的公益性运输任务，负责铁路行业运输收入清算和收入进款管理。自觉接受行政监管和公众监督，负责国家铁路新线投产运营的安全评估，保证运输安全，提升服务质量，提高经济效益，增强市场竞争能力。坚持高质量发展，确保国有资产保值增值，推动国有资本做强做优做大。

对比公司制改革前后的组织机构设置与经营方向变革，不难发现，中国国家铁路集团有限公司的成立，有利于更好地推动铁路行业的市场化改革，提高国铁资本效率效益，增强企业发展的内生动力、市场活力和抗风险能力，更好地发挥铁路作为国家综合交通运输体系骨干的重要作用，更好地服务国家战略和经济社会发展需要；有利于加快构建现代企业制度，完善法人治理结构，提升国铁企业的经营管理水平和市场竞争力；有利于促进国铁企业加快走向市场，提升铁路客货运输服务品质，高质量地满足人民日益增长的美好生活需要。

☞ 专栏 4 - 10　公司制改革过程中“两级法人管理关系”的不断优化②

按照中国铁路公司制改革要求，“两级法人管理关系”是铁路企业依

---

① 资料来源：中国国家铁路集团有限公司官网。

② 黄民：《新时代交通强国铁路先行战略研究》，中国铁道出版社 2020 年版。

法履行国家赋予的职责和出资人的职责、更好落实铁路局集团公司市场主体地位的重要战略，有利于促进国铁集团由“管企业资产”向“管企业资本”转变，更好地发挥两级法人企业职能作用。2014～2019年，中国铁路的两级企业关系不断调整，铁路局集团公司的管理也在不断朝着科学化、市场化的方向迈进。表专4-1为两级企业管理关系历次调整方案。

表专4-1　　两级企业管理关系历次调整方案

文件1		**《中国铁路总公司关于明确两级企业管理关系的规定》**
职能定位	铁总	铁路总公司是铁路局的出资人，是管理型企业，主要履行国家赋予的出资人职能、铁路运输统一调度指挥职能和铁路建设管理职能
	铁路局	铁路局是铁路总公司的全资子企业，是经营型企业，履行确保铁路总公司和本企业发展目标实现的职责，基本职能是在公司的统一领导下，承担安全生产、市场经营、队伍建设和资产保值增值的主体责任，是自主经营、自负盈亏、自我发展、自我约束的铁路运输企业
二者关系		母子企业关系
文件2		**《中国铁路总公司关于明确两级企业管理关系的规定（2017年修正）》**
职能定位	铁总	铁路总公司是铁路局的出资人，是以战略目标和财务效益管控为主的总部企业，主要履行国家赋予的出资人职能、铁路运输统一调度指挥职能和铁路建设管理职能，开展各类投资经营业务，承担国有资产保值增值责任
	铁路局	铁路局是铁路总公司的全资子企业，是直接面向市场开展铁路运输服务和多元化业务的经营企业，履行确保铁路总公司和本企业发展目标实现的职责，建立现代企业制度，基本职能是在企业权责范围内，承担安全生产、市场经营、队伍建设和资产保值增值的主体责任，是自主经营、自负盈亏、自担风险、自我约束、自我发展的铁路运输企业
二者关系		母子企业关系

续表

文件3		《关于明确国铁集团对铁路局集团公司管理关系的规定》
职能定位	国铁集团	国铁集团是铁路局集团公司的出资人，作为国铁企业总部，是资本投资型公司，主要履行国家赋予的出资人、铁路运输统一调度指挥、安全管理、建设管理、铁路行业运输收入清算和收入进款管理、党的建设等职能，主要以服务国家战略、优化国铁资本布局、提升产业竞争力为目标，以对铁路战略性核心业务控股为主，开展投融资、产业培育、资本运作和参与国际竞争等，培育铁路核心竞争力和创新能力，确保国有资产保值增值，提升国铁资本控制力、影响力
职能定位	铁路局集团公司	国铁集团是铁路局集团公司的出资人，作为国铁企业总部，是资本投资型公司，主要履行国家赋予的出资人、铁路运输统一调度指挥、安全管理、建设管理、铁路行业运输收入清算和收入进款管理、党的建设等职能，主要以服务国家战略、优化国铁资本布局、提升产业竞争力为目标，以对铁路战略性核心业务控股为主，开展投融资、产业培育、资本运作和参与国际竞争等，培育铁路核心竞争力和创新能力，确保国有资产保值增值，提升国铁资本控制力、影响力
二者关系		母子公司关系和平等的民事法律关系主体

资料来源：黄民：《新时代交通强国铁路先行战略研究》，中国铁道出版社2020年版。

三、股份制改造

股份制改造是指企业按照《中华人民共和国公司法》和《中华人民共和国证券法》等法律规定改造为股份制有限公司，股份制具有政企职能分开、筹资面广、股东需要同时承担收益与风险等特征，是一种产权明晰、权责明确、管理科学的现代企业制度。近年来，按照党中央的指示精神，中国铁路不断以股份制改造为牵引，推动铁路资产资本化、股权化、证券化，积极推进混合所有制改革，在推动优质铁路资产股改上市、规范上市公司管理、提升铁路资本化、股权化、证券化水平方面做出了许多成绩，为推动国铁资本布局结构优化、经营机制改革创新、企业管理水平提升、资本价值创造放大起到了良好的示范作用。

（一）京沪高速铁路股份有限公司上市

2020 年 1 月 16 日，京沪高速铁路股份有限公司在上海证券交易所主板挂牌上市，标志着“中国高铁第一股”成功登陆 A 股，铁路股份制改造取得重要进展，中国高铁正式进入资本市场。

京沪高速铁路股份有限公司（以下简称“京沪高铁公司”）成立于 2007 年，于 2019 年 12 月获得中国证券监督管理委员会发行审核委员会的首次公开募股（IPO）正式批文，发行人民币普通股股票，自 2020 年 1 月 16 日起在上海证券交易所上市交易，证券简称为“京沪高铁”，证券代码为“601816”，发行价为 4.88 元/股，本次公开发行的股票数量为 62.86 亿股，发行后总股本为 491.06 亿股[①]。易方达基金等 21 家国有资本、扶贫投资基金、战略配售基金积极参与了京沪高铁战略配售。

于 2011 年 6 月 30 日开通的京沪高铁全长 1318 公里，设计目标时速为 350 千米/小时[②]，为世界上一次建成里程最长、技术标准最高的高速铁路。沿途纵贯北京、天津、上海三大直辖市和河北、山东、江苏、安徽四省份，对促进区域经济社会协调发展，改善沿线人民群众的出行条件具有重要意义。京沪高铁连接着京津冀和长三角两大经济区，区域人口密度大、城市化程度高，经济发达，客源充沛，运营后的第三年便开始实现盈利，具有非常稳定的成长性。

京沪高铁公司上市后，将逐步利用募集资金扩大经营范围，收购京福客专安徽公司部分股权，运营管理其管内的合蚌高铁、合福铁路安徽段、郑阜铁路安徽段和商合杭铁路安徽段等高铁，增强辐射效应，带动相关线

①② 资料来源：京沪高速铁路股份有限公司官网。

路持续发展。京沪高铁公司在上市后表示，将充分发挥京沪高铁品牌优势，开辟新的经济增长点，提高经营效益，服务社会，回报股东，打造世界领先的现代化铁路运输企业，努力实现铁路高质量发展，更好地服从和服务党和国家工作大局。

京沪高铁公司的上市，是国铁集团深入贯彻落实中央关于深化国有企业改革、加快推动股份制改造决策部署，实现优质资产股改上市的重要举措，是中国铁路企业大力发展混合所有制经济、促进资本结构优化调整、推进铁路高质量发展的具体行动，对于实现国有资产保值增值具有良好的示范效应，有利于实现铁路运输主业资本扩张和高效发展，更为充分地发挥高速铁路的经济社会效益，在我国铁路改革进程中具有标志性意义。

（二）北京铁科首钢轨道技术股份有限公司上市

2020 年 8 月 31 日，北京铁科首钢轨道科技股份有限公司（以下简称“铁科轨道”）在上海证券交易所科创板成功上市，股票代码为“688569”，发行价格为 22. 46 元/股[①]。

铁科轨道成立于 2006 年 12 月，2010 年进行股份制改造。上市发行前注册资本金 15800 万元，首钢合计持有 34% 股权，其中，股权公司持股 26. 88%，股份公司持股 7. 12%。铁科轨道的主要业务是以高铁扣件为核心的高铁工务工程产品的研发、生产和销售，致力于为高铁运营提供安全、稳定、可靠的工务工程产品。高铁扣件牢固地扣压住钢轨，是提高轨道精度、保证线路平顺、提供轨道绝缘和弹性舒适性的关键部件，为高铁列车在高速状态下安全、舒适、平稳运行提供保障。经过十余年的发展，

---

① 北京铁科首钢轨道科技股份有限公司 IPO 公告书：《北京铁科首钢轨道技术股份有限公司首次公开发行股票科创板上市公告书》。

铁科轨道公司形成了以高铁扣件为核心，同时包括轨道板预应力体系、铁路桥梁支座以及工程材料在内的高铁工务工程产品体系，产品覆盖轨道、桥梁和隧道等高铁工务工程领域。目前，铁科轨道已掌握了高铁扣件设计、制造和检测等核心技术，打破了国外厂商对高铁轨道核心部件的垄断局面，是目前国内唯一掌握高铁特殊调整扣件系统技术的扣件系统集成商。该技术提供高铁线路沉降变形修复的解决方案，解决了轨道板沉降引起的线路不平顺难题，为我国高铁安全运营奠定了坚实的技术基础。铁科轨道生产的高铁扣件目前已经广泛应用于中国四通八达的高速铁路网络之中，在长期的中国高铁实践中见证了值得信赖的产品质量。作为首家在科创板成功上市的中国铁路科研企业，铁科轨道的上市将为国铁集团的科研发展和技术创新开启新的篇章。

京沪高铁和铁科轨道的成功上市，为中国铁路企业的股份制改造积累了重要的成功经验。目前，中铁特货公司、金鹰重工公司上市审核工作已经基本完成，广深铁路完成境外退市，形成境内资本运作方案。国家铁路的资产证券化比率正在逐年提升。

（三）吸引社会资本组建合资铁路公司

吸引社会资本组建合资铁路公司是弥补铁路建设资金不足、促进铁路建设项目顺利建成的重要手段，也是中国铁路引入外部资本进行投融资体制改革的重要方式，目前中国的合资铁路公司已经有二百余家。

2016 年 1 月国家发展改革委下发了《关于做好社会资本投资铁路项目示范工作的通知》，确定了 8 个项目作为社会资本投资铁路的示范性项目。在国家发展改革委的推动下，近年来以民营资本为主的合资铁路公司正在不断增加，浙江省是其中发展最快的地区之一，拥有杭绍台铁路和杭温高铁两家示范性合资铁路公司。2016 年 12 月，杭绍台铁路先行段正式开工建设。2017 年 12 月 21 日，杭绍台铁路公司成立，第一大股东为民营企业合资组建的台州杭绍台高铁投资管理合伙企业。2019 年 2 月，随着杭绍台铁路全线头号控制性工程东茗隧道的 8 个工作面全部进入正洞开挖，中国首条民营控股高铁——杭绍台高铁 PPP 项目进入全线施工阶段。2019 年 6 月，第二条民营控股高铁——杭温高铁发布工程总承包中标单位，由其投资控股单位百盛联合集团牵头，联合中铁十一局、中国铁路通信信号股份有限公司共同中标，采用“建设—拥有—运营—移交”模式运作。此外，原中国铁路总公司还探索推进了福建城际铁路交通导向型开发模式（TOD），逐步探索更多吸引社会资本投资建设铁路的新型模式。

（四）推进非运输业混合所有制改革

2020 年国铁集团发布《关于推进国铁企业分类改革的实施意见》，明确了铁路企业混合所有制改革先从铁路非运输企业开始试行。铁路非运输业未来发展空间巨大，整体发展速度将快于运输业，是铁路市场化发展的重要方向，也是铁路提质创效的重要突破口。近年来，中国铁路非运输业企业的混合所有制改革持续推进。

2018 年 6 月 7 日，中国铁路投资公司将下属的动车网络科技有限公司的 49% 股权公开转让，由深圳市腾讯计算机系统有限公司（39%）、浙江吉利控股集团有限公司（10%）组成的联合体中标，成交价为 43 亿元，三家股东依法构建动车网络公司的法人治理体系，优化技术运营团队，构建市场化经营机制，携手建设动车组 WI－FI 平台。目前，该公司已经更名为国铁吉讯科技有限公司（以下简称“国铁吉讯”），公司定位于中国铁路官方出行服务提供商，以“让铁路出行更美好”为使命，以“打造中国铁路国家级互联网公司”为愿景，致力于不断满足人们对美好出行生活的需要①。公司成立以来，打造了“掌上高铁”这款中国铁路官方出行服务App，为亿万乘客提供站车一体化、线上线下协同的出行服务，包括电子客票、高铁影院、高铁餐饮等车上旅行服务以及极速打车特色联程出行服务，涵盖了旅客在出行过程中吃、住、行、游、购、娱各个方面，形成了“基础产品 + 商业产品”的发展格局；推出了“金鹿 OS”业务，基于铁路站车餐饮、零售、自助设备等经营业态，围绕铁路商铺经营，应用物联网、大数据、区块链等技术构建的站车商业服务系统，主要包括金鹿ERP、金鹿易付、金鹿大数据三大服务，构建站车商业服务生态体系；组建了“微满 LaaS”物流平台，通过聚合运力资源（公路、铁路、水路、快递、快运、第三方物流等）、仓储资源、金融资源、服务机构等资源，搭建“互联网 + 多式联运”的第四方物流服务平台，为客户提供门到门全程物流服务。微满 LaaS 包含快递快运、铁路干线快运、大宗物流、网络货运平台四项业务。

2018 年 8 月29 日，铁总顺丰国际快运有限公司在深圳揭牌成立，注册资本为5000 万元，铁总快运占股55%，顺丰占股45%②。目前，公司已经更名为中铁顺丰国际快运有限公司（以下简称“中铁顺丰”），经营范围主要包括高铁快运、行李车、快速货物班列等特色物流服务产品研发销售，铁路跨境电商货运平台设计建设等。中铁顺丰致力于成为为客户提供全球供应链综合解决方案的商业伙伴。中铁顺丰目前使用的铁路运力资源主要包括高铁图定车、高铁动检车、普列行李车、电商班列、国际旅客列车行李车等，开发了高铁极速达、高铁顺手寄、特色经济高铁专线、跨境

① 澎湃新闻官方账号：《铁总转让高铁 WiFi 独家运营公司 49% 股权，底价 30 亿》，澎湃新闻网，2018 年 4 月 1 日。

② 第一财经官方账号：《铁路混改又一大动作：中铁顺丰国际快运揭牌，顺丰占股 45%》，第一财经网，2018 年 8 月 29 日；中铁顺丰官网。

快速运输等服务，为发掘铁路资源潜力提供了良好的典范。

2021 年 3 月 5 日，中铁京东物流有限公司（以下简称“中铁京东”）在北京揭牌成立。这是继与顺丰成立公司后，国铁集团再次与电商物流企业共同合作成立的公司。随着电商物流和高铁货运的不断创新融合，市场潜力亟待进一步激化，双方的合作有利于丰富铁路快运产品，在推进社会物流降本增效、加快发展现代物流新模式的过程中发挥作用。按照规划，中铁京东将聚焦铁路快运、电商物流、物流装备设施、信息服务等领域，不断推进技术创新，以市场化的经营机制，增加物流产品有效供给，在建设现代流通体系，构建新发展格局中发挥更大作用①。

此外，国铁集团与海南银行签订战略合作框架协议、成立全国煤炭交易中心、发行可转债等举措都是铁路非运输业企业推进混改的良好成果。

可以说，国铁集团股份制改造是一个千载难逢的历史机遇，一系列股份制改造方案的顺利开展，使国铁集团能够在推进制度创新和经营机制转换的过程中，逐步理顺政府部门同中国铁路企业、中国铁路企业母子公司、中国铁路企业与市场的关系，统筹运输生产经营领域的布局调整和企业的重组整合，推动中国铁路企业从运输生产任务型向市场经营效益型转变。

四、党领导下持续深化改革

党的十八大以来，在以习近平为核心的党中央的坚强领导下，中国铁路不忘初心，牢记使命，市场化和法治化改革进程不断深入。在推进中国铁路改革的道路中，中国铁路始终把党的领导落实到铁路的一切工作之

---

① 中铁快运：《中铁京东物流有限公司揭牌成立》，中铁快运股份有限公司官网，2021 年 3 月 5 日。

中，把党的领导落实到公司制改革和股份制改造的各个环节之中，把加强党的领导与推进铁路改革统一起来，全面确立了党组、党委在国铁企业法人治理结构中的法定地位，筑牢了铁路企业的“根”与“魂”。

回首过去，中国铁路在党中央和国务院的正确指引下深入推进关于铁路改革的各项部署，以建立适应社会主义市场经济体制要求的铁路管理体制为指引，以推动治理体系和治理能力现代化为目标，不懈探索，先后经历了放权让利、主辅分离、直管站段、政企分开、公司制改革等重大改革事项。随着改革空间的不断拓展，中国铁路与市场经济不断融合，发展的内生动力不断增强，对于提升铁路行业的发展质量与效益起到了关键性的推动作用。中国铁路改革的实践经验表明，党中央关于推进铁路改革的方针政策是完全正确的，铁路部门落实中央要求推出的一系列改革举措是完全符合我国铁路发展实际、符合企业发展规律，充分发挥国铁企业主体作用是符合我国铁路发展改革实际的。展望未来，中国铁路的改革之路仍有非常大的发展空间，目前的体制机制，与建设现代化铁路强国相适应的管理制度、管控模式和运行机制相比，仍需要进一步改革完善，与建设世界一流铁路企业相适应的现代国铁企业制度、资本管理体制、市场化经营机制相比，仍有待进一步健全与完善。相信在党的正确领导下，国铁集团未来必将在践行“交通强国、铁路先行”的改革发展之路上做出更加亮眼的成绩。

第五节　高速铁路促进社会经济发展

党的十八大报告提出建设交通强国战略，高速铁路发展迎来了黄金时期，营业里程不断增加，覆盖范围不断扩大，运输服务持续增长，对经济社会发展的促进作用日益凸显。

一、高铁已形成庞大的规模

党的十八大以来，高铁发展加快，已形成庞大规模的网络，到2020年末，高铁营业里程达到37900公里，其中，2013～2020年，高铁新增营业里程约为32100公里（见表4-9），占高铁总里程的84.59%；“十三五”期间，高铁里程翻了近一番，从2015年底的19838公里增加到2020年底的37900公里，占世界高速铁路营业里程的65%以上。“四纵四横”的高铁主骨架网已建成，“八纵八横”高铁网加密成型，网络通达除西藏外的省区市。

表4-9　　2013～2020年新年成高铁营业里程　　单位：公里

年份	新建成高铁里程	高铁营业里程
2012	2755	9356
2013	1672	11028
2014	5428	16456
2015	3382	19838
2016	3142	22980
2017	2184	25164
2018	4740	29904
2019	5484	35388
2020	2512	37900
合计	29304	37900

资料来源：《铁路统计资料汇编》（2012～2020年）。

二、高铁在铁路客运中居于主导地位

（一）动车组数量和使用量不断增加

中国高铁运营10年多来，动车组技术从早期技术引进到消化吸收再创新，再到复兴号动车组全面拥有核心技术，实现自主知识产权，中国高铁迈出了从追赶到领跑的关键一步，逐步形成以时速350公里、时速250公里为主的动车组系列化产品，覆盖低温、高海拔、风沙、高温等不同运营环境。

数据显示，2012～2019年，中国动车组数量逐年增长，2019年达到3665标准组，较2012年增加2840标准组，增长3.44倍。同时，动车组投入使用量也不断提升，2019年，中国投入使用动车组达到29319辆，较2012年增加20753辆，增长2.42倍（见表4－10）。

表4－10　　2012～2019年高铁动车组数量及投入使用量

年份	动车组数量（标准组）	动车组投入使用量（辆）
2012	825	8566
2013	1308	10464
2014	1404	13696
2015	1883	17648
2016	2586	20688
2017	2935	23480
2018	3222	25776
2019	3665	29319

资料来源：《铁路统计资料汇编》（2012～2019年）。

（二）高铁客运量和旅客周转量快速增长

2008年以来，高铁客运量和旅客周转量持续增长，2012年分别为38815万人和1446.1亿人公里，2019年分别达到235833万人和7746.7亿人公里，分别是2012年的6.1倍和5.4倍，占铁路客运量和铁路旅客周转量的64.4%和52.7%（见表4-11），在铁路客运中居于主导地位。

表4-11　　2008~2019年高铁客运量和旅客周转量及其占比

年份	高铁客运量（万人）	占铁路客运量比重（%）	高铁旅客周转量（亿人公里）	占铁路旅客周转量比重（%）
2008	734	0.5	15.6	0.2
2009	4651	3.1	162.2	2.1
2010	13323	8.0	463.2	5.3
2011	28552	15.8	1058.4	11.0
2012	38815	20.5	1446.1	14.7
2013	52962	25.1	2141.1	20.2
2014	70378	30.5	2825.0	25.1
2015	96139	37.9	3863.4	32.3
2016	122128	43.4	4641.0	36.9
2017	175216	56.8	5875.6	43.7
2018	205430	60.9	6871.9	48.6
2019	235833	64.4	7746.7	52.7
总计	1044161		37110.2	

资料来源：《中国统计年鉴》（2008~2019年）。

三、高铁对经济发展的作用

交通运输在国民经济中具有基础性、先导性、战略性和引领性地位，高速铁路是速度快、运量大、节省土地和安全环保的国家新型基础设施。高铁拉近时空距离，带动了城际区域协同发展，促进了各类生产要素的快速流动和集聚，对国民经济发展具有积极作用。高铁对经济发展的作用表现为高铁投资对国民经济增长的拉动作用和高铁运营对区域经济发展的带动作用。

（一）高铁投资对国民经济增长的拉动作用

投资作为带动经济增长的三驾马车之一，对稳定经济增长具有举足轻重的地位。铁路投资作为稳定经济增长的重要手段，第一次是受全球金融危机的影响，2008 年第四季度 GDP 增长下滑至 6.6%，国务院通过了 2 万亿元的铁路投资计划①。

高铁作为客运新技术，具有以下特点：第一，技术高，投资大。高铁属于高技术产业，工程造价高，每公里平均为 2 亿元左右；标准动车组价格为 1.5 亿元左右。第二，关联产业多，产业链长。高铁系统包括线路、动车组、电力、信号和管理信息系统等，涉及的产业多而且产业链长，投资乘数大，据有关研究，高铁投资乘数为 10②。第三，运营维护要求高，再生产投入的资金较大。为了确保高铁运行安全，高铁线路、动车组、接触网和信号等需要日常维护、小修和大修等，需要再投入较大资金。

①② 国家铁路局《高铁经济学导论》编写组：《高铁经济学导论》，中国铁道出版社 2018 年版。

（二）高铁运营对区域经济发展的促进作用

高速铁路对区域经济发展的作用主要是通过促进产业发展来实现的。高铁对产业发展的作用机理是高铁压缩时空距离，从而增加区域之间的联系，促进区域形成交通区位，从而改善区域投资和营商环境，提升其他经济区位，进而推动产业结构升级和产业布局优化。

1. 推动产业结构升级

在高铁线路“轴”状连接下，不仅使沿线中心城市和边缘城市联系更为紧密，还为不同城市发展如对时效、信息、技术要求较高的高科技产业、生产性服务业，以及旅游休闲、总部经济、商贸金融、会展等消费性服务业的布局更为合理。交通运输本身属于第三产业，高铁进一步加快了沿线城市的第三产业发展。由于高速铁路缩短了城市之间的相对距离，进而加快了人才知识、高新技术、管理经验、市场信息等核心要素的流通，这为以技术和信息为核心的高端产业发展带来广阔空间。这些产业促使城市工业结构由传统资源与劳动密集型向高新技术密集型转变，实现了城市产业结构的改造升级，促进了经济增长方式由粗放型向集约型、创新型转变。

以京沪高铁为例，通过灰色预测和有无对比法分析京沪高铁沿线部分城市二、三产业变化，可以看出京沪高铁通车以后第二产业比重逐步下降，而对第三产业比重上升。例如，京沪高铁开通至 2017 年，使泰安第二产业比重下降了 23.68% 和第三产业比重上升了 9.95%；使徐州第二产业比重下降了 13.37% 和第三产业比重上升了 9.57%；使蚌埠第二产业比重下降了 7.21% 和第三产业比重上升了 9.29%（见表 4－12 和表 4－13）。

表 4－12　　部分城市有无高铁情形下第二产业占比的变化　　单位：%

序号	城市	2010 年		2017 年	
		无高铁实际值	无高铁预测值	有高铁实际值	高铁的贡献
1	德州	54.6	53.62	47.7	5.92
2	泰安	53.6	69.08	45.4	23.68
3	枣庄	60.1	59.52	51.6	7.92
4	徐州	50.7	56.97	43.6	13.37
5	宿州	37.9	66.18	38.3	27.88
6	蚌埠	47.3	51.11	43.9	7.21
7	滁州	49.2	59.02	51.0	8.02

资料来源：实际值汇总了各地统计年鉴，预测值通过计算得到。

表 4－13　　部分城市有无高铁情形下第三产业占比的变化　　单位：%

序号	城市	2010 年		2017 年	
		无高铁实际值	无高铁预测值	有高铁实际值	高铁的贡献
1	德州	33.0	35.99	42.4	6.41
2	泰安	36.9	36.85	46.8	9.95
3	枣庄	31.3	34.00	41.4	7.40
4	徐州	39.7	37.73	47.3	9.57
5	宿州	34.2	38.40	44.5	6.10
6	蚌埠	33.9	33.61	42.9	9.29
7	滁州	29.5	27.77	34.9	7.13

资料来源：实际值汇总了各地统计年鉴，预测值通过计算得到。

京沪高铁开通前，天津南站所在的西青区的支柱产业是化工、石油、橡胶、金属等重污染行业。西青区尽管为产业转型升级做了大量工作，也取得了一定成效，但仍没有改变工业主导地位，而且工业和服务业结构比较低端。京沪高铁开通后，西青区共引进各类项目421个[①]，协议投资额1929.3亿元，涵盖企业总部、人工智能、智能网联车、大数据、新能源新材料、检验检测、汽车及配套、装备制造、生物医药、食品冷链等领域。三次产业比例由2010年2.5%：62.8%：34.7%调整为2017年的1.1%：55.5%：43.1%，第三产业比重不断提高，结构优化成效明显。

苏州市抓住京沪高铁通车运营机遇，在苏州北站打造高铁新城。高铁新城以“产城融合”为发展理念，以“高铁枢纽、创智枢纽”为产业引擎，以构建“智商文旅”全产业链产业体系为指导，加快推进大数据产业园、影视产业园、电子商务产业园等现代服务业载体建设。成功打造国家级众创空间、省级科技金融合作创新示范区核心示范园、市级现代服务业集聚区、市级大数据特色产业园、市级电子商务示范基地、市级平台经济特色基地等品牌。累计引进科技研发、科技金融、文创创意等现代服务业企业657个，注册资本523亿元。2018年高铁新城三大产业完成产值182亿元，实现企业税收3.4亿元，提供就业岗位近5000个（见表4-14）。

表4-14　2018年苏州高铁新城三大产业发展情况

产业类别	企业数量	企业产值（亿元）	企业税收（亿元）	提供就业数量（人）
科技研发	168	35	0.6	1500
科技金融	149	5	1.0	1000
文创创意	340	142	1.8	2500
合计	657	182	3.4	5000

资料来源：根据本书编写组调研资料整理得出。

① 资料来源：根据本书编写组调研资料整理得出。

2. 促进产业布局优化

随着高速铁路效应拓展，"高铁经济"成为新生事物。"高铁经济"是依托高速铁路综合优势，促使资本、技术、人力等生产要素，以及消费群体、消费资料等消费要素，在高速铁路沿线站点实现优化配置和集聚发展的一种新型经济形态。高速铁路建成运营，将形成以高速铁路为发展主轴、以沿线城市交通站场及枢纽为支点、以第二和第三产业为主体的发达带状经济区域，实现自然资源、资本、人才、技术以及信息的快速流动，为沿线城市发展提供新的增长极。

高铁是城市经济发展的触媒，高铁站区吸引不同产业并呈现"圈层式"布局。以京沪高铁为例，以高铁站为中心，选取3公里半径作为空间单元，考察企业密度、不同产业的企业数量占比的变化，以此说明京沪高铁对企业空间集聚的作用。如表4－15所示，第一，2008～2018年，除定远站外，其余高铁站区的企业密度增加，说明高铁车站对企业具有吸引力，其中，北京南站、廊坊站、天津西站、济南西站、南京南站、常州北站、昆山南站、徐州东站、枣庄西站对企业的吸引力较大；德州东站、曲阜东站、滕州东站、滁州站、丹阳北站对企业的吸引力较小，定远站对企业吸引力最小。第二，制造业企业占比普遍下降，表明京沪高铁站区对制造业的吸引作用小。第三，16个高铁站区的生活服务业（批发和零售业、住宿和餐饮业、文化娱乐业）企业占比上升，表明京沪高铁站区对主要生活服务业的吸引作用较大。第四，除沧州西站外，其余高铁站区知识密集型产业（租赁和商务服务业、科学研究和技术服务业、信息传输、软件和信息技术业和金融业）的企业占比上升，说明高铁对知识密集型产业的吸引作用大。

表 4 - 15　　2008 ~ 2018 年京沪高铁站区 3 公里半径范围内企业变化情况

高铁站名	企业密度变化（家/平方公里）	制造业企业占比变化（%）	生活服务业企业占比变化（%）	知识密集型产业企业占比变化（%）
北京南站	804	-2.4	1.6	3.1
廊坊站	493	-3.6	-6.7	10.8
天津西站	525	-11.9	-2.6	16.0
天津南站	83	-22.5	16.1	2.2
沧州西站	23	-3.1	5.1	-13.4
德州东站	3	-63.1	35.7	19.0
济南西站	187	-7.5	-9.3	20.2
泰安站	94	-1.8	-2.5	6.8
曲阜东站	6	-50.6	34.5	0.8
滕州东站	4	-5.0	-7.2	5.0
枣庄西站	111	-6.6	1.9	5.0
徐州东站	105	-12.5	4.6	18.3
宿州东站	20	-67.0	11.9	48.6
蚌埠南站	30	-22.7	17.0	15.6
定远站	0	0	0	66.7
滁州站	15	-13.5	7.5	3.9
南京南站	373	-10.2	-8.7	19.3
镇江南站	65	-14.1	10.1	9.1
丹阳北站	2	-36.3	17.4	12.7
常州北站	206	-18.2	0.1	16.9
无锡东站	47	-36.6	8.5	25.7
苏州北站	34	-39.4	19.9	18.9
昆山南站	312	-11.5	4.2	9.4
上海虹桥站	85	-22.0	15.1	14.4

资料来源：企查查网站。

四、高铁对社会发展的作用

（一）加速城镇化进程及城镇协调发展

高铁压缩时空距离，提高地区可达性，强化沿线地区之间的联系，改善沿线地区投资环境，提升城市品质和产业结构，增加就业机会，从而加速沿线地区城镇化进程。大量的实证结果表明高铁对城镇化具有促进作用。例如，布罗奇（Brotchie，1991）研究发现在日本新干线开通后的10年内，沿线城市人口出现显著增加并且认为是由外来人口的迁入导致的，因为新干线设站城市的人口增长速度比未设站城市快。小林（Kobayashi，1997）认为高速铁路能够增强区域可达性水平，大大缩短时间距离和空间距离，加快城市群的生产要素流动，扩大城市群的范围，推动沿线城市人口集聚。艾伦（Allen，1997）认为高速铁路通过增强区域可达性，促进人口流动。迈克尔和劳赫（Micheal and Rauch，2012）认为高速铁路的城市经济发展和产业结构升级，需要更多的劳动力和人力，进而创造更多就业机会，吸引周边欠发达地区的人口迁移。袁万海（2012）运用系统动力学方法研究城镇化系统，发现高速铁路推动沿线城市城镇化。杨正泽等（2014）认为高速铁路以其快速便捷的特点吸引人口流动，增强了城市的可达性，吸引产业集聚产业，创造就业机会，从而吸引人口向城市迁移，逐渐形成围绕中心城市，发展周边中小城市的格局。王赟赟等（2018）认为高速铁路提升了城市的可达性并引起城市人口的集聚。覃成林等（2013）利用回归方程与人口增长模型得出高速铁路城市的人口将沿线聚集的结论。覃成林等（2014）发现铁路速度提升的作用下，通过增强沿线城市可达性可以加快人口的增长速度。张丹丹（2016）发现高速铁路运营周期越长，高速铁路对城镇化率的作用也就越大。

马磊（2020）基于五个等级的259个地级及以上城市2003～2018年的面板数据，分别建立连续时间双重差分模型，实证分析高铁对城镇化的作用及其差异。结果显示：第一，高速铁路对不同等级城市的城镇化具有促进作用。第二，高速铁路对不同等级城市的城镇化作用差异程度较大，大小排序依次为经济欠发达的中小城市、经济较发达的中小城市、经济较发达的大中城市、经济较发达的特大城市和大城市、经济发达的超大城市和特大城市。综合来看，高速铁路对《国家新型城镇化规划（2014－2020）》提出的“促进各类城市协调发展”具有积极作用。

（二）缩小区域发展差距

“要想富，先修路”“火车一响，黄金万两”。高铁给经济欠发达地区提供了与经济发达地区的联系机会，也为经济欠发达地区资源开发和产业发展提供了良好的条件，同时强化了发达地区向欠发达地区的扩散效应，使得欠发达地区获得良好的发展机会，从而缩短与发达地区的差距。

以京沪高铁为例，为衡量京沪高铁对区域协调发展的作用，选取沿线地级及以上城市2010年和2017年的相关指标，分别计算GDP和人均GDP加权变异系数以及库兹涅茨比率。

通过计算，京沪高铁沿线区域的三项指标均有所下降，如表4－16所示。从2010年到2017年，GDP加权变异系数从1.453下降到1.383，下降了4.8%；人均GDP加权变异系数从0.426下降到0.403，下降了5.4%；库兹涅茨比率从36.1%下降到34.6%，下降了1.5个百分点。由此可见，京沪高铁开通后，沿线区域经济发展均衡性有一定程度提升。

表 4－16　　京沪高铁沿线区域经济发展差异情况

年份	GDP 加权变异系数	人均 GDP 加权变异系数	库兹涅茨比率（%）
2010	1.453	0.426	36.1
2017	1.383	0.403	34.6

（三）改善人民生活质量

高铁改变的不只是距离，还有生活方式和发展理念。高铁的快速度和高密度，使距离不再遥远，使人们的生活圈变大，亲情圈加强，生活质量提高。

1. 高铁使人们的生活范围从城市扩大到都市圈和城市群

高铁转变了人们时空距离观念，从衡量空间远近变成了时间长短。大城市与周边的小城镇的时空距离极大缩短，大多 1 个小时内就能到达，沿线城市之间同步打造了“同城”高铁公交化通道，使得人们活动范围、资源分配和利用范围拓展到城市群范围，改变了人们活动空间和对城市边界的认识，出现了“1 小时生活圈”和“2 小时高质量服务圈”。例如，目前上海有不少白领居住在苏锡常等城市，每天乘坐高铁往返于工作城市与生活城市之间，在北京、南京、天津等城市也大量涌现这种“双城生活”模式。以丹阳、曲阜、德州等为代表的中小城市居民，借助京沪高铁积极融入大城市的生活，出行频率显著提升。同时利用节假日出行异地购物、餐饮、游园、住宿等，生活质量和消费水平不断改善，生活节奏也不断加快，逐渐重视时间和效率，与外界交流方式逐步开放。

2. 高铁促进沿线地区教育和医疗等公共服务均等化

在教育方面，随着高铁开通运营，中心城市学校可以在沿线城市开办分校，让优质教育资源辐射到其他地区。在医疗方面，不同城市医疗机构可以通过合作促进优质医疗资源的共享。例如，沧州市在高铁站旁新建了沧州市第一中学新校区、沧州师范学校新校区、沧州市人民医院新院区等配套机构；蚌埠市先后引进了北师大附中、北大培文学校、上海长征医院等优质医疗、教育资源。

3. 高铁改变了京沪沿线居民传统家庭观念

高铁拉近了沿线地区人与人之间距离，便利、快捷的高铁减小了人们沟通、交流的阻力，异地恋爱、异地购房置业以及异地生活已被沿线居民广泛接受。不少京沪沿线城市居民择偶和安家置业都不局限于所在城市，即使一家三口居住于不同城市依然能够维持幸福、完整的家庭生活状态。此外，京沪高铁还带来了沿线居民亲情回归。沿线居民表示，以往因为路途遥远耗时长，使得平时回家或探亲次数较少，自从京沪高铁开通后，探亲便捷性大大提升，显著增进了家人和朋友之间的联结。京沪高铁的开通还促进了新思想、新观念在城市及城乡之间快速传播，有利于提升人民整体文化素质水平。

第五章

实现高质量发展，助力交通强国——面向2035年和21世纪中叶

第一节　交通强国：中国铁路的高质量发展

交通运输是国民经济中基础性、先导性、战略性产业和重要的服务性行业，是推动可持续发展的重要支撑。而我国的交通运输业中，铁路起到了不可替代的战略作用。铁路的建设与发展对提高社会福利、发展国计民生都有着重大的意义。党的十八大以来，我国铁路发展取得了重大突破，技术水平已经迈入先进国家行列。其中有部分技术已经遥遥领先于世界。铁路的各项运输指标也高居全球第一，遥遥领先于其他西方国家。规模的高歌猛进，技术的稳扎稳打，意味着中国铁路即将掀开高质量发展的历史序幕（见图5－1）。

当下的中国铁路发展已经取得了重大的成就，“四纵四横”“八纵八横”的铁路网、高铁网的建成，代表着我国铁路发展进入了一个全新的阶段。尤其是在新冠疫情席卷全球的2020年，国铁集团采取了一系列措施应对冲击，圆满完成国家铁路建设的各项目标任务，党的十八大以来，中国交通发展取得历史性成就，已经建成了交通大国，正加快向交通强国迈进①。

2021年是我国“十四五”规划的开局之年。我国经济建设宏伟蓝图的“十四五”规划也逐步揭开了序幕。“十四五”期间，铁路建设仍然将保持大规模的投入。我国将坚持补短板强弱项防风险，分类分层推进建设。到

① 中华人民共和国交通运输部：《中国交通的可持续发展》白皮书发布，中国交通进入高质量发展新时代，2020年12月23日。

2025 年，全国铁路营业里程将达到 17 万公里左右，其中高铁（含城际铁路）5 万公里左右，铁路基本覆盖城区人口 20 万以上城市，高铁覆盖 98% 城区人口 50 万以上城市。我国铁路发展将成为交通强国战略的重要组成部分①。

图 5－1　我国铁路实现城区高覆盖

资料来源：李子衎：《新华社专访陆东福：奋力开启铁路高质量发展新征程》，人民铁道官网，2021 年 3 月 8 日。

在未来，面向 2035 年和 21 世纪中叶的铁路发展宏伟战略应做到：

第一，铁路要取得高质量发展，必须立足新发展阶段、贯彻新发展理念、构建新发展格局，必须坚持深化供给侧结构性改革。

中国交通的发展已经进入了一个全新的阶段，当下的中国交通体系完

① 雷莹：《到 2025 年全国铁路营业里程将达 17 万公里左右》，西安日报，2021 年 3 月 15 日。

备，具有覆盖全国的规模以及良好的服务水平。因此在未来我国将更加明确新阶段铁路发展的理念，以建设人民满意的铁路运输为根本目标。在改革开放的大背景下，充分发挥铁路运输为经济注入活力的作用，推动铁路高水平发展，为人民带来高水平服务。

第二，我国铁路发展应当在持续推进路网规模建设的同时，推进科技创新、提高服务质量。

在“十三五”时期，我国铁路科技水平的成就已然备受瞩目。在未来，我国将更加注重铁路科技创新，结合前沿高新科技，将大数据、人工智能等融入铁路科技的建设体系。着力建设智能高铁、制造智能装备、推进智能运输服务，在未来，更高时速等级的中国高铁将不是梦想，北斗卫星导航系统、5G 技术也将为铁路体系带来全新的变革。同时，随着科技创新的发展，铁路运营管理能力的提高，铁路运输的安全保障能力也将得到进一步提升。这对满足“安全出行”的理念，提高乘客出行体验有着重要的意义。

与此同时，我国铁路运输服务能力也应当得到进一步增强，使得人民群众出行幸福感将进一步提升。为满足人民日益增长的美好生活需求，铁路部门将通过大力实施货运增量行动、客运提质计划和复兴号品牌战略，持续深化铁路运输供给侧结构性改革。并坚持完善铁路服务，不断推出新的服务模式，如电子客票、在线选座、网络订餐等多样化服务，满足乘客的服务需求。让铁路真正成为高质量发展的代言词。

第三，我国铁路发展将成为配合国民经济、社会发展的重要产业，成为有关国计民生的重要工程。

我国从交通大国，走向交通强国的同时，不仅仅意味着交通发展硬实力的加强，更重要的是交通的发展，也是关乎我国国计民生的重要工程与产业。党的十八大以来，我国不断推进扶贫攻坚战的进行，而铁路战略的全方位铺展，则起到了与脱贫攻坚、决胜全面建成小康社会的配套作用。此外，调整运输结构、增加铁路运量对于打好污染防治攻坚战特别是打赢蓝天保卫战、服务经济社会高质量发展具有十分重要的意义。在未来，我国应当将运输结构调整纳入长期战略，并制定有效措施、建立长效机制，用制度保证“公转铁”实现。

第四，优化高铁产业链结构建设，推动上下游产业发展的集约化、高效化、规模化。

高铁在铁路运输发展中代表着高技术、高效率，此外，高铁运输行业本身是一种支柱产业，它主要包括高速轨道交通建设、机车车辆制造、运输物流服务等各个环节。因此，高铁产业中的上下游产业的配套发展显得格外重要。高铁产业具有产业链长、影响大的特征，对国民经济中一大部分的产业都有影响。如建筑业、钢铁业、新能源新材料业、电子信息业、服务业等，都与高铁产业密切相关。因此推动高铁产业链的结构优化，促进集约化、高效化、规模化的发展，对高铁建设乃至国民经济都将带来重大影响。

目前，中国国家铁路集团有限公司的“十四五”规划正在编制，以高质量发展为主线，聚焦强化战略支撑能力、突出科技自立自强、着力激发活力效率、强化安全风险防范。中国工程院院士卢春房曾满怀激情地说：“交通强国、铁路先行，铁路对交通强国建设起着重要的支撑作用。要实现从‘交通大国’向‘交通强国’转变，就要推动铁路实现高质量发展。”[①]（见图5－2）

① 王召杰：《注重高质量发展　聚力交通强国建设——访全国政协委员卢春房》，人民铁道网，2021年3月8日。

图 5－2 “复兴号”动车组列车驶入雄安站

资料来源：中国国家铁路集团有限公司官网。

第二节　一体化衔接：共筑综合立体交通网络

一、综合立体交通网络的发展

交通运输业的一种定义是使用运输工具完成货物或者乘客的空间位置转移的业务活动。其中主要包括铁路运输、航空运输、公路运输、水路运输和管道运输这五种运输方式，并且各种运输方式的技术经济特征各有优劣，有各自的适宜使用范围。因此在交通运输业实现一体化衔接，形成综合立体交通网络从广义上说就是充分利用五种运输方式各自的优势，实现各种运输方式之间的有效衔接，从而为旅客或者货物提供完整的位移服务。

综合立体交通网络在我国并不是近几年新兴的词汇，而是经历了多阶段发展的国家目标。综合立体交通网络说法的前身是综合交通体系，我国的综合交通体系始建于20世纪60年代，改革开放40年来在服务于我国经济建设的过程中，逐步形成了与当前社会经济需求相适应的客货运和能源的综合交通通道、各种运输方式一体化衔接的综合交通枢纽、辐射全国的综合立体交通网络。1981～1990年是我国综合交通体系的形成与起步阶段。1991～2000年是成长阶段，在此期间，我国综合交通体系发展的特点是在空间布局上助力东南沿海与长江流域优先发展、推进陇海兰新线建设以促进中西部经济交流以及强化经济协调发展，形成全国性的铁路网、公路网、航空网，但网络与网络之间没有构成综合的、协调的综合交通运输网络。2001～2010年是中国综合交通体系腾飞期，这一时期以全面提升综合交通体系有效供给能力和服务水平为宗旨，重点解决国家骨干通道、区域间通道和区域内交通等基础设施网络结构层次矛盾，全面提升交通机动性和可达性①。党的十八大以来，交通运输业进入了综合立体交通体系高质量发展的新阶段，加快综合交通运输基础设施成网，推进多种运输方式有效衔接。到2017年末，多节点、全覆盖的综合交通运输网络初步形成，“五纵五横”综合运输大通道基本贯通，以高速铁路为骨架、以城际铁路为补充的快速客运网络初步建成。一大批综合客运、货运枢纽站场（物流园区）投入运营，交通运输体系进一步完善②。

2017年国务院印发《“十三五”现代综合交通运输体系发展规划》(以下简称《规划》)，提出构建现代综合交通运输体系，是支撑全面建成小康社会的客观要求。《规划》还提出建设多向连通的“十纵十横”综合运输大通道，以高速铁路、高速公路、民用航空等为主体，构建高品质的综合交通骨干网络，加快高速铁路网建设，扩大高速铁路覆盖范围③。到2020年，基本建成安全、便捷、高效、绿色的现代综合交通运输体系，高速铁路覆盖80%以上的城区常住人口100万以上的城市，建设一批现代化、立体化的综合客运枢纽，使旅客换乘更加便利。国家发展改革委在2021年1月19日的新闻发布会上表示，2020年高铁基本覆盖100万人口以上城市，对《规划》交了一份满意的答卷④。

---

① 张秀媛：《中国综合交通演进发展分析与评述》，九三学社北京交通大学支社，2011年1月21日。

② 中华人民共和国国务院新闻办公室，《中国交通运输发展》白皮书。

③ 国务院《关于印发“十三五”现代综合交通运输体系发展规划的通知》。

④ 国家发展改革委：《2020年高铁基本覆盖100万人口以上城市》，中华网，2021年1月19日。

2019年9月19日，中国中央、国务院印发了《交通强国建设纲要》，提出统筹铁路、公路、水运、民航、管道、邮政等基础设施规划建设，完善多层次网络布局，实现立体互联，建设现代化高质量综合立体交通网络。建设城市群一体化交通网，构筑多层级、一体化的综合交通枢纽体系，大力发展枢纽经济。其实实现各种运输方式的一体化衔接，形成综合交通体系的最重要载体就是建设综合交通枢纽。综合交通枢纽是综合交通运输体系的重要组成部分，是衔接铁路、公路、航空、内河航运、海港和运输管道等多种运输方式的客货运转运中心。我国在《全国城镇体系规划(2006－2020年)》中首次提出建设综合交通枢纽，从国家发改委批准武汉成为全国首个综合交通枢纽研究试点开始，目前已经建成国际性综合交通枢纽12个，全国性综合交通枢纽63个。

在中国，大部分综合交通枢纽同时也是高铁线汇集的城市。以上海虹桥综合交通枢纽为例，虹桥综合交通枢纽具有高铁、磁悬浮、城际铁路、高速公路、城轨、地面公交、民航等各种运输方式的集中换乘功能。虹桥交通枢纽的高效运营保证了上海及周边地区的综合交通的协调、高效运营。虹桥综合交通枢纽是长三角城市群综合交通网的核心站点，铁路虹桥站又是上海虹桥综合交通枢纽的重要组成部分，它与上海站、上海南站、上海西站共同组成全国四大铁路客运枢纽之一——上海铁路枢纽。上海虹桥站集高铁、机场、地铁、城市公交、长途汽车等多种运输方式为一体，构成功能齐全的亚太第一综合交通枢纽，同时通过高铁形成城市之间的连接线，形成长三角一体化以及中国“两带一路”的大通道。对建设快速、便捷的铁路客运网，实现铁路客运高速化、公交化，提高铁路运输质量具有重要的意义。

众所周知，长三角地区是我国经济最发达、交通最便利的地区之一，其覆盖范围包括上海、浙江、江苏和安徽这三省一市，长三角区域一体化发展也是我国三大国家战略之一。当然，区域经济一体化发展离不开区域交通一体化发展，在长三角区域一体化发展中，以上海为中心的四大经济发展带，都分布在重要的高铁干线沿线。高铁在长三角地区网络密集度较高，并且主要的城市都有高铁干线的贯通，高铁的高频率、高速度、高舒适度的技术经济特征，使得合肥都市圈、杭州都市圈、苏锡常都市圈、宁波都市圈和上海核心区的联系变得更加紧密，经济交流更加频繁，带动了各城市群的协调发展。

但是四个都市圈之间的交通联系还不是十分便捷，大力发展高铁，进一步提高高铁对大中小城市的覆盖率，将大大改善这一点。比如，于 2020 年 6 月 28 日开通运营的商合杭高铁使得从合肥到杭州不必再经过南京，实现了合肥都市圈与杭州都市圈之间的轨道联通，让杭州、合肥两个长三角地区省会城市间的高铁旅途时间最快只需 2 小时 07 分。这不仅缩小了皖南皖北之间的时空距离，同时也使得豫皖浙实现高铁“无缝对接”，加快了长三角交通一体化进程。再比如，湖州地区地理位置虽然优越，地处沪宁杭中间，往北往南都有高铁可以到达上海，但是需要绕道南京或者杭州，没有一条直达上海的高铁，这严重制约了湖州的发展。为了解决这一问题，国家规划建设沪苏湖高速铁路，起点是上海虹桥站，终点是湖州站，该铁路预计于 2024 年开通运营。届时，沪苏湖铁路与商合杭高铁连为一体又将增加合肥都市圈、杭州都市圈、苏锡常都市圈与上海都市圈的联系。再如，苏北地区由于距离上海都市圈相对较远，交通相对不便，因此在整个长三角地区中发展比较滞后。为此，江苏省积极推进苏北各市的高铁互通，2020 年底连镇铁路、盐通铁路先后开通运营，2021 年 2 月 8 日，徐连高铁正式开通运营，意味着江苏省内高铁连环成网，同时意味着国家中长期铁路网规划中“八纵八横”高速铁路主通道横向“陆桥通道”（乌鲁木齐至连云港）也正式贯通①。这将推动苏北地区更好融入长江经济带，实现快速、高质量发展，同时也进一步完善了长江经济带高质量综合立体交通走廊的建设。

二、面向未来：2035～2050年

中国国务院新闻办2020年12月22日发布的《中国交通的可持续发展》白皮书总结了改革开放四十多年来中国交通运输业的发展成果。《中国交通的可持续发展》指出：中共十八大以来，我国综合运输大通道基本贯通，综合交通基础设施基本实现网络化。截至2019年底，全国铁路营业里程达到13.9万公里，其中高铁营业里程超过3.5万公里②。如图5－3所示，2012年以来高铁里程增长了250%，远高于高速公路与民航，因此，在支撑经济社会快速健康发展的综合立体交通网络中，高速铁路是重要组成部分。

未来，我国的综合立体交通网络又该朝那个方向发展呢？2021年2月24日，中共中央、国务院印发《国家综合立体交通网规划纲要》（以下简称《纲要》），回答了这一问题。《纲要》提出到2035年，中国将基本建成便捷顺畅、经济高效、绿色集约、智能先进、安全可靠的现代化高质量国家综合立体交通网，实体线网总规模将达到70万公里左右，铁路网将达到20万公里左右，其中高速铁路网达到7万公里左右。形成以“八纵八横”高速铁路主通道为骨架、区域性高速铁路衔接的高速铁路网。到21世纪中

---

① 王文、刘欢、张艺雯、刘宇：《刚刚！连徐高铁正式建成通车！》，澎湃新闻网，2021年2月28日。

② 中华人民共和国国务院新闻办公室：《中国交通的可持续发展》白皮书。

叶，全面建成现代化高质量国家综合立体交通网，综合立体交通网将连接全国所有县级及以上行政区、边境口岸、国防设施、主要景区等①。

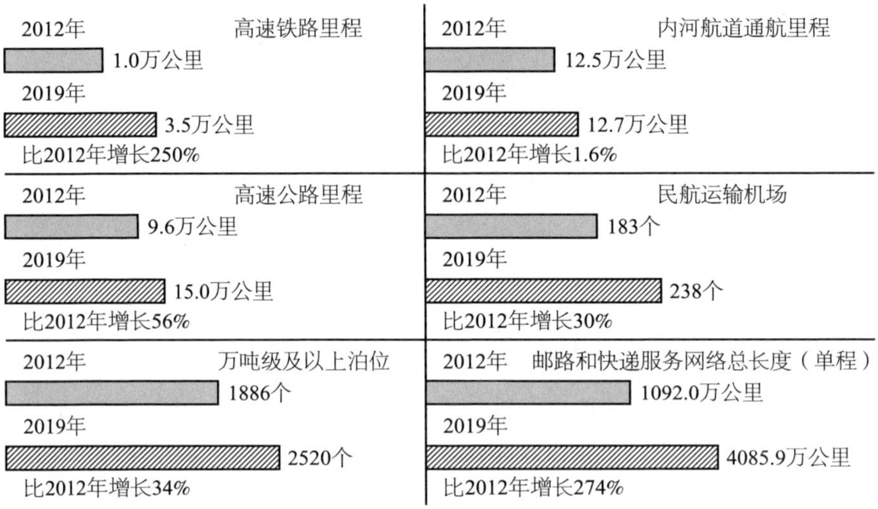

图 5－3　交通基础设施快速发展

资料来源：《中国交通的可持续发展》白皮书。

届时，人们的生活将更加便利，仍以长三角地区为例，《长江三角洲地区交通运输更高质量一体化发展规划》指出，到 2025 年，长三角一体化运输服务能力将得到大幅提升，中心城市之间打造 1 小时至 1.5 小时客运通道，围绕上海大都市圈和南京、杭州、合肥、苏锡常、宁波都市圈，以城际铁路、市域（郊）铁路、城市轨道交通、城市快速路等为骨干，打造 1 小时通勤圈②。因此，我们有充分的理由相信，未来的生活将因为综合立体交通网络的快速发展变得更加舒适而美好！

① 中共中央、国务院印发《国家综合立体交通网规划纲要》。

② 中共中央、国务院印发《长江三角洲区域一体化发展规划纲要》。

第三节　新型基建：促进铁路高质量发展

一、什么是新型基建

新型基础设施是相伴着新一代信息技术的进步而形成的，经济生产、居民生活、公共服务以及社会治理开展所必要的基础设施，包含了设备设施、算法代码、软件系统以及标准规则等①。

2020 年 3 月 1 日，中央电视台中文国际频道开设了“新基建”专题，提出 5G、特高压、城际高速铁路和城际轨道交通、新能源汽车充电桩、大数据中心、人工智能、工业互联网七大“新基建”领域，新基建遍及诸多产业链，是把新发展理念作为引领，以技术创新作驱动，以信息网络作基础，面朝高质量发展需要，建造数字转型、智能升级和融合创新等服务之基础设施体系。

二、新型基建促进铁路高质量发展

就如铁路来说，新基建可以运用在很多方面，可以对运输结构体系进一步优化，对运输安全生产进一步加强。例如，5G 是目前在通信服务领域中最先进代表，通过加速线路站点列车等的 5G 全覆盖，面向未来依托其

---

① 李晓华：《面向智慧社会的“新基建”及其政策取向》，载《改革》2020 年第 5 期，第 34 ~ 48 页。

数据速率高、延迟低、能耗少、成本低、系统容量高以及设备连接规模大等优势，推动客货运输的智能化、信息化以及科技化，将使我国的交通运输业之创新发展能力大幅提升，完成行业领先发展，更好地为我国经济社会发展服务。

以5G、人工智能和大数据等技术作代表的“新基建”之探索，已然在我国铁路机车车辆运维领域取得很大成功。例如，对于过去的机辆运维领域，包含车载数据转储、6A视频、5T图像分析等，工作强度大并效率低，且存在由于人为疏漏可能致使的安全问题。然而随着5G等新技术的推广使用，机辆运维领域应用了越来越多到来的新技术。

2019年9月4日，位于西安机务段，一辆搭载5G设备的电力机车缓慢驶进机车整备场，连90秒时间也不到，15.6G的机车视频数据完成了自动转储，这标志着经中国铁路西安局集团有限公司联手华为合作研发的“5G+AI智慧机务系统”正式投入使用。西安机务段使用“5G+AI+大数据”的技术，完成了机车6A视频的自动转储与视频智能分析，以及机车走行部健康智能管理，提高了机务整备、检修效率以及运用安全管理水平。此为5G技术在全球范围内首次应用在铁路机车上，应用5G技术对提高“智慧铁路”效率、加速铁路科技创新发展、保证列车行车安全有着重要意义。可以看到，以5G为代表的新基建经由持续的发展创新，在铁路技术领域展现出前所未有的力量，初步爆发出新基建创造新业态与解放生产力的效能①。

5G技术现正与互联网、人工智能技术相结合，铁路可以作为一个很好的应用场景。铁路发展与创新驱动密不可分，在创新驱动的引领下，将会有智能化程度越来越高的未来动车组。2019年12月30日，由中国人完全

---

① 大秦之声：《全球首次！“5G+AI”智慧铁路机务系统来了》，搜狐网，2019年9月18日。

自主设计与建造的世界上首条智能化高速铁路——京张高铁运营开通。据报道，在京张高铁智能动车组上，中国首次采用了我国自主研发的北斗卫星导航系统，成为世界首个能够达到350公里时速的自动驾驶动车，可实现列车由车站自动发车、在站间自动运行、运行时间依据计划自动调整等功能，对于提升列车安全性与正点率、降低司机的劳动强度、提升旅客的出行体验、绿色节能等均意义重大。

作为新基建的另一大领域，城际高铁、城际轨道交通与铁路高质量发展关系密切。同样为铁路，为什么城际高铁、城际轨道交通被唤为新基建？主要是由于它们近年来吸纳融合了我国一系列先进技术。它的动力装置，例如储能、实时供电、充电之模式，以及轮轨的新材料应用，皆有很多的技术创新。此外列车自动的运行与控制系统，运用的新技术也比较多。将它当作新基建，是由于大部分新技术皆运用了信息技术或者自动控制的某些技术。

近日，中国铁路一马当先在粤港澳大湾区对“随到随走”的城际乘车新模式进行试点，自2020年6月28日起，广铁管内穗深城际、广佛肇城际、莞惠城际即将开通支付宝扫码乘车，乘客无须提前购票，刷支付宝便能直接乘车。届时，乘坐城际列车将与乘坐地铁同样方便，实现3秒钟扫码进站乘车。不仅如此，近期铁路持续推陈出新，2020年6月20日，电子客票对全国普速铁路进行推广实施，覆盖了1300多个普速铁路车站；自2020年7月1日零时，全国铁路实行三季度列车运行图，对路网结构进一步完善，大幅提高了区域运输能力。再回看近年来，铁路持续推出新型服务，网络购票、移动支付、刷脸进站、指尖餐厅及高铁极速达等等，不断提升铁路服务智能化、信息化水平，为改善旅客出行发挥了不可忽视的作用，这皆是铁路充分应用大数据、云计算及5G技术的生动实践①。

2020年12月27日10点18分，C2702复兴号动车组列车满载乘客，驶离雄安站，一路向北奔往首都北京。这标志着连接北京与雄安的京雄城际铁路全线贯通运营（见图5－4）。京雄城际铁路有着智能设计、智能装备与智能运维等数十项“黑科技”于一身，倾尽全力打造我国智能铁路领域的“新标杆”。京雄城际铁路到处显现着“智能京雄”的理念，如接触网三型智能装备、新型自动驾驶动车组列车、北斗系统助力工程建设等②。

图5－4　京雄城际铁路

资料来源：中国铁路官网。

① 鹿鸣君：《铁路拥抱新基建，科技创新谋发展、促民生》，鹿财经，2020年6月26日。

② 中国铁道建筑集团有限公司《智能京雄的三大“最”》，国务院国有资产监督管理委员会。

国铁集团以技术创新为驱动，将信息网络作基础，经过打造智能京张、智能京雄等重点项目，探索推进云计算、大数据、物联网、移动互联、人工智能、BIM 等先进技术，加速与高速铁路技术体系集成融合，初步构筑了覆盖智能建造、智能装备、智能运营三大领域之智能铁路技术体系，实现了工程精细化管控和智能建造的深度融合，提升了铁路建设的数字化、智能化水平。

三、面向未来，推动“新基建”在铁路的应用

日前，《新时代交通强国铁路先行规划纲要》（以下简称《规划纲要》）由中国国家铁路集团有限公司出台，提出到 2035 年，率先建成服务安全优质、保障坚强有力、实力国际领先的现代化铁路强国；到 2050 年，全面建成更高水平的现代化铁路强国，全面服务与保障社会主义现代化强国建设。依据《规划纲要》的具体要求，2035 年，全国铁路网将达到 20 万公里左右，其中高铁 7 万公里左右，这将加快实现 1 小时、2 小时、3 小时高铁出行圈以及全国 1 天、2 天、3 天快货物流圈的全面形成，使人享其行、物畅其流的理想交通模式变成现实①。

“新基建”的框架大体围绕三张网来进行：以 5G 为核心之信息网、以电力为核心之能源网、以高铁、城轨为核心之交通网。铁路可以称得上“新基建”的重中之重。实际上，在高速铁路的投资建设中，“新基建”的转型创新之路铁路部门早就踏上了。在创新驱动的指领下，未来动车组的智能化程度将越来越高。“新基建”是面向未来的新领域，要实现交通强国，

① 樊曦：《〈新时代交通强国铁路先行规划纲要〉发布擘画“铁路强国”》，中国新闻网，2020 年 8 月 13 日。

离不开高质量发展铁路，高质量发展铁路离不开“新基建”及其应用。

第四节　拥抱世界：中国铁路产业“走出去”

一家家中国企业赴海外建设铁路，为东道国扩大就业、培训技术人才，促进了当地社会、文化、经济发展；一条条中国人修建的铁路在“一带一路”不断延展，与世界共享中国高铁的发展成果，促进世界村的建设；一趟趟中欧班列将中国产品运输到世界各国，“一带一路”朋友圈不断扩大①。

一、中欧铁路

中欧班列是指按照固定车次、线路等条件开行，往来于中国与欧洲及一带一路沿线各国的集装箱国际铁路联运班列。分为东中西通道。东部通道由我国东南部沿海地区经满洲里，中部通道由华北地区经二连浩特出境，西部通道由中西部经阿拉山口出境（见图5－5）。

2020年中欧班列全年开行中欧班列1.24万列。国内累计开行超过百列的城市增至29个，通达欧洲城市90多个，涉及20余个国家，开行范围持续扩大。中欧班列具有速度快、安全性高、绿色环保等优点，物流组织日渐成熟，海关、口岸及铁路等部门合作日益密切，已经成为国际物流陆地运输骨干。丝绸之路从“商贸路”变成“经济带”，中欧铁路发挥了重

① 张玉珂、李娜、刘鑫、张德扎：《为什么中国高铁能领跑世界?》，人民网，2019年9月16日。

要作用。积极打造“快捷准时、安全稳定、绿色环保”的铁路国际联运货物运输品牌，铁路部门按照“六统一”，即统一服务标准、统一品牌标志、统一运输组织、统一经营团队、统一全程价格、统一协调平台，强化机制和装备保障的原则，不断优化班列组织方案①。

图 5－5　中欧班列（成渝）号列车

资料来源：今日中国：《关注｜逆势增长，2020 年中欧班列共开行 1.24 万列》，中国一带一路网，2021 年 1 月 12 日。

二、中国高铁全方位整体“走出去”

亚吉铁路是中国企业在海外建设的第一条全产业链“走出去”的铁路，被誉为“新时期的坦赞铁路”。

---

① 今日中国：《关注｜逆势增长，2020 年中欧班列共开行 1.24 万列》，中国一带一路网，2021 年 1 月 12 日。

亚吉铁路可以拉动非洲经济发展，对非洲市场具有良好示范效应，促进中国标准在世界的推广，让中国铁路“走”得更远。从2018年1月至2019年3月，亚吉铁路实现安全开行旅客列车408列，累积运输旅客约16万人次；安全开行货车981列，转换运输集装箱约6.3万个标箱，货物发送量148。[①] 亚吉铁路项目是埃塞俄比亚和吉布提发展史上的一个重要里程碑，不仅是一条运输线，更是一条繁荣之路，促进形成经济带，要素在铁路沿线聚集，带动经济发展。

雅万高铁是中国高铁全方位整体走出去首个项目，将中国高铁推上了世界舞台。按照了中国技术标准进行了设计并使用了中国设备，连接着雅加达和万隆。它是中国高速铁路从技术标准、物资供应、装备制造、工程施工到运营管理、沿线综合开发等全方位整体走出去的第一单项目，有效地推动中国铁路特别是高铁走出去。

作为中国“海上丝绸之路”战略的重要合作伙伴，印度尼西亚和中国合作建设雅万高铁，不仅可以缓解印度尼西亚的交通压力、方便民众出行，增加当地就业机会，造福人民，还可以加快泛亚铁路建设，发挥铁路在“一带一路”倡议中的保障作用，深化中国与相关国家的铁路合作。雅万高铁的建设对于中国铁路“走出去”具有重要的示范意义[②]。

三、结　　语

“安全优质、兴路强国”的新时期铁路精神，这是突破以往精神理念

① 刘家铭：《安家埃塞——亚吉铁路建设助力中非合作共赢　民心相通》，光明网，2021年4月25日。

② 人民网：《雅万高铁首个车站站房主体结构封顶》，人民网官方账号，2021年4月30日。

的新发展，更是指引铁路职工前进的新思路。这一精神，不仅有历史的继承性，也有与时俱进的创新性。中国高铁从最初的“追赶着”一路走来，完美变身成为世界的“领跑者”，与世界共享最好的中国高铁，展现出“中国速度”的非凡魅力。科技的飞跃发展为中国在实现中国梦的征程上提供了坚实的动力支持。这样精彩的中国故事需要宣扬，理应为更多的人所了解和熟知！[①]

① 人民网：《雅万高铁首个车站站房主体结构封顶》，人民网官方账号，2021 年 4 月 30 日。

参考文献

［1］陈海友：《高铁在经济社会发展中的重要作用》，载《财经界》2020 年第 9 期，第 19 ~21 页。

［2］陈月清：《近代中国》，中国青年出版社 1990 年版。

［3］档案史志中心：《新中国铁路 50 年》，中国铁道出版社 1999 年版。

［4］高柏、李国武、甄志宏：《中国高铁创新体系研究》，社会科学文献出版社 2016 年版。

［5］高铁见闻：《大国速度：中国高铁崛起之路》，湖南科学技术出版社 2017 年版。

［6］高铁见闻：《高铁风云录》，湖南文艺出版社 2015 年版。

［7］国家发展改革委：《2020 年高铁基本覆盖 100 万人口以上城市》，中华网，2021 年 1 月 19 日。

［8］国家铁路局《高铁经济学导论》编写组：《高铁经济学导论》，中国铁道出版社 2018 年版。

［9］国家统计局国民经济综合统计司：《新中国五十年统计资料汇编》，中国统计出版社 1999 年版。

［10］海鸿雁：《从铁道部改革浅析中国铁路部门市场化运营的可行性》，载《现代商业》2013 年第 19 期，第 89 ~90 页。

［11］胡启洲、李香红：《高铁简史》，西安交通大学出版社 2018 年版。

［12］黄民：《新时代交通强国铁路先行战略研究》，中国铁道出版社 2020 年版。

［13］贾本义：《中国早期铁路的那些人和事》，中国铁道出版社 2014 年版。

［14］《交通部铁路职工学校一览表》，载《铁路职工教育旬刊》，1925 年。

［15］金士宣、徐文述：《中国铁路发展史（1876－1949）》，中国铁道出版社 1986 年版。

［16］寇兴军：《中国近代铁路体制演变史（1835－1949）》，中华书局出版社 2016 年版。

［17］兰英：《高速铁路对中国经济发展的影响》，经济日报出版社 2012 年版。

［18］李淑云：《铁路交通与东北近现代经济发展》，载《辽宁师范大学学报》1999 年第 4 期，第 85～89 页。

［19］李晓华：《面向智慧社会的"新基建"及其政策取向》，载《改革》2020 年第 5 期，第 34～48 页。

［20］林晓言：《高速铁路与经济社会发展新格局（第二版）》，社会文献出版社 2017 年版。

［21］林仲洪、杨瑛、田亚明：《从京沪高铁看高铁经济的重要作用》，载《铁道经济研究》2017 年第 1 期，第 1～4 页。

［22］刘春涛：《民国时期的铁路交通教育（1912－1937）》，山东师范大学硕士论文，2012 年 6 月 19 日。

［23］马磊：《高速铁路对城镇化的作用研究》，北京交通大学硕士论文，2020 年 6 月 8 日。

［24］宓汝成：《中华民国铁路史资料》，社会科学文献出版社 2002 年版。

［25］苗秋林：《中国铁路运输》，中国铁道出版社 1994 年版。

［26］欧国立：《高速铁路：城市群发展的强纽带》，载《人民交通》2020 年 4 月 27 日。

［27］欧国立：《破解铁路建设投融资难题》，载《人民日报（理论版）》2013 年 9 月 6 日。

［28］欧国立、谢晖：《高铁枢纽层级结构下的区域经济联系及其结构绩效分析》，载《产经评论》2017 年第 4 期。

［29］欧国立、姚影：《重新认识福格尔关于铁路与经济增长关系理论》，载《长安大学学报（社会科学版）》2008 年第 3 期。

［30］欧国立：《轨道交通经济学》，中国铁道出版社 2018 年版。

［31］欧国立、陈俐锦：《让高铁建设更好驱动县域经济发展》，中国社会科学报，2018 年 12 月 5 日。

［32］欧国立：《聚焦解决关键问题，加快建设交通强国》，人民交通网，2020 年 12 月 31 日。

［33］四川省地方志编纂委员会编纂：《四川省志 · 交通志（下册）》，四川科学技术出版社 1995 年版。

［34］苏全有：《清末邮传部研究（中华文史新刊）》，中华书局出版社 2005 年版。

［35］孙中山：《实业计划》，外语教学与研究出版社 2011 年版。

［36］孙中山：《在上海与〈民立报〉记者的谈话》，载《民立报》，1912 年 6 月 25 日。

［37］孙自俭：《民国时期铁路工人群体研究》，郑州大学出版社 2013 年版。

［38］覃成林、朱永磊：《区域性交通条件改善与沿线城市人口增长——基于铁路运输提速的分析》，载《经济问题探索》2013 年第 9 期，第 92 ~ 98 页。

［39］覃成林、朱永磊、种照辉：《高速铁路网络对中国城市化格局的影响》，载《城市问题》2014 年第 9 期，第 9 ~ 15 页。

［40］王晓华、李占才：《艰难延伸的民国铁路》，河南人民出版社 1993 年版。

［41］王赟赟、陈宪：《城市化、贸易成本与空间分化——来自中国高铁的实证研究》，载《管理现代化》2018 年第 38 期，第 86 ~ 89 页。

［42］王致中：《中国铁路改革与发展研究》，当代中国出版社 2001 年版。

［43］徐卫国：《1927—1936 年中国国有铁路的经营效益和财务状况》，载《中国经济史研究》2003 年第 4 期，第 28 ~ 35 页。

［44］严旻、刘明阳：《兰新铁路修建传奇》，载《文史精华》2016 年第 15 期，第 54 ~ 58 页。

［45］杨江敏：《关于中国铁路改革路径的研究》，东北财经大学学位论文，2004 年 12 月 1 日。

［46］杨正泽、王庆云：《从城镇化视角看中国高速铁路发展》，载《交通运输系统工程与信息》2014 年第 14 期，第 11 ~ 16 页、第 29 页。

［47］佚名：《铁路改革大事记》，载《中国改革》2006 年第 3 期。

［48］阴悦：《我国高速铁路对社会经济发展的影响研究》，载《现代商业》2015 年第 23 期，第 143 ~ 144 页。

［49］殷梦霞、李强：《民国铁路沿线经济调查报告汇编（全十五册）》，国家图书馆出版社 2011 年版。

［50］袁万海：《高速铁路与城市化发展的互动机制的研究》，北京交通大学学位论文，2012 年 6 月 6 日。

［51］詹同济：《詹天佑日记书信文章选》，北京燕山出版社 1989 年版。

［52］张丹丹：《郑西和武广高速铁路对沿线区域经济发展的影响研究》，湖南大学学位论文，2016 年 3 月 1 日。

［53］张嘉琳：《中国铁道建设》，商务印书馆 1946 年版。

［54］张秀媛：《国综合交通演进发展分析与评述》，北京九三学社，2011 年 1 月 21 日。

［55］张学见：《交通体系与近代中国区域社会变动——胶济铁路与沿线烟草业的发展（1913—1937）》，载《华南农业大学学报（社会科学版）》2011 年 10 月第 1 期，第 126～133 页。

［56］张雪永：《外部影响与内在理路：百年变局视野下的中国铁路改革开放历程》，载《西南交通大学学报（社会科学版）》2018 年第 19 期，第 1～8 页。

［57］郑刚：《红色纪要（上卷）》，西苑出版社 2000 年版。

［58］中国大百科全书出版社编辑部编：《中国大百科全书（交通）》，中国大百科全书出版社 2002 年版。

［59］中国国家铁路集团有限公司：《中国铁道年鉴 2019》，中国铁道出版社有限公司 2020 年版。

［60］中华全国铁路总工会：《中国铁路工人运动史大事记（1881－1949）》，中华全国铁路总工会出版社 1988 年版。

［61］周孝文：《高速铁路对区域经济协调发展的促进作用》，载《铁道经济研究》2010 年第 6 期，第 19～22 页。

［62］左大杰、黄蓉：《铁路改革：历史方位、关键问题与突出任务》，载《综合运输》2019 年第 41 期，第 23～30 页。

［63］Allen，P. M. *Cities and Regions as Self organizing Systems*：*Models of complexity*. Gordon and Breach Science Publish，1997：48－50.

［64］Brotchie，John. Fast rail networks and socio economic impacts. In J.

Brotchie, M. Batty, P. Hall & J. Newton, *Cities in the 21st century: New technologies and spatial systems*. Melbourne: Longman Cheshire. 1991: 25 -37.

[65] KiyoshiKobayashi, Makoto Okumura. *The Growth if City Systems with High speed Railway Systems*. The Annals of Regional Science, 1997, 31 (1): 39 -56.

[66] Micheal G. , Rauch F. , Redding S. J. *Urbanization and Transformation*. Quarterly Journal of Economics, 2012, 127 (2): 535 -586.